부의 해부학

THE WEALTH ELITE
: A groundbreaking study of the psychology of the super rich

by Dr. Rainer Zitelmann

부의

생각부터 습관까지
부자들의 모든 것을 낱낱이 파헤치다

라이너 지텔만 지음
김나연 옮김

해부학

ORNADO
토 네 이 도

부자가 되고 싶다고 마음먹는 순간 부는 시작된다.

_ 나폴레온 힐Napoleon Hill

이 책에 쏟아진 찬사

이 책에는 일단 펼치면 손에서 내려놓을 수 없는 독특한 매력이 있다. 이 책에는 성공을 거머쥔 위대한 부자들의 생각과 습관에 대한 매혹적인 정보가 가득 담겨 있다.

게리 P. 레이섬 Gary P. Latham, 토론토 대학교 로트만 경영대학원 교수

이 책은 그동안 누구도 해내지 못한 업적을 달성했다. 바로 부자들은 어떻게 생각하고 행동하는지에 대한 심층적 연구다. 지텔만 박사는 슈퍼리치의 비밀스러운 세계의 문을 열고 이를 본격적으로 탐구한다.

<포커스 머니>

지금까지 이 책 같은 완벽한 부에 대한 보고서는 없었다. 부자의 심리를 다루는 연구자로 역사학자, 사회학자, 저널리스트, 사업가이자 투자자인 라이너 지텔만 박사보다 자격을 갖춘 사람 역시 없을 것이다. 성공한 기업가들의 공통점과 이들을 움직인 원동력을 알고 싶은 모든 사람들에게 추천한다.

<파이낸셜 타임스>

이 책은 성공한 기업가들을 완벽하게 분석한다. 이 책의 모든 주제는 무엇이 부를 창출하는가에 대한 지텔만 박사의 깊이 있는 연구로 판가름된다. 저자는 자수성가 부자들과의 내밀한 인터뷰를 통해 성공한 사람들의 공통적인 사고방식과 행동 패턴을 통찰해냈다. 부자들의 심리에 관심이 있는 사람이라면 누구에게나 이 책을 강력 추천한다.

샌프란시스코 북리뷰

현대사회의 부와 성공에 대해 설명해주는 매우 중요한 책이다. 최고 자산가들의 생각과 습관을 주인공으로 다루는 이 책은 현재와 미래의 경제 장관들이 반드시 읽어야 할 교과서가 될 것이다. 성공한 기업가가 되겠다는 포부를 가진 사람이라면 누구나 이 책을 서재에 꼭 꽂아 두어야 한다.

<허핑턴 포스트>

이 책은 성격과 부의 상관관계에 대한 실증적 연구를 시도했다. 성공한 기업가들과 오랫동안 긴밀한 파트너십을 맺어온 입장에서 이 책의 내용에 매우 공감했다. 최고의 부를 거머쥔 부자들의 공통적인 특징을 그대로 보여주는 책이다.

<선데이 타임스>

평범한 자기계발서는 어떻게 하면 부자가 되는지를 추상적으로 알려주거나 성공에 대한 아주 기초적인 상식을 다룰 뿐이다. 이런 책에는 중대한 결함이 있다. 바로 실제로 부유하고 성공한 사람들의 솔직한 내면을 직접 연구한 경우가 드물다는 것이다. 반면 이 책의 저자 지텔만 박사는 부유해지고 싶은 이들에게 시중의 책들과는 전혀 다른 메시지를 선사한다.

<포브스>

이 책이 흥미로운 이유는 2가지다. 우선 이 책은 연구를 통해 기업가정신의 본질을 다각도로 탐구한다. 또한 심층 인터뷰를 통해 백만장자들의 매우 개인적인 동기와 솔직한 가치관을 잘 드러낸다. 성공에 관심이 있는 사람들에게 그들이 기대하는 것보다 훨씬 더 많은 정보를 줄 책이다.

<하버드 비즈니스 매니저>

이 책은 기업가정신에 집중해 현대사회의 성공을 잘 설명한다. 지금까지 신고전주의 경제학은 기업가정신에 별다른 관심을 기울이지 않았다. 이런 점에서 지텔만 박사의 책은 아주 큰 가치가 있다. 기업가정신에 연구의 초점을 맞춤으로써 한 사람이 시장경제에서 큰 성공을 거두게 만드는 진정한 비결을 설명할 뿐만 아니라 우리 사회를 번영시키는 것이 무엇인지까지 알려주기 때문이다.

<유러피언>

무엇이
부를 만드는가

누구나 부자가 되고 싶어 한다

한 조사에 따르면 전 세계 억만장자 중 자수성가한 부자의 비율이 1995년 43%에서 2014년 66%로 증가했다고 한다.[1] 이런 사회적 경향을 살펴보면 평범한 사람이 부자의 반열에 오르는 데 영향을 끼치는 요소가 무엇인지 궁금해진다.

이 같은 궁금증은 개인적인 것이 아니다. 최근 학계에서는 부富에 대해 연구하는 학과가 꾸준히 설립됐으며 여러 박사논문과 에세이를 발표했다. 그런데 이런 세상의 흐름에서 소외된 연구대상이 있다. 바로 '부의 엘리트' 혹은 '초고액 순자산 보유자UHNWI, Ultra high-net-worth individual', 즉 수천만 달러 이상의 순자산을 축적한 사람이 그 주인

공이다.

많은 사람들이 위대한 부자가 되고 싶어 한다. 서점에는 자기계발서가 넘쳐나고 나 역시 유명한 책들을 수없이 읽으며 많은 것을 배웠으나 어떤 사람이 부자가 되는가에 대한 경험적, 학술적 연구는 아직도 부족하다. 적당히 부유한 사람들이 아닌 큰 부를 이룬 슈퍼리치에 대한 연구는 더욱 미미하다. 이들의 성공을 가능하게 만든 성격적 특성과 행동 패턴, 기업가정신에 대한 연구결과는 거의 찾아볼 수 없다.

나는 항상 부자가 되는 비결에 대한 연구가 턱없이 적다는 사실이 해치워야 할 과제처럼 느껴졌다. 그래서 어떤 사람이 부를 축적하는지 알아내기 위해 부자 45명을 설득해 심층 인터뷰를 진행했고 그 결과를 이 책에 담았다. 또한 부자학, 기업가정신 연구, 행동경제학을 포함한 다양한 분야의 연구결과를 살펴보고 부의 엘리트들의 성공비결이 무엇인지 파악하는 적절한 질문을 개발하는 데 많은 노력을 기울였다.

인터뷰는 2015년 9월부터 2016년 3월까지 각각 1~2시간씩 진행됐으며 그 녹취록만 1,740쪽에 달했다. 모든 인터뷰 대상자들이 솔직하게 답변한 것은 물론 44명이 50개 문항으로 구성된 5대 성격특성 검사를 진행했다. 한 응답자는 원고를 검토하고 "나의 발언에 조금 충격을 받기도 했지만 이 기록은 나의 성격, 내밀한 생각과 지나온 길에 대한 반성을 끄집어내 영화처럼 보여줬다"고 평했다.

부자, 그들은 누구인가

이 책은 부에 관한 연구의 현 위치를 돌아보고 기업가의 다양한 성공비결에 대해 적절한 방법론으로 연구한다. 이를 위해 부의 엘리트들의 성격특성과 행동 패턴에 대한 질문으로 인터뷰를 구성했다. 부자들만이 가진 보통 사람들과는 다른 태도와 속성이 어떻게 성공을 가져왔는가를 살펴봤다.

먼저 인터뷰 대상자들의 사회적 배경, 성장과정, 학력을 파악했다. 학력과 부 사이에 어떤 상관관계가 있는가? 아니면 정규교육보다는 스포츠나 어린 시절의 아르바이트에서 배운 교훈이 성공에 더 중요한 역할을 했는가? 부의 엘리트들에게서 기업가정신이 유년시절부터 뚜렷하게 드러났다는 연구결과를 입증할 수 있는가?

또한 어떤 사람들이 기업가가 되는지도 살펴봤다. 이들이 삶의 어느 시점에 자신의 사업을 꾸리는지, 직장에 안정적으로 소속되는 것을 포기하고 모험을 선택하는 원인이 무엇인지 탐구해볼 가치가 있다. 일부 연구들이 주장하는 바와 같이 조직에 적응하지 못한 사람들이 자영업을 시작하는 것은 아닐까?

부의 엘리트들이 품었던 목표가 그들의 성공에 어떤 역할을 했는지도 중요한 연구주제였다. 수많은 자기계발서가 만장일치로 주장하듯 이들이 부자가 되겠다는 확실한 목표를 먼저 세웠기 때문에 큰 부를 축적했을까? 아니면 처음에 세운 목표와는 상관없이 기업가로 활동을 계속하다 보니 그 부산물로 부를 얻게 된 것일까?

부의 엘리트들이 가장 소중하게 생각하는 것은 무엇일까? 경제적 자유와 재산 중 무엇을 더 중요하게 여길까? 많은 사람들이 생각하는 것처럼 값비싸고 아름다운 물건들을 마음껏 사는 것과 사회의 선망 어린 시선을 즐기고 있을까?

어떤 특별한 능력과 재능이 부의 엘리트들의 성공에 기여했을까? 그리고 이들은 이성과 직관 중 무엇에 근거해 판단을 내릴까? 이들이 기꺼이 감수할 수 있는 위험은 무엇이고 이들의 위험을 감수하는 성향은 시간이 지날수록 사그라들까? 이들은 다른 사람들과 비슷한 방식으로 자신에게 닥칠 위험을 계산했을까?

부의 엘리트들 중 대다수는 자신을 낙관적인 사람이라고 생각한다. 이들이 말하는 낙관주의란 무슨 뜻일까? 행동경제학에서 자주 등장하는 개념인 초낙관주의는 기업가들이 어떤 위험을 감수하게 만들까? 그리고 정말 초낙관주의 때문에 기업가들이 비합리적인 위험을 감수하는 것일까?

나만의 길을 가고자 하는 성향은 부의 엘리트들에게 어떤 영향을 끼칠까? 이들은 신경성, 개방성, 성실성, 원만성, 외향성이라는 5대 성격특성 중 어떤 특성을 얼마나 강하게 갖고 있을까? 또한 이들은 갈등에 어떻게 대처할까? 기업을 운영하며 맞닥뜨리는 다양한 좌절에 어떻게 반응할까?

부자들에 대한 이런 궁금증은 미국의 기업가정신 연구와 행동경제학을 포함한 다양한 출처에서 파생됐다. 부에 대해 연구하기 위해 내가 만난 인터뷰 대상자 45명은 성격에서 유사점과 차이점을 모두 갖고 있었다. 그렇다면 이들의 행동 패턴은 어느 정도까지 동일하고 또 다를까?

독일 사회경제패널Socio-Economic Panel, SOEP이 정의하는 표본 2만 명 중 이 책의 연구대상이 되는 부의 엘리트, 즉 순자산이 수천만 유로에서 많게는 수억 유로나 되는 부자들은 너무 적다.[2] 이로 인해 이 책의 연구는 정제된 질문을 제공하는 유도 인터뷰 방법을 채택했다. 또한 솔직하고 즉각적인 대답을 최대한 담아낼 수 있도록 인터뷰 대상자들에게 녹취록을 공개하지 않았다.

이 책의 구성

1부에서는 부에 관한 학계의 다양한 연구를 살펴보고 이 책의 연구 대상인 부의 엘리트가 누구인지 정의한다. 기업가정신과 성공에 대한 대중과 학자들의 다양한 시각과 이 책의 관점도 서술한다. 또한 본 연구의 핵심주제를 정의하고 이에 대한 접근법을 개략적으로 설명한다.

2부, 3부에서는 본격적인 인터뷰를 통해 부의 엘리트들의 성공비결을 살펴본다. 특히 2부에서는 부의 엘리트가 어떻게 탄생하는지를 검토하는데 먼저 제3장에서는 부의 엘리트의 유년시절과 성장배경 등을 다룬다. 이 장의 연구에서는 스포츠와 기업가적 경험이 성공의 중요한 요소로 부각됐다.

제4장에서는 부의 엘리트들이 창업을 결심한 동기에 대해 알아본다. 기업가들은 회사에 속하는 것이 성미에 맞지 않아서 창업을 결심한다는 사회적응 이론은 과연 사실일까 아닐까?

제5장에서는 부의 엘리트들의 동기와 목표에 대해 살펴본다. 이들의 돈에 대한 인식을 살펴보고 이들이 몇 살까지 얼마를 벌겠다는 구체적인 목표를 세웠는지 또는 의도하거나 계획하지 않고 부를 얻었는지 검토한다.

제6장에서는 '훌륭한 기업가는 훌륭한 영업사원이다'라는 세간의 인식이 사실인지를 살펴본다. 인터뷰 대상자들이 스스로 유능한 영업사원이라고 생각하는지 확인해보고 이들은 영업력을 어떻게 길렀는지 알아본다.

3부에서는 부의 엘리트들의 사고방식과 행동 패턴을 본격적으로 살펴본다. 제7장에서는 낙관주의와 자기효능의 관계에 대해 연구한다. 부의 엘리트들은 얼마나 낙관적이고 이들에게 낙관주의는 무엇을 의미하는지, 상황을 지나치게 긍정적으로 평가하는 초낙관주의의 문제를 우려한 적이 있는지 묻는다.

제8장에서는 부의 엘리트들의 위험 감수 성향을 조사한다. 이들은 과연 얼마나 위험을 감수할 수 있는지, 이에 대한 본인의 인식과 외부의 평가에 과연 차이가 있는지 비교해보고 이들의 위험 감수 성향이 시간이 흐르며 점차 줄어들었는지 살펴본다.

제9장은 부의 엘리트들이 어떤 방식을 통해 결정을 내리는지를 살펴본다. 이들은 직관과 분석 중 무엇을 사용할까? 그리고 직관에 따라 결정을 내린다는 인터뷰 대상자들의 답변은 무엇을 의미할까?

제10장에서는 인터뷰 대상자들의 5대 성격특성 테스트 결과를 검토한다. 이들은 신경성, 개방성, 성실성, 원만성, 외향성에서 얼마나 강한 특징을 드러낼까? 테스트 결과에 이어 부의 엘리트들이 갈등을 어떻게 생각하는지 살펴본다.

제11장은 부의 엘리트들의 주류를 거스르는 비순응주의적 성향이 성공에 어떤 역할을 하는지 살펴본다. 또 이들이 정말 이 특성 때문에 반대의견에 투자해 돈을 벌게 됐는지도 확인한다.

마지막으로 제12장에서는 부의 엘리트들이 위기에 어떻게 대처하는지에 대해 고찰한다. 이들은 심리적 좌절과 고난을 어떻게 생각하고 극복하는지 살펴본다.

2부와 3부에서는 인터뷰 대상자들의 대답이 길게 표현된다. 이 책의 주요목적이 바로 부의 엘리트들의 경험을 생생하게 재구성하는 동시에 그들의 솔직한 사고방식과 행동 패턴을 통찰하는 것이기 때문이다.

나는 이 책을 집필하며 인터뷰 대상자들의 공통점과 차이점을 모두 발견했다. 예를 들어 응답자 중 대다수는 분석보다 직관에 의해 결정을 내린다고 이야기했지만 완전히 반대되는 답변을 한 사람들도 분명 존재했다. 또 한 회사의 직원으로 근무하기에 성격이 맞지 않아 창업을 결심한 사례가 있는 반면 직원으로 성공적인 경력을 쌓았음에도 불구하고 승진에 조급함을 느껴 창업을 결심한 인터뷰 대상자도 있었다.

이 책은 본디 2016/2017년 겨울학기 포츠담 대학교 경제사회과학부에 제출한 논문으로 박사학위 우등논문magna cum laude의 영예를 얻었다. 지도교수이자 연구의 시작을 도와준 볼프강 라우터바흐 Wolfgang Lauterbach 박사에게 감사를 전하고 싶다. 그가 최초로 연구한 부의 기원 탐구 프로젝트인 〈독일의 부〉의 영향을 받아 나 역시 부자학 연구에 첫발을 디딜 수 있었다. 또한 나의 연구를 지도해주고 몇몇 인터뷰를 주선해준 게르트 하버만Gerd Habermann 박사에게도 감사를 전한다.

자, 이제 부의 엘리트는 누구이고 이들이 어떻게 성공을 거머쥐었는지에 대해 본격적으로 탐구해보자.

라이너 지텔만

차례

— 1부 —

부의 엘리트는
누구인가

제1장

부란
무엇인가

부에 대한 학술적 연구

경제학자 아이린 베커Irene Becker는 "무엇이 실제로 부를 구성하는가에 대한 논의는 이제 시작에 불과하다"고 주장했다.[1] 베커는 부에 관한 연구에서 부의 다양한 가치는 무시되고 소득만이 주목을 받는다는 점을 지적했다.

한편 사회학자 페터 임부슈Peter Imbusch는 부에 대한 기존의 학술적 연구에 상세한 지식과 정보가 부족할 뿐만 아니라 경험적 발견이 불분명하다고 이야기했다.[2] 그는 상류층이나 엘리트들은 사회에서 비교적 수가 적기 때문에 이들보다는 다른 집단들에 대한 연구에 집중하는 것이 옳다고 주장했다.[3]

이로부터 10여 년이 흐른 지금도 부에 대한 학계의 관심은 여전히 부족하다. 멜라니 보잉-슈말렌브로크Melanie Bowing-Schmalenbrock는 "학자들은 계속해서 부에 대한 연구를 무시해왔다. 이 주제는 어느 한 분야에 확고하게 고정돼 있지 않고 여러 학문 사이를 오간다"고 비판했다.⁴ 하지만 그는 미래에 부의 연구가 그 자체로 뚜렷한 하나의 학문으로 자리 잡을 거라 기대했다.

부에 대한 연구는 수십 년간 분배를 둘러싼 문제에 초점을 맞췄다. 이러한 접근방식은 부의 기원을 조사하는 것과 무관하게 종종 정치적 의도를 가졌다. 예컨대 1997년 출간된 에른스트-울리히 허스터Ernst-Ulrich Huster의 《독일의 부Wealth in Germany》는 사회적 양극화의 수혜자를 다루며 부의 불균형에 대한 끊임없는 비평을 늘어놓았다. 2010년, 스위스 사회학자 3명이 펴낸 《부자는 어떻게 사고하며 행동하는가How the Rich Think and Act》라는 책도 백만장자에 대한 인터뷰를 담기는 했지만 큰 틀은 부의 환경과 조세정책에 이론적으로 접근했을 뿐이었다.⁵

2001년, 2005년, 2008년, 2013년 독일 연방정부는 부에 대한 광범위한 실증조사 보고서를 발표했다.⁶ 이 연구는 부자를 국가 순 등가소득의 200% 내지 300%를 버는 사람들로 간주했다. 하지만 이 보고서 역시 빈부격차 보고서와 연계해 소득 분배 문제에 집중했다.

부와 자선활동의 관계를 연구하는 독일 사회학자 토마스 드루엔Thomas Druyen은 부에 대한 학술적 연구를 다음과 같이 분류했다.

사회구조 연구 측면의 부

- 분배

- 기원

- 사용

문화 연구 측면의 부

- 가족 및 기업가적 네트워크

- 사회적 참여

- 태도와 생활양식

심리/윤리 연구 측면의 부

- 심리학적 유형

- 성격적 특성

- 공감과 도덕성

    이 책의 주제는 이 모든 것들과 밀접하게 관련돼 있다. 그러나 이 책이 부의 평등한 분배와 관련된 질문들에 초점을 맞추지는 않을 것이다. 부자의 생활방식, 환경, 사회적 참여를 명시적으로 다루지도 않는다. 대신 이 책은 부의 기원에 대해 고찰한다.

    부자가 되는 법을 주제로 한 책은 매우 많다. 그 책을 두 부류로 나누자면 투자나 주식에 관한 실용적인 정보를 담은 책과 부자가 되기 위해 필요한 마인드 세팅, 즉 부자가 되는 데 필요한 동기부여에 초점을 맞춘 책이 있다.

하지만 투자나 주식에 관한 책은 돈을 버는 데 실질적으로 도움이 되지 않는 것 같다. 한 연구결과에 따르면 독일의 백만장자 중 2.4%만 이 주식을 부의 원천이라고 생각한다.[7] 주식시장이 더 활발한 미국 에서조차 인터뷰 대상자 중 12%만이 주식을 재산의 주요인이라고 대답했다. 심지어 1990년대 말 〈포브스〉가 선정한 가장 부유한 미국 인 리스트에서 증권이나 소극적 주식투자로 억만장자 명단에 오른 사람은 단 1명도 없었다.[8] 주식으로 부자가 된 사람들은 기업인 칼 아이칸Carl Icahn이나 워런 버핏Warren Buffett처럼 기업을 매수한 뒤 재판매하거나 투자한 회사의 경영에 적극적으로 기여했다.[9]

부자가 되는 마인드 세팅에 초점을 맞춘 책에는 1937년 출간된 이 래 전 세계적으로 6,000만 부 이상 판매된 나폴레온 힐의 《놓치고 싶 지 않은 나의 꿈, 나의 인생》이 있다. 저널리스트였던 힐은 미국인들 의 짧은 전기 시리즈를 써달라는 의뢰를 받았다. 그 취재의 첫 번째 대상이 강철 거장 앤드류 카네기Andrew Carnegie였다. 카네기는 힐에 게 미국에서 가장 성공한 500명을 인터뷰하고 그 결과를 책으로 만 들어보라고 권했다. 힐은 그 과정에서 헨리 포드Henry Ford, 조지 이스 트먼George Eastman, 토머스 에디슨Thomas Edison, 프랭크 울워스Frank Woolworth, J. P. 모건J. P. Morgan, 하비 파이어스톤Harvey Firestone 등 재 계의 유명인들을 알게 됐다.

힐의 책에서 가장 중요한 가설은 다음과 같다. "부자가 되고 싶다고 마음을 먹는 순간 부는 시작된다. 목적이 명확하면 절대 힘들지 않다."[10] 힐에 따르면 부에 대한 억누를 수 없는 욕구를 실현하는 사람들만이 부자가 된다.

힐은 특정기간 내 달성하고 싶은 재정적인 목표를 구체적으로 정하고 그 계획을 문서로 만들어 매일 아침저녁으로 소리 내어 읽으면 부를 쟁취할 수 있다고 주장했다. 잠재의식 속에 목표를 심어 소원을 현실로 바꾸는 힘을 만드는 것이다.

힐의 또 다른 가설은 실패가 성공으로 바뀔 수 있고 단점은 동일한 비율의 이점으로 치환될 수 있다는 것이다. 즉, "모든 실패는 그에 상응하는 성공의 씨앗을 가져온다."[11] 힐에 따르면 크게 성공한 미국인 500명의 인생을 살펴보면 실패 직후 가장 큰 성공이 일어났다고 한다.[12]

힐의 책은 자기계발이라는 분야에 영감을 줬으며 부자를 만들어 주는 생각이 따로 있다는 개념을 확립했다. 하지만 아직도 부에 대한 학술적 연구는 형성 단계에 머물러 있다. UHNWI에 대한 연구역시 엘리트 계층 연구를 제외하면 대중 자기계발서에서만 다뤄지는 경향이 있다.

무엇이 부를 결정하는가

보잉-슈말렌브로크는 472명을 대상으로 인터뷰를 실시했다. 인터뷰 대상자들의 평균 재산은 230만 유로(약 30억 원)였고 중간값은 140만 유로(약 18억 원)였다.[13] 연구의 초점은 UHNWI가 아닌 '이웃집 백만장자'에 맞춰져 있었다. 보잉-슈말렌브로크는 고용, 투자, 상속으로 대상자들의 자산출처를 구분했고 부는 한 사람의 복잡하고도 자유로운 재산 축적 과정의 결과물이라고 봤다.[14] 즉, "누군가 기회를 알아채고 이용하면 그 결과로 부가 창출된다"는 것이다.[15]

보잉-슈말렌브로크는 부자가 되는 과정을 3단계로 구분했다. 가장 낮은 단계의 연간 순이익은 독일의 평균 가처분소득의 200%인 5만 4,320유로(약 7,000만 원)다. 그 위 계층부터는 연간 순이익이 아닌 총 금융자산으로 구분되며 총 자산 최소 120만 유로(약 15억 원)의 불안정한 부자와 총 자산 최소 240만 유로(약 30억 원)의 안정적인 부자로 구분된다.[16] 보잉-슈말렌브로크의 정의에 따르면 연간 4.5%의 수익률을 가정할 때 5만 4,320유로의 목표 순이익을 올리면 자산 120만 유로에 도달할 수 있다. 그러나 연간 4.5%의 수익률은 다소 비현실적이며 원천징수세나 소득세율을 고려하면 세전 수익률은 평균 6~8.5% 사이여야 한다.[17] 부자의 정의에 대한 최소 임계값 역시 보잉-슈말렌브로크가 규정한 수준보다 훨씬 높게 설정돼야 한다.

보잉-슈말렌브로크의 연구는 부의 기원에 대한 체계적이고 획기적인 연구였다. 이 연구가 시사하는 바는 4가지다. 첫 번째로 부를 축적하기 위한 가장 중요한 전제조건은 자영업, 즉 프리랜서 전문가가 되거나 자신의 사업을 하는 것이다. 보잉-슈말렌브로크의 연구에 따르면 기업가정신은 매우 큰 부와 자산을 보장한다. 그는 기업가정신이 높을수록 부도 엄청나게 증가한다는 점을 발견했다. 자영업으로 부자가 되는 가구는 그렇지 않은 가구보다 평균적으로 250만 유로(약 32억 원) 정도 더 부유했다.[18] 또한 기업가적 활동이 재산 축적에 결정적인 역할을 한 가구는 그렇지 않은 가구보다 최고 수준의 부에 도달할 가능성이 2배 더 높았다.[19]

두 번째로 어딘가에 고용되는 것은 거의 부로 이어지지 않는다.[20] 또한 상속도 부의 창출에 일부 기여하기는 하지만 부유한 가정의 절반 이상은 상속보다 유급 노동으로 재산을 축적했다.

세 번째로 부의 규모가 증가함에 따라 성격의 영향력은 높아지는 반면 다른 요소의 영향력은 낮아진다.[21] 즉, 적절한 성격은 더 높은 수준의 부를 얻을 가능성을 증가시킨다. 또 장애물을 극복할수록 높은 재산을 쌓는 데 적합한 인성을 갖게 되며 높은 수준의 부가 달성될수록 더 부에 유리한 성격을 갖는 경향이 있다.[22]

네 번째로 부자들은 중산층에 비해 경험에 훨씬 더 개방적이며 현실순응성이 낮다.[23] 또한 중산층에 속하는 사람들의 성격특성과 자영업을 하지 않고 회사를 다녀서 부유해진 사람들의 성격특성은 매우 유사하다. 이 4가지 결론은 성공한 자영업자들을 특히 잘 설명해 줬다.[24]

보잉-슈말렌브로크의 연구에서 파생될 수 있는 가설 하나는 연구 대상이 많을수록 기업가정신과 인격적 특성이 부에 중요한 영향을 미칠 확률이 높다는 것이다. 사회학자 볼프강 라우터바흐의 연구 역시 부자가 되는 데 미치는 기업가정신의 영향력은 부의 수준에 따라 증가한다고 보고 있다.

라우터바흐는 중산층(자산 16만 유로, 약 2억 원), 부유층(자산 75만 유로, 약 9억 원), 고액 순자산 보유자(자산 340만 유로, 약 43억 원), 독일 100대 부자(자산 150만 유로, 약 19억 원), 세계 100대 부자(자산 105만 유로, 약 13억 원)의 기업가 비율을 비교했다. 부유층 중 기업가 비율은 37.8%였고 고액 순자산 보유자 중 기업가 비율은 64.6%였다. 독일 100대 부자 중에서는 98%, 세계 100대 부자 중에서는 95.2%가 기업가였다.[25] 라우터바흐는 자영업이 부 축적의 필수조건이며 고용의 결과로 부자가 될 확률은 희박하다고 봤다.[26] 그는 "엄청난 부를 축적하기 위해서는 기업가정신이 절대적으로 필요하다"고 주장했다.[27] 또한 특정한 성격이 부자가 되는 데 결정적인 역할을 한다는 것 역시 확인했다.

미국에서도 기업가정신은 집중적인 연구대상이다. 1968년, 페르디난드 런드버그Ferdinand Lundberg는 《부자와 슈퍼리치rich and the super-rich》를 출간해 많은 관심을 끌었다. 당시 뉴욕 대학교 사회철학과 교수였던 런드버그는 "신흥부자든 전통부자든 상관없이 미국의 부자는 아마 죽기 직전까지도 스스로 반성하는 태도를 갖지 못한 외향적인 사람일 것이다. 그는 학교도 제대로 다니지 않았고 무언가를 읽지도 않는다. 세상에서 주어진 역할에 대해 순진한 견해를 갖고 있을 뿐이다"라고 말했다.[28] 런드버그는 〈포춘〉의 부자 리스트를 구성하는 부자들 대부분을 "고급문화 출신의 무단결석생" 정도로 묘사했다.[29]

2000년, 미국에서 출간된 토머스 J. 스탠리Thomas J. Stanley의 저서 《부자들의 선택》은 백만장자 733명을 인터뷰했다. 조사대상의 평균 순자산은 920만 달러(약 106억 원)였고 중간값은 430만 달러(약 49억 원)였다. 평균 가구소득은 74만 9,000달러(약 8억 원)로 보고됐으며 중간값은 43만 6,000달러(약 5억 원)였다. 그가 조사한 사람들 중 재산의 50% 이상을 상속받은 사람의 비율은 오직 8%인 반면 61%는 상속이나 증여를 받은 적이 없었다.[30] 참고로 조사는 277개 질문의 범주를 사용해 수행됐다.[31]

스탠리의 연구에서도 자영업자 비율이 지배적이었다. 조사대상자 중 32%는 기업가, 16%는 고위임원, 10%는 변호사, 9%는 의사였다. 나머지는 영업전문가, 건축가, 교수, 기업 중간관리자, 주부 등이었다.[32] 순자산이 가장 많은 사람은 기업가였다.

이 연구의 결과는 5가지로 정리됐다. 첫 번째로 어떤 직업을 선택하느냐가 재산 축적에 결정적인 역할을 한다는 것이다.[33] 스탠리는 백만장자를 경쟁자가 거의 없고 높은 수익을 창출하는 직업을 선택한 사람들로 봤다.[34]

두 번째로 뛰어난 학력은 부자가 되는 결정적인 요소가 아니다. 스탠리가 조사한 백만장자들의 평균 미국 대학수학능력시험SAT 점수는 1,190점으로 평균을 웃돌긴 하지만 미국 최상위대학에 입학하기에는 부족했다. 변호사나 의사가 가장 높은 점수를 얻었고 기업가들의 점수는 그보다 낮았지만 프리랜서 전문가들보다 훨씬 더 부유했다.[35] 이 조사에서 백만장자 중 20%만이 성공에 필요한 요소로 뛰어난 지능을 꼽았으며 부유한 그룹일수록 지능보다 사회생활 기술이 더 중요하다고 믿었다. 이에 비해 변호사의 34%(기업가의 2배 이상)는 뛰어난 지능을 성공의 핵심요인으로 꼽았다. 또한 기업가의 45%가 영업력을 매우 중요하다고 언급한 반면 변호사 중 16%만이 같은 견해를 가졌다.[36] 스탠리는 법률이나 의약계에 종사하는 것이 큰 부자가 될 가능성을 감소시킨다고 결론지었다.

세 번째로 창의력은 부자가 되는 열쇠다. 다른 사람들이 알아채지 못하는 기회를 붙잡은 것이 재산 축적에 결정적인 역할을 했다는 데 동의한 기업가의 비율은 42%였지만 변호사는 19%에 그쳤다.[37]

네 번째로 위험을 감수하려는 의지는 부자가 되는 필수요소다. 순자산이 100만 달러 미만인 응답자 중 18%만이 큰돈을 벌려면 위험을 감수해야 한다는 말을 지지한 데 비해 순자산이 200만~500만 달러(약 23억~57억 원) 사이인 응답자 중 28%, 1,000만 달러(약 115억 원) 이상인 응답자 중 41%가 이에 동의했다. 하지만 여기서 말하는 위험은 무모한 결정이 아니다. 예를 들어 100만 달러(약 11억 원) 미만의 자산을 가진 사람들의 거의 절반(47%)이 지난 12개월 동안 복권을 구매한 반면 1,000만 달러 이상의 자산을 가진 사람들 중 구매자는 20%에 그쳤다.[38]

　마지막으로 저축을 많이 하는 사람일수록 부자가 될 가능성이 높다. 스탠리는 급여를 많이 받으면서 돈도 많이 쓰는 사람(과소저축자)과 큰돈을 저축해 재산을 축적하는 사람(과잉저축자)을 명확히 구분하는데 연간소득을 7만 3,000달러(약 8,400만 원)로 유지하는 사람 중 과잉 저축자의 순자산은 750만 달러(약 86억 원)였지만 과소저축자의 순자산은 40만 달러(약 4억 원)에 불과했다. 이처럼 무엇이 부를 결정하는가에 대한 조사는 다양한 측면에서 이뤄지고 있다.

제2장

부의 엘리트는
누구인가

부의 엘리트와 경제 엘리트는 다르다

'엘리트'라는 용어에 대한 학계의 명확한 정의는 없다. 2003년, 베아테 크라이스Beate Krais는 엘리트의 2가지 조건으로 한 사람의 성과와 이 성과에 대한 사회적 인식을 제시했다. 그에 따르면 엘리트는 출생에서 부여된 직책이나 특권이 아니라 개인적으로 귀속되는 업적을 가진다. 또한 이 업적이 사회적으로 의미를 갖고 성공으로 받아들여져야 한다.[1]

1995년, 포츠담 대학교는 정치, 행정, 비즈니스 및 경제, 노동조합, 대중매체, 과학, 군사 및 문화의 주요 영역에서 기능적 엘리트들을 구별해 연구했다.[2] 그 연구에 따르면 엘리트는 "사회 전체와 관련된 핵심 의사결정 과정에 결정적인 영향을 미치는 자"[3]다.

사회 전체의 의미가 불명확하긴 하지만 포츠담 대학교는 자신들이 규정한 엘리트의 정의에 따라 경제 분야의 엘리트로 기업과 은행 경영진 및 감독위원회 구성원을 선정했다.[4] 그 안에는 주요 기업 경영이사회 539명과 대형 금융기관 내 최고지위자 338명이 포함됐다.[5] 그리고 이들 중 대다수가 백만장자였다.

그렇다면 이들이 이 책에서 다룰 부의 엘리트일까? 그렇지 않을 듯하다. 백만장자의 직업에 관한 정확한 통계는 없으나 대다수는 대기업의 고위임원보다는 회사를 이끄는 기업가다. 대기업 임원에게 지급되는 총 보수(급여와 상여금)를 훨씬 웃도는 소득(배당금)을 가진 중소기업주는 굉장히 많다.

경제 엘리트의 의미는 크게 2가지로 나뉜다. 첫 번째는 사회적 위치가 높고 그가 속한 기업의 규모, 정치적 영향력이 큰 사람으로 프랑스 사회학자 피에르 부르디외Pierre Bourdieu의 주장과 포츠담 대학교의 연구가 이 기준을 따른다. 두 번째는 기업가와 투자자처럼 부의 피라미드 꼭대기에 있으나 반드시 국가 차원의 정치적 영향력을 행사할 수 있는 이들은 아닌 사람들로 이 책은 후자에 그 초점을 맞출 것이다.

부의 엘리트가 되는 과정은 한 사람이 대기업의 임원까지 승진하는 과정과는 몹시 다르다. 여기서 중요한 것은 기업을 창업해 성공하는 것 혹은 투자활동으로 수익을 창출하는 것 같은 경제적 성과다.

이 책에서 부의 엘리트라는 용어는 최소 1,000만 유로(약 131억 원)의 순자산을 보유한 사람들을 지칭한다. 이 집단은 명백히 다차원적으로 매우 다양한 라이프스타일과 소득원, 정치적 영향력을 가진 사람들을 아우른다. 하지만 이들의 공통점은 모두 생계를 유지하기 위해 일을 할 필요는 없다는 것이다. 세금을 제외하고 연 3%의 이자율을 가정했을 때 1,000만 유로는 2만 5,000유로(약 3,200만 원)의 월수입을 창출한다. 이 돈을 온전히 소비하려면 40년에 걸쳐 연간 25만 유로(약 3억 원)를 지출해야 한다. 이만큼의 자산을 가진 사람들에게 허용되는 일은 이웃집 백만장자[6]들에게 허용되는 것과 근본적으로 다르다.

이들은 부유한 집안에서 태어나거나 좋은 교육을 받은 사람들만으로 구성되지 않았다. 한 극단적인 예로 내가 이 책을 쓰기 위해 인터뷰한 부의 엘리트 45명 중에는 읽고 쓰는 것을 익히는 데 상당한 어려움을 겪고 기초 중등교육을 마치기 위해 애를 쓴 사람이 있다. 그의 언어 인지능력 부족이 기업의 임원이 되는 데 문제가 됐을지는 몰라도 수백만 유로의 부를 축적하는 것을 가로막지는 못했다. 게다가 많은 기업가와 최고 부유층은 대부분 중산층 출신이다.

부의 엘리트들이 드러내는 많은 성격적 특징은 일반적인 기업에서 경력을 쌓는 데 도움이 되지는 않을 것이다. 예컨대 주어진 상황에 순응하는 성향은 어떤 사람이 대기업의 임원으로 승진할 때 긍정적인 역할을 할 가능성이 높지만 성공한 기업가들은 대부분 비순응주의자들이다. 스티브 잡스Steve Jobs가 융통성 없이 규율만 많은 기업에서 직원으로 일했다면 지금처럼 성공적인 업적을 쌓지 못했을 것이다. 그의 행동 패턴이 일반기업의 이사회 임명과정에서 흔히 요구하는 자격요건에 부합하지 않기 때문이다.[7] 개인이 부의 엘리트 계층으로 진출할지의 여부는 위원회의 자비심이나 지도자의 호의가 아닌 시장에 의해 결정된다.

부의 엘리트의 기업가 성향

베르너 좀바르트Werner Sombart는 기업가를 심리적 측면에서 살펴본 학자다. 저서 《자본주의의 정수Der Bourgeois》에서 좀바르트는 기업가의 성공에 필요한 3가지 특성을 서술했다.

첫 번째는 정복자의 특성이다. 사업가는 목표를 달성하기 위한 계획을 세우는 능력과 그 계획을 실행하려는 강력한 의지를 모두 가져야 한다. 이런 의지가 발명가와 사업가의 차이점이다. 또한 자신의 계획을 관철시키는 능력과 목표를 외면하지 않는 부지런한 응용력을 가져야 한다. 자신의 앞을 가로막는 장애물을 무너뜨리고 앞으로 계속 나아가는 결단력과 힘 역시 가져야 한다. 좀바르트는 "큰 성공을 거두기 위해서는 높은 위험성을 감수하고 모든 것을 걸 수 있는 정복자가 돼야만 한다"고 말했다.[8]

두 번째는 창립자의 특성이다. 좀바르트에 따르면 기업가는 창조

적인 힘을 발휘해 많은 이들을 만족시키고 성공적인 방향으로 이끄는 능력을 가져야 한다.[9]

세 번째는 거래인, 즉 영업사원의 특성이다. 좀바르트는 "협상은 지적인 형태의 스파링에 불과하다"[10]고 했다. 사업가는 훌륭한 직원을 채용하거나 제품을 팔거나 협상을 성사시키기 위해서 언제나 상대방에게 제안의 이점을 납득시켜야 한다. 즉, "상대방이 거래를 성사하자고 열망하게끔 만들어야 한다. 거래인은 언제나 훌륭한 제안을 이용한다"[11]는 것이다.

좀바르트에 따르면 기업가는 본능적으로 옳고 적절한 행동을 하는 경향을 갖고 있어야 한다. 타고난 기업가는 다른 사람을 정확하게 판단하고 아이디어와 영감, 상상력이 풍부하다.[12] 좀바르트가 생각하는 기업가의 가장 중요한 특성은 결단력과 끈기, 참을성, 불안과 목적성, 대담함이다.[13]

좀바르트는 저서에서 기업가와 예술가의 차이점을 자주 언급한다. 그에 따르면 기업가는 목표를 달성하기 위해 일하고, 예술가는 목표를 달성하는 것을 혐오스러워한다. 기업가는 실용적이고 사무적인 반면 예술가는 그렇지 않다.[14]

좀바르트가 생각하는 기업가의 가장 본질적인 동기는 이익이다. 그는 "기업가의 영혼에는 언제나 더 커다란 것을 성취하고자 하는 욕구가 있으며 이로 인해 기업가는 끊임없이 일한다. 더 많은 이익을 원하기 때문이다. 물론 이것이 그들의 가장 핵심적인 동기는 아닐 테지만 단순히 돈을 버는 것에 만족하든 권력을 목표로 하든 사회를 개혁하고 싶어 하든 간에 어떤 경우에도 사업가는 이익을 내야만 한다"[15]고 말했다.

좀바르트는 기업가의 심리적 특성을 "성공의지, 즉 커다란 경제적 성공에 도달하기 위한 노력"[16]으로 정의했다. 그리고 영업력이 기업가의 성공에 특히 중요한 역할을 한다고 주장했다.

경제학자 조지프 슘페터Joseph Schumpeter는 저서 《경제발전의 이론》에서 기업가의 심리를 광범위하게 다뤘다. 슘페터는 기업가들이 다른 사람들과 달리 사회적 규범에 맞춰 본인의 행동을 통제하지 못한다고 주장했다. 즉, 기업가를 주류를 거스르는 사람으로 봤다.[17] 비록 특정한 용어를 규정하지는 못했지만 그는 성공한 기업가를 이단아로 묘사했다. 이들은 외부와 자신의 내면에 뿌리 깊은 고정관념에 저항하기 위해 새로운 일을 벌인다.[18] 또한 "자신의 동료나 선배들이 그의 사업을 두고 어떤 평가를 내리든 무관심하다"고 말했다.[19]

슘페터는 대체 무엇이 기업가들을 대세를 따르지 않게 만드는지 그 원인을 분석했다. 그에 의하면 기업가는 이미 상당한 재산을 축적했을지라도 그보다 훨씬 더 많은 돈을 벌기 위해 자신이 가진 모든 에너지를 쏟는다. 따라서 돈은 기업가의 동기를 충분히 설명하지 못한다.[20] 기업가들의 삶은 분명 사치스럽지만 이런 삶의 방식이 그들의 야망을 자극하는 것은 아니다.[21]

슘페터는 의식적이든 무의식적이든 기업가들은 2가지 동기에 의해 움직인다고 결론내렸다. 그 동기는 바로 강력한 권력을 갖는 기쁨과 창조적 과정의 기쁨이다.[22] 슘페터는 약자는 반복적이고 전통적인 방법으로 노동하는 반면 강자는 항상 새로운 계획을 세우고 그 계획을 실천하면서 변화를 가져오며 그 과정에서 힘을 축적한다고 이야기했다.[23] 이런 유형의 사람들은 끊임없는 추진력을 갖고 있으며 몸이 지치거나 자기 앞에 놓인 장애물이 극복할 수 없는 것으로 판명될 때, 자신의 목표를 만족시킬 수 없는 결과가 예상될 때에만 멈춘다.[24]

경제학자 이스라엘 커즈너Israel Kirzner는 1973년 출간한 저서 《경쟁과 기업가정신》에서 슘페터의 기업가에 대한 묘사에 동의했지만 기업가의 역할은 다르게 생각했다. 혁신 추구를 강조한 슘페터와 달리 커즈너는 기업가의 성향으로 시장에서 알려지지 않은 기회를 인식하는 능력을 강조한다.

커즈너는 '순수한 기업가'라는 개념을 제시했다.[25] 그의 정의에 따르면 아직 가치를 인정받지 못한 기회를 발견하는 것이 순수한 기업가의 유일한 역할이다.[26] 순수한 기업가는 맨손에서 시작해 기회를 인식함으로써 이익을 창출한다. 커즈너는 기업가를 무無에서 비롯된 혁신적 아이디어의 원천이 아니라 이미 잠재된 기회에 대한 경각심을 가진 사람으로 본다.[27]

어떤 기업가가 성공하는가

　　　　기업가의 성공과 관련해 2가지 생각해봐야 할 점이 있다. 첫 번째, 어떤 특성이 기업가가 될 가능성을 증가시키는가? 두 번째, 이런 특성과 성공 사이에는 어떤 상관관계가 있는가? 기업가가 되기로 결정하는 과정과 성공을 달성하는 과정은 필히 구분해서 생각해야 한다.[28]

　그렇다면 먼저 어떤 사람들이 기업가가 되는지를 살펴보자. 1980년대 미국 경영학자 스탠리 크로미Stanley Cromie는 남성 기업가 35명과 여성 기업가 34명을 대상으로 왜 자영업을 선택했는지 인터뷰했다. 자유, 성취, 다니던 직장에 대한 불만족, 돈이 지배적인 동기였다.[29]

　1980년대 중반, 경영학자 게르하르트 플라슈카Gerhard Plaschka는 오스트리아의 성공한 기업인 299명과 성공하지 못한 기업인 63명의 창업동기를 인터뷰했다. 성공한 기업인들은 '나의 능력을 증명하기 위해'라는 답변을 가장 많이 말했고 '나의 생각을 관철하기 위해', '결정하고 행동할 자유를 갖기 위해' 등이 뒤를 이었다. '경제적 자립', '더 높은 소득'과 같은 답변은 9위, 11위였다.[30]

　1990년대 초, 경영학자 수 벌리Sue Birley와 폴 웨스테드Paul Westhead는 오너 경영자 405명의 창업동기를 인터뷰했다. 가장 많은 답변은 바로 '내 일에 나만의 접근법을 적용할 자유를 갖기 위해', '내 시간을 통제하기 위해'와 같은 독립에 대한 욕망이었다. 그 뒤로 '나와 내 가족의 안정을 위해', '소득이 높기를 바라는 마음' 등의 금전적 이유가 이어졌다.[31] 참고로 이 연구는 자영업자가 된 이유가 실제로 사업에서 성공했는지 여부와는 관련이 없다는 것을 보여줬다.

2000년에 발표된 논문에서 라파엘 아미트Raphael Amit, 케네스 R. 맥크리먼Kenneth R. MacCrimmon, 샬린 지에츠마Charlene Zietsma, 존 M. 오에시John M. Oesch는 성장지향적 기술기업 소유주 51명에게 '돈이 중요한가?'라는 질문을 던졌다. 통제그룹으로 같은 업종의 고위임원 28명도 인터뷰했다. 흥미롭게도 기업인들은 창업으로 부자가 될 가능성이 직원으로 일할 때보다 훨씬 높다고 믿었다. 반면 고위임원들은 창업자보다 직원으로서 더 많은 돈을 벌 것이라고 믿었다.[32]

한편 2003년 낸시 M. 카터Nancy M. Carter, 윌리엄 B. 가트너William B. Gartner, 켈리 G. 셰이버Kelly G. Shaver, 엘리자베스 J. 게이트우드Elizabeth J. Gatewood는 여성 자영업자 179명과 남성 자영업자 205명, 여성 직원 89명과 남성 직원 85명의 직업 선택동기를 비교했다. 기업가들의 주된 동기는 '독립에 대한 욕망'이었고 그다음이 '재정적 성공'이었다.[33] 놀라운 결과는 기업가와 직원의 대답이 크게 다르지 않다는 것이었다.

카터의 조사결과처럼 특별한 사람들만 기업가가 되는 것이 아니라면 어떤 특정한 유형의 기업가가 성공을 하는 것일까? 존 B. 마이너John B. Miner는 기업가의 성공 이면에 있는 요소들을 20년간 연구했다. 마이너는 총 100명의 기업가를 대상으로 광범위한 인터뷰를 하고 18가지 성격특성을 테스트했다. 그리고 개인 성취자, 슈퍼세일

즈맨, 진정한 관리자, 전문적인 아이디어맨이라는 4가지 기업가 유형을 정리했다.[34]

먼저 개인 성취자 유형은 개인적인 목표를 설정한다. 또 이를 달성하기 위한 계획을 수립하고 열심히 일하며 어려운 상황을 잘 관리한다. 이들은 강한 개인주의자로 본인의 신념을 실행하기 위해 기업가가 됐다.[35] 개인 성취자 유형은 대개 직원이 30명 미만인 중소기업에서 성공을 거둔다.[36]

두 번째 유형인 슈퍼 세일즈맨을 살펴보자. 이들은 영업에 재능이 있으며 다른 사람들에게 쉽게 공감한다. 이로 인해 성공을 달성하지만 체계적으로 조직을 관리하는 데는 서툴러 전문경영인의 도움을 받아야 하는 경우가 있다. 슈퍼 세일즈맨 기업가들은 창업하기 전에 영업사원으로서 좋은 실적을 낸 경우가 많다.[37]

세 번째 유형은 진정한 관리자다. 이들은 뛰어난 경영능력을 갖고 있다. 이 유형의 사람들은 대기업을 창업할 때 성공을 거두며 창업 전에는 규모가 큰 단체나 기업에서 일한 경우가 많다.

네 번째 유형은 전문적인 아이디어맨이다. 이들은 새로운 제품을 발명하고 틈새시장을 찾고 새로운 프로세스를 개발하는 데 능하다. 이들은 일반적으로 경쟁을 압도할 방법을 찾는다.[38]

마이너가 조사한 기업가 중 38%는 이런 성향 중 몇 가지를 동시에 지닌 '복잡한 기업가'로 분류됐다. 전체의 27%는 2개, 10%는 3개의 성향을 갖고 있었으며 4개 성향의 특징을 모두 가진 사람도 1명

있었다.[39]

1991년, 엘리자베스 셸Elizabeth Chell, 진 하워스Jean Haworth, 샐리 브리얼리Sally Brearley는《기업가적 성격The Entrepreneurial Personality》을 출간했다. 기업인 31명을 인터뷰한 이들은 기업가의 단계를 창업, 기성기업, 전문경영인 3가지로 구분했다.[40] 또한 창업가, 행정가, 준기업가, 실제기업가로 기업가의 유형을 정의했으며 이 유형이 발전 단계에 따라 변화할 수 있다는 것을 보여줬다.

마이너와 셸이 수행한 연구는 이 책의 주제와 관련이 있다. 부를 향한 단 하나의 길은 없다. 그렇다면 어떤 사람이 부자가 될까? 큰 부를 성취하는 모든 사람들에게 공통적인 특징이나 특성이 있을까? 부의 창출과 축적의 패턴을 파악하는 것이 가능할까?

성격과 성공의 관계를 조사한 연구는 아주 많다. 그중에서도 '개성'은 기업가정신 연구의 핵심개념이다. 학자들은 양심, 외향, 정서적 안정, 낮은 호감이라는 특성을 가진 사람이 그렇지 않은 사람들보다 더 성공한다는 증거를 발견했다.[41]

1986년, 오스트리아에서 진행된 성공한 창업자와 성공하지 못한 창업자에 대한 비교 경험 연구는 특히 흥미롭다.[42] 연구자는 성공한 기업가 62명과 실패한 기업가 63명을 직접 비교했는데 주로 연령, 가족생활주기, 성별과 같은 사회인구학적 속성의 중요성에 초점을 맞췄다. 이에 따르면 성공한 창업자들은 성취, 성공, 혁신을 추구한 반면 성공하지 못한 창업자들은 주로 새로운 역할과 독립에 대한 욕망, 부를 추구했다.[43] 이 외에도 기업가의 성공을 결정짓는 요소에 관한 연구는 여럿 있는데 이들은 다음과 같은 속성이 성공과 연관돼 있음을 시사한다.[44]

- 헌신
- 창의성
- 높은 외향성
- 낮은 만족도
- 실패를 겪은 후 다시 도전하는 자세
- 나는 내 운명을 내 손으로 쥐고 있다는 확신
- 낙관
- 자신에 대한 믿음

2007년, 안드레아스 라우슈Andreas Rauch와 마이클 프레제Michael Frese는 기업가정신에 대한 학계의 관심이 증가하고 있으며 이에 대한 이전 연구에 맹점이 있다는 것을 지적했다. 즉, 기존 연구들이 성격특성과 성공 사이의 선형적 관계만을 확인하려고 노력해왔다는 것이다. 더 자세히 말하자면 그때까지 학자들이 주장한 특성과 성공의 상관관계는 대부분 약하며 성취, 위험 감수 성향, 혁신성, 자율성, 통제 위치(상황을 스스로 통제할 수 있다고 믿는 정도), 자신에 대한 믿음이라는 매우 구체적인 특징이 영향을 미친다고 이야기했다.[45] 그들

은 하나의 특성이 아니라 여러 가지 특성들의 조합이 기업가의 성공을 좌우한다고 봤다.[46]

2000~2009년, SOEP[47]에서는 자영업자의 성격특성을 파악하고 분석했다. 연구는 자영업자와 비자영업자의 신경성, 개방성, 성실성, 외향성, 원만성이라는 5대 성격특성과 통제소재(사건의 원인을 어디에 두는지 판단하는 경향), 위험을 다루는 태도, 인내, 충동성 등을 살펴봤다.[48] 이 연구에 따르면 자영업자들은 개방성 점수가 비자영업자들의 표준편차보다 평균 36% 더 높았고 외향성은 표준편차보다 약 21% 높았다. 또한 기업가들은 일반인들보다 표준편차의 40% 정도 더 위험을 감수하는 경향이 있었고 통제소재를 자신의 내면에 두는 성향이 훨씬 더 강했다.[49]

부의 엘리트 성향은 타고나는가

기업가정신 연구 분야에는 기업가의 사고방식과 성공비결을 바라보는 여러 가지 접근법이 있다.[50] 경제학자들은 주로 환경의 역할을 강조하며 시장에서의 기회, 자원을 최적으로 배분하는 능력을 기업가의 덕목으로 제시한다. 한편 심리학자들은 성공에 영향을 주는 요소로 성격특성을 강조한다. 반면 기업가정신 전문가 데이비드 디킨스David Deakins와 마크 프릴Mark Freel은 이 둘의 시각을 모두 거부하고 기업가적 학습능력이 성공에 결정적인 영향을 미친다

고 이야기한다.[51]

그렇다면 기업가적 학습능력이란 무엇일까? 이것은 단순히 학교에서 공부하는 능력을 의미하지 않는다. 러시아 억만장자 로만 아브라모비치Roman Abramovich, 미국 억만장자 폴 앨런Paul Allen과 스티브 발머Steve Ballmer, 영국 억만장자 리처드 브랜슨Richard Branson 등 학교를 중퇴한 유명인의 사례는 많다. 캐나다 부호 에드거 브론프먼Edgar Bronfman, 구글 창업자 세르게이 브린Sergey Brin과 워런 버핏도 대학을 졸업하지 못했다. 디킨스와 프릴은 기업가적 학습능력에 시행착오에 따른 학습, 다른 성공사례에 대한 모방 학습, 네트워킹을 통한 학습이라는 3가지 유형을 제시했다.

《졸업장 없는 부자들》의 저자인 마이클 엘스버그Michael Ellsberg 역시 학력이 성공에 필수적인 요소는 아니라고 이야기했다. 그는 자신이 인터뷰한 백만장자와 성공한 사람들이 정규교육을 도움이 되지 않았다고 평가했다고 밝혔다.[52] 이 책은 대학졸업장이 부를 거두는 데 도움을 주는 경우는 소수라고 주장해 많은 투자자와 기업가들의 공감을 받았다.

미국 심리학자 로버트 J. 스턴버그Robert J. Sternberg는 '성공지능'이라는 개념을 개발했다. 그에 따르면 성공지능은 분석적이고 창조적이며 실용적인 측면을 갖고 있다. 분석적 측면은 문제를 해결할 방법을 찾고 창조적 측면은 어떤 문제를 해결할 것인가를 결정하며 실용적 측면은 해결책을 효율적으로 만든다.[53] 스턴버그는 분석적 측면에 지나치게 의존하는 것은 성공에 도움이 되지 않는다고 주장했다. 또한 그가 인터뷰한 많은 기업 임원들이 '최고의 경영대학원을 졸업하고 사례 분석에 교과서적으로 능한 사람을 채용하기는 쉽지만 새로운 제품이나 서비스에 대해 혁신적인 아이디어를 내는 사람을 찾기는 힘들다'고 불평했다고 이야기했다.[54]

보잉-슈말렌브로크는 부자들이 부유해지기 전 주로 자영업자로 직업을 바꿨다는 사실을 발견했다. 이는 스턴버그의 주장과도 비슷한 맥락으로 보잉-슈말렌브로크는 똑똑한 사람들은 자기 분야가 무엇인지 결정하고 그 안에서 성공하려고 한다고 주장한다. 그에 따르면 성공비결은 하나가 아니라 자신이 선택한 분야 혹은 자신이 창조한 분야에서 다양한 기회를 발견하는 데 달렸다.[55]

만약 기업가정신이 부를 쌓는 데 필수적인 전제조건이고 기업가의 성공이 무의식적인 학습의 산물이자 성격특성으로 결정되는 것이라면 학력과 성공 사이의 약한 상관관계도 그리 놀랄 일이 아니다. 이 책 역시 평균 이상의 기업가적 학습능력이 성공을 위한 결정적인 전제조건이라고 가정한다. 성공한 기업가들은 학교에서가 아닌 다양한 분야에서 여러 가지 방법으로 무엇이 효과가 있고 무엇이 그렇지 않은지를 학습한다. 이들은 시행착오로 모든 경험을 얻는 대신 주변의 사례를 보고 아이디어를 얻기도 한다.

1997년, 존 E. 영John E. Young과 도널드 L. 섹스턴Donald L. Sexton은 기업가들이 언제, 왜, 무엇을, 어떻게 배우는지 조사했다.[56] 이들은 명시적 학습과 암묵적 학습을 구별했다. 명시적 학습이란 암기를 비롯한 일반적인 학습을 말하며 암묵적 학습이란 무의식적인 학습으로 매우 복잡한 정보를 익히는 것을 뜻한다.

영과 섹스턴에 따르면 기업가는 기업 내부와 외부의 환경, 즉 금융정책, 시장상황, 채용, 인사이동 등 새로운 변화에 끊임없이 직면한다. 이때 기업가들에게는 이들을 이끌어줄 선생님이 따로 없기 때문에 어떻게 필요한 정보와 투자를 이끌어낼지 스스로 결정해야 한다. 영과 섹스턴은 기업가들이 성공하기 위해서는 변화에 대한 구체적인 학습 계획을 수립하는 것이 중요하다고 이야기한다.[57]

1999년, 데이비드 하퍼David Harper는 기업가들의 학습에 대해 연구했다. 그는 실수와 기존의 생각에 반박하는 것으로 지식을 얻는 기업가들을 비판적 합리주의를 강조한 과학철학자 칼 포퍼Karl Popper의 이름을 따 '포퍼리안'이라고 불렀다. 포퍼리안 기업가들은 실수를 처리하는 과정에서 지식을 습득한다.[58] 이들은 항상 문제를 발견하고 해결하면서 성장한다. 하퍼는 이러한 자기반성적 성향이 기업가들이 성공 노하우를 습득하는 중요한 전제조건이라고 이야기한다.

암묵적 학습을 오랫동안 연구해온 아서 S. 레버Arthur S. Reber는 암묵적 학습이 무의식적인 과정과 추상적인 지식의 산출[59]이라는 특징이 있다고 본다. 레버는 암묵적 학습의 최종 결과물이 직관이라고 하는데[60] 직관이란 무엇이 옳고 그른지, 적절한지 알고 있지만 그 근거를 정확히 알지 못하는 것을 뜻한다.

레버는 암묵적 학습은 지능에 관계없이 모든 인간이 공유하는 능력이라고 주장했다.[61] 그러나 리앤 S. 울하우스Leanne S. Woolhouse와 로완 바인Rowan Bayne은 암묵적 학습능력이 사람마다 다르다는 것을 증명했다.[62]

기업가의 성공은 암묵적 학습의 결과인 직관과 연관된다는 것을 보여주는 연구들이 많다. 1990년 초, 찰스 W. 긴Charles W. Ginn과 섹스턴은 빠르게 성장하는 기업의 창업자와 최고경영자 143명과 매우 느리게 성장하는 기업의 창업자와 최고경영자 159명을 비교했다. 그 결과 빠르게 성장하는 기업의 주요 의사결정자들 중 60%가 직관을 통해 의사결정에 도달하는 경향이 있는 반면 느리게 성장하는 기업의 의사결정자들의 수치는 14%밖에 되지 않았다.[63] 이 연구에 따르면 성장지향적인 경영자일수록 직관적인 접근법을 선호하고 미래 가능성을 고려했다.[64]

캐런 E. 왓킨스Karen E. Watkins와 빅토리아 J. 마식Victoria J. Marsick은 '비공식 학습'이라는 개념을 정립했다. 비공식 학습이란 교실 기반의 활동 밖에서 일어나는 경험에서 배우는 것[65]으로 스포츠를 예로 들 수 있다. 실제로 이 책의 연구에 참여한 부의 엘리트들은 어린 시절에 스포츠 선수로 활약한 바 있다. 여러 연구에 따르면 스포츠는 개인 또는 단체의 목표와 이익을 추구할 때 기본이 되는 역량, 즉 훈련, 인내, 자신감, 책임감 등의 비공식 학습을 포함한다.[66] 그리고 이것들은 모두 기업가에게 필요한 능력이기도 하다.

부자들은 운이 좋은 사람일까

많은 부자들은 운을 성공을 이루는 데 꼭 필요한 요소로 언급한다. 1996년, 미국 심리학 교수인 미하이 칙센트미하이Mihaly Csikszentmihalyi는《창의성의 즐거움》이란 책으로 전 세계에 커다란 반향을 일으켰다. 그는 과학, 예술, 경제, 정치 등 다양한 분야에 중요한 업적을 남긴 비범한 사람들 91명을 인터뷰했다. 그의 인터뷰에는 노벨상 수상자도 14명이나 포함돼 있었다. 그중 비즈니스 분야 대표자들은 3명이었다.[67]

칙센트미하이는 인터뷰 대상자들의 성공에서 행운이나 뜻밖의 우연(세렌디피티)이 어떤 역할을 했는지 조사했다. 칙센트미하이가 인터뷰에서 가장 빈번하게 들은 대답은 "운이 좋았다"는 말이었다. 적시에 적절한 장소에서 제대로 된 사람들을 만난 게 중요했다는 것이 거의 보편적인 답변이었다.[68] 칙센트미하이는 운이 창조적 발견의 중요한 요소라고 결론지었다.

칙센트미하이는 우연에 관한 이들의 진술을 검증하기 위해 연구를 계속했다. 그는 성공이 실제로 운에 크게 좌우된다는 것을 인정하면서도 "어떤 사람이 문화에 공헌하도록 만드는 것은 행운과 같은 외부적 요인이 아닌 자신의 목표를 달성하고 싶다는 개인적 결심이다. 이 사람들의 가장 분명한 업적은 자기 자신의 삶을 창조했다는 것이다. 그리고 그들이 어떻게 그 일을 성취했는지는 삶의 모든 과정에 적용될 수 있기 때문에 알 만한 가치가 있다"[69]고 말했다.

캐나다 저널리스트 말콤 글래드웰Malcolm Gladwell은《아웃라이어》에서 엄청나게 성공한 사람들이 어떻게 그 성공을 거둘 수 있었는지를 알아내려고 노력했다. 그의 가설은 바로 성격특성, 지성 등이 성공에 큰 영향을 미치지 않는다는 것이었다.

글래드웰은 성공은 뛰어난 특성이나 전략의 결과가 아니라 극도로 열심히 노력하고 많은 행운을 누린 결과라고 확신한다. 글래드웰은 세계적으로 유명한 물리학자 J. 로버트 오펜하이머J. Robert Oppenheimer와 명성도 없고 성공하지도 못한 IQ 195의 천재 크리스 랭간Chris Langan의 예를 들어 지성이 성공을 보장하지 못한다는 것을 증명했다. 글래드웰에 따르면 IQ가 130인 사람이 노벨상을 받을 확률은 IQ가 180인 사람의 확률과 비슷하다. 또한 성공하려면 실용적 지성, 즉 누구에게 무엇을 언제 어떻게 말해야 할지 아는 것이 훨씬 더 중요하다.[70] 이것은 타고나는 것이 아닌 학습된 기술이며 글래드웰은 부유한 가정의 아이들이 가난한 가정의 아이들보다 이런 기술을 훨씬 더 많이 배우기 때문에 행운이 성공에 결정적 요소라는 가설을 증명했다. 칙센트미하이처럼 글래드웰은 빌 게이츠Bill Gates 같은 사람들이 그들의 성공을 설명할 때 운을 강조한다는 사실을 지적했다.[71]

이들의 주장은 사실일까? 성공한 사람들이 성공비결로 행운을 꼽는 이유는 3가지다. 실제로 행운이 중요한 역할을 했기 때문일 수도 있고 성공의 이유를 정확히 알지 못하거나 타인의 질투심을 잠재우기 위해서 그렇게 믿는 척했을 수도 있다.

그렇다면 먼저 행운이 실제로 중요한 역할을 했는지부터 살펴보자. 칙센트미하이와 글래드웰 같은 작가들은 항상 비슷한 결론에 다다른다. 만약 성공한 사람이 마침 적절한 시기에 특정한 장소에 있지 않았거나 중요한 사람들을 알지 못했더라면 그들은 결코 성공하지 못했을 것이라는 주장이다. 글래드웰의 책을 읽으며 독자들은 끊임없이 이런 의문을 품는다. 빌 게이츠가 공짜로 그 커다란 컴퓨터를 다룰 기회가 없었다면 어떻게 됐을까? 과연 그래도 빌 게이츠는 여전히 놀라운 성공을 거머쥐었을까? 이런 추측은 어떤 결말이더라도 만족스러울 수 없는 법이다.

모두에게 기회가 공평하게 주어지는가라는 질문 자체도 성공과 운의 관계에 대한 다양한 의문을 제기하지만 그보다 더 주목해야 할 점이 있다. 과연 기회가 왔을 때 누가 그것을 기회로 인식할 수 있을지, 그 기회를 최대한 이용해 성공으로 만들 수 있을지다. 기회를 포착하고 이를 어떻게 활용할지는 개방성에 따라 결정되며 이는 뒤에 나올 5대 성격특성 이론의 범주 중 하나다. 그리고 많은 연구들이 성공한 기업가들과 부자들이 실제로 그렇다는 것을 밝혀냈다.

이와 관련해 심리학자 리처드 와이즈먼Richard Wiseman의 연구결과는 매우 흥미롭다. 그는 사람들이 삶에서 우연의 역할을 어떻게 인식하는지, 예기치 못한 기회에 어떻게 반응하는지를 조사했다. 그 결과 외향성이 갑작스러운 기회를 적극적으로 이용할 확률을 증가시킨다는 것을 발견했다. 외향적인 사람은 훨씬 더 많은 사람들과 접촉하고 타인에게 관대할 가능성이 높기 때문에 그렇지 않은 사람보다 삶의 거의 모든 영역에서 유용한 정보, 피드백 등을 더 많이 얻었다.[72] 이것은 우연한 기회 또한 특정한 성격과 태도의 결과라는 것을 보여준다.

즉, 우연이 성공의 한 요소라는 것이 사실일지라도 우연에 어떻게 반응할 것인가가 더 중요하다. 복권에 당첨되는 것은 뜻밖의 행운이지만 복권에 당첨된 사람들이 모두 성공하는 것은 아니며 몇 년 안에 당첨금을 잃는 경우가 많다.[73] 이와는 대조적으로 모든 것을 잃은 자수성가한 백만장자들과 억만장자들이 불과 몇 년 후 다시 부를 쌓는 경우 역시 흔히 볼 수 있다.

그렇다면 타인의 질투를 피하기 위해서 성공한 사람들이 행운에 공을 돌린다는 주장은 어떨까? 헬무트 쇠크Helmut Schoeck는 저서 《질투Envy》에서 "인간은 어떤 비인격적인 힘, 즉 맹목적인 우연이나 행운에 책임을 돌릴 수 있을 때에만 불평등을 감수할 수 있다"[74]고 말했다. 즉, 성공한 사람들이 운을 언급함으로써 사람들의 시기를 피할 수 있다는 것이다.

아주 성공한 사람이 '나는 그저 운이 좋았다'고 선언하는 것은 성공하지 못한 사람에게 그들의 실패근거를 외부로 돌리게 만들기도 한다. 많은 연구결과에 따르면 목표를 달성하지 못하거나 과제를 완수하지 못하는 사람들은 실제 이유와 관계없이 자신의 실패를 우수한 상대, 불리한 상황 또는 단순한 불운과 같은 외부적 원인에 돌리는 경향이 있다.

그렇다면 왜 자신이 성공했는지 정확히 알지 못하기 때문에 성공요인을 운으로 돌린 것은 아닐까? 마이클 J. 모부신Michael J. Mauboussin은 행운의 역할을 강하게 강조한다. 그는 가설을 뒷받침하기 위해 경제학자 셔윈 로젠Sherwin Rosen의 '슈퍼스타의 경제학'을 소개한다. 슈퍼스타의 경제학이란 슈퍼스타 선수나 연예인들이 실제 기술이 엄청나게 뛰어나지 않은데도 이름 값으로 무명보다 수입을 많이 올린다는 주장이다. 모부신은 성공이라는 결과에서 기술을 빼면 남는 것은 운밖에 없다고 이야기하며 운은 결과의 불평등을 야기할 뿐만 아니라 우리가 기술로 인식하는 것을 결정한다고 주장했다.[75]

하지만 이는 명백히 사실이 아니다. 이는 성공을 결정짓는 요소는 오직 기술뿐이라고 판단했기 때문에 일어난 오류다. 한때 세계에서 출연료를 가장 많이 받는 가수였던 마돈나Madonna만 봐도 알 수 있다. 그의 성공을 지켜본 첫 번째 매니저는 "마돈나의 가수로서의 기술은 노래를 쓰거나 기타를 칠 수 있을 정도일 뿐이다. 하지만 매력적인 성격과 훌륭한 무대능력이 그를 성공하게 만들었다"고 답했다.[76] 그의 성공은 특별한 음악적 재능이나 행운의 산물이 아니라 자신이 필요한 곳에 스스로를 홍보하는 능력의 결과였다.[77] 레드불Red Bull의 억만장자 디트리히 마테시츠Dietrich Mateschitz와 버진Virgin의 리처드 브랜슨도 마찬가지로 뛰어난 홍보능력으로 성공했다.[78]

많은 사람들이 자신이 왜, 어떻게 성공하게 됐는지 정확히 알지 못하거나 말하기 어려워한다. 성공한 작가가 어떻게 글을 쓰는지 정확히 설명할 수 있을까? 성공한 음악가가 어떻게 다른 음악가들보다 더 큰 성공을 거둘 수 있었는지 정확히 설명할 수 있을까? 그들의 행동은 암묵적 학습의 산물이고 직관적으로 진행되기 때문에 원리를 말로 풀어내기 어렵다. 또한 성공에 대해 아주 신중하게 생각해본 적이 없거나 그러한 주제를 성찰할 능력이 부족할 수도 있다. 이것이 바로 성공에 대한 질적인 사회연구가 필요한 이유다.

이 책이 부의 엘리트를 연구한 방법

사회연구의 양적, 질적 접근방식은 그 정당성을 갖고 있으며 서로 의미 있게 보완할 수 있다.[79] 이 책에서는 부의 엘리트를 조사하기 위해 질적 방법론을 채택했다. 여기에는 몇 가지 이유가 있다.

우선 양적조사가 불가능하다. 이 책의 연구대상인 수천만~수억 유로에 달하는 재산을 가진 사람들의 무작위 표본 추출은 거의 불가능하다.[80] UHNWI 그룹에 대한 접근성을 확보하기가 매우 어렵기 때문이다. 일단 이들의 수가 매우 적을 뿐만 아니라 여러 가지 이유로 이들은 보통 사람들보다 훨씬 더 강력하게 스스로를 보호한다. 이들 대부분은 외부 접촉을 차단하는 업무를 담당하는 직원들로 구성된 부서를 갖고 있다.

그렇다면 이 책은 어떻게 UHNWI에게 접근할 수 있었을까? 먼저 수천만~수억 유로 상당의 순자산을 보유하고 있는 것으로 추정되는 30~40명의 기업가들과 투자자들의 명단을 작성하는 것으로 시작했다. 이 사람들은 내가 이미 개인적으로 알고 있는 사람들이거나 스쳐 지나가며 안면만 튼 사이였으나 가까운 지인도 많았다. 이들에게 개인적으로나 서면으로 연락하고 1~2시간 동안 익명으로 인터뷰를 할 수 있는지 물었다.

이렇게 선정한 1차집단에는 부동산(개발자, 펀드 개시자 또는 투자자)을 통해 부를 쌓은 사람들이 우선 선정됐다. 이들은 인터뷰 대상자의 약 절반을 차지하기도 하는데 그 까닭은 내가 1996년부터 언론인으로 활동하다가 2000년부터 부동산 컨설턴트 겸 투자자로 활동했기 때문이다. 하지만 같은 부동산 분야더라도 개발자, 계약자, 펀드 발기인, 중개인의 업무는 극도로 다르고 매우 다른 자격요건을 필요로 하기 때문에 이들의 성격도 훨씬 다양하다.

이 책에 나오는 인터뷰 대상자 대부분은 자수성가한 백만장자들이다. 이 집단은 '어떻게 부자가 됐는가?'라는 질문에 상속으로 부자가 된 사람들보다 쉽게 대답할 수 있다. 상속자들은 그들이 물려받은 부를 실질적으로 키웠는지 아니면 단지 비슷한 수준으로 유지했는지 혹은 재산을 고갈시켰는지 확인한 뒤 첫 번째 경우만 이 책의 연구대상에 포함했다. 이 연구의 대상자를 선정하는 기준은 오로지 그들이 스스로 부를 쌓았다는 것이었다. 간단히 말해서, 아무리 부자라고 해도 1억 유로(약 1,300억 원)를 1,000만 유로로 바꾼 사람은 분명히 이 연구의 대상이 아니다. 반면 1,000만 유로를 1억 유로로 바꾼 사람은 누구나 참여할 수 있다.

나는 2015년 10월부터 2016년 3월까지 모두 45차례 개인 인터뷰를 실시했다. 각 인터뷰는 1~2시간가량 진행됐으며 그 녹취록만 1,740쪽에 달한다. 4명을 제외하고 모든 인터뷰는 독일에서 실시됐으며 대상자들은 모두 독일 시민이다.

그렇다면 이 대상자들의 자산가치를 어떻게 추정할 수 있는가? 이 책에서는 1가지 기준을 사용했다. 즉, 주택담보대출과 같은 모든 미지급부채를 공제하고 적어도 1,000만 유로의 순자산이 있어야 한다는 기준이었다. 이 조건에 충족하는지를 판단하기 위해 인터뷰 대상자들은 과세액 자기평가를 공개했다. 다만 부동산이나 비상장기업의 주식 등 정확한 액수를 책정하기 까다로운 자산을 갖고 있거나 보유액을 공개하기 꺼려하는 사람들 때문에 1,000만~3,000만 유로(약 388억 원), 3,000만~1억 유로, 1억~3억 유로(약 3,900억 원), 3억~10억 유로(약 1조 3,000억 원), 10억~20억 유로(약 2조 6,000억 원), 20억 유로 이상이라는 6단계 중 어느 곳에 속하는지를 밝히게 했다. 인터뷰 대상자의 구체적인 통계는 다음과 같다.

인터뷰 대상자의 보유재산 범주(유로 기준)

- 1,000만~3,000만 유로: 11명

- 3,000만~1억 유로: 20명

- 1억~3억 유로: 3명

- 3억~10억 유로: 8명

- 10억~20억 유로: 1명

- 20억 유로 이상: 2명

인터뷰 대상자의 직업군

- 부동산 개발자: 14명

- 금융 부문(펀드, 리스, 금융 서비스, 금융, 주식 등): 9명

- 기타 부동산(펀드 개시자, 투자자, 건설 등): 6명

- 부동산 중개인 또는 판매: 4명

- 식품산업 및 도매: 4명

- 의료기술 또는 IT: 3명

- 컨설팅 및 서비스 회사: 2명

- 제조(철강, 소비재 등): 2명

- 기타: 1명

인터뷰 대상자의 재산 취득 근거

- 자수성가: 36명

- 가족기업: 5명

- 소기업을 물려받아 성장시킴: 4명

인터뷰 대상자의 연령

- 30~39세: 2명

- 40~49세: 7명

- 50~59세: 12명

- 60~69세: 7명

- 70~79세: 17명

인터뷰 대상자의 성별

- 남성: 44명

- 여성: 1명

이 연구에서 가장 낮은 4분위는 1,000만~3,000만 유로 사이의 순자산을 가진 사람으로 구성되며 상위 4분위는 최소 3억 유로의 자산을 가진 사람으로 구성된다. 인터뷰 대상자 중 36명은 자수성가한 기업가였다. 대부분의 경우 그들은 집안에서 아무것도 물려받지 못했거나 재산을 아주 적게 물려받았으며 매우 작은 사업체를 물려받

앉다 크게 확장시킨 사람도 4명 있었다. 이들은 가게 2개를 수백 개의 점포를 가진 체인 사업으로 키우거나 작은 사업을 범유럽 기업으로 전환했다. 인터뷰 대상자 5명은 가족기업을 운영했고, 그중 4명은 기업가치를 크게 증가시켰다. 다만 나머지 1명은 확실하게 확인할 수 없었으나 자산을 실질적으로 증가시키기보다는 유지했다는 징후가 있었다.

인터뷰 대상자들은 대부분 연령대가 높았다. 기업가들이 자수성가로 큰 부를 쌓는 데는 대개 수십 년이 걸리기 때문이다. 인터뷰 대상자의 절반 이상이 60세 이상이었고 40세 미만은 단 2명이었다. 인터뷰 대상자 중 45명 중 44명은 남성이었다.

본 연구의 경우, 관련된 주제가 너무 복잡하고 인터뷰 진행자가 적극적인 역할을 수행할 것을 요구했다. 그래서 인터뷰 과정과 평가를 구조화한 인식론적 질문, 주제 및 가설을 공식화하는 유도 인터뷰 방법이 사용됐다.

부의 엘리트의 답변은 신빙성이 있는가

앞서 성공과 운의 상관관계에서 잠깐 살펴봤듯이 부자들에게 어떻게, 왜 부자가 됐느냐고 물으면 쓸데없는 말이나 진부한 표현으로 대답하는 경우가 많다. 그래서 이 책의 인터뷰에서는 그런 일반적인 질문은 피했으며 대상자들의 응답을 연구에 유용한 지표로 구분하기 위한 작업을 진행했다. 예를 들어 자신의 성공을 운이나 우연의 산물로 치부하는 경우 진행자는 운이 중요한 영향을 끼친 결정에 대해 여러 번 질문하고 다른 요인에 비해 얼마나 많은 역할을 했는지 확인했다.

또한 돈과 부를 추구하는 것이 주요동기였다고 말하는 것이 물질주의적인 인상을 줄 수 있다는 편견 때문에 인터뷰 대상자들이 방어적인 입장을 취할 수 있다는 점도 고려했다. UHNWI들은 언론인들과 활발히 접촉하며 습관적으로 '공식성명'[81]을 발표하고자 하는 경향이 있다. 인터뷰에서도 이들이 사회적으로 바람직한 반응을 확실히 유도할 수 있는 대답만 할 가능성이 있었다.

실제로 세상에서 가장 부유한 사람이라고 일컬어지는 존 D. 록펠러도 성공의 대가로 엄청난 사회적, 정치적 압력을 받았다. 그래서 그는 부가 자신의 주된 목적이 아니었으며 자신의 성공은 "하느님과 인류를 섬기려는 겸손한 욕망"의 부산물이라고 계속해서 주장해야만 했다.

그의 전기작가가 밝힌 바에 따르면 록펠러는 "그가 쌓은 재물을 노력의 결과가 아닌 우연한 기회에 얻은 행운으로 묘사하는 것을 선호했다"[82]고 한다. 그러나 다른 보도에 따르면 록펠러의 아버지는 돈에 대한 열정이 거의 광기에 가까운 사람이었고 록펠러는 그런 아버지의 성격을 존경했다. 또한 어린 시절부터 그는 부를 꿈꾸고 야심찬 금전적 목표를 세웠다고 한다.[83]

마틴 S. 프리드슨Martin S. Fridson은 《그들은 그래서 부자가 되었다》에서 억만장자들이 "재물에 대한 그들의 관심을 완전히 과소평가하는 경향이 있다"고 주장했다. 또 "사업가는 자신이 노력하는 대상, 즉 돈을 많이 버는 것이 자신의 목표가 아님을 보여주려고 하는 유일한 사람이다"라고 했다.[84]

2010년, 스위스에서 출판된 백만장자와의 인터뷰를 담은 에세이에서도 돈은 중요한 요인이 아니라는 확신이 담긴 발언을 한 사람들이 많았다. 사람들은 타인이 돈을 행동요인으로 비유하는 것에는 만족했으나 스스로 언급하지는 않는 경향을 보였다.

스위스의 인터뷰에서 기업가들에게 돈이 동기를 부여하는 주된 요소가 아니라는 인상을 받은 적이 있는지 질문했더니 한 응답자는 "나는 사업에서 돈을 벌 것이라고 생각하지 않았다. 물론 결과는 반대로 나타났지만 그렇게 마음먹은 것 자체가 큰 위험성을 갖고 있었다. 그러나 오늘날 기업가정신은 변화했다. 요즘은 이익이 가장 중요하다"고 대답했다.[85] 다른 응답자는 돈이 자신에게 어떤 의미냐는 질문에 "돈은 항상 목적을 위한 수단일 뿐이다. 겸손과 인간성을 동반하지 않은 부의 축적은 위험하다"[86]고 대답했다.

이처럼 기업가들 사이에서는 세간의 비판을 피하기 위해 언제나 다른 사람이 보기에 바람직한 진술을 해야 한다는 편견이 강하다. 그들에게 사업을 하는 이유를 물어봤을 때 일자리 창출의 의무에 대해 이야기하거나 지속가능성과 사회적 책임에 대해 답하는 것이 돈에 대해 솔직하게 언급하는 것보다 더 바람직하다고 여기기 때문이다. 따라서 나는 이 책의 인터뷰에서 응답자들에게 사회적으로 선호하는 반응을 유도하거나 보편적인 깨달음을 이끌어낼 수 있는 질문을 최소화하기 위해 많은 주의를 기울였다. 실제로 인터뷰 중 이런 편견이 종종 과소평가되고 있음을 보여주는 대상자들이 많았다. 자, 그럼 이제 본격적으로 부의 엘리트들의 목소리를 들어보자.

— 2부 —

무엇이
부의 엘리트를
만드는가

제3장

부의 엘리트들의
유년시절은 어땠는가

유년기와 청소년기의 주요 영향

경영학자 에바 슈미트-로더문트Eva Schmitt-Rodermund는 60년간 캘리포니아 버클리 지역에서 1,600명을 관찰한 터만 연구 Terman Study를 인용해 유년시절과 성공의 상관관계를 조사했다. 조사대상이었던 어린이들은 모두 IQ가 130 이상이었으며 1910년경에 태어났다. 첫 번째 조사는 1922년에, 마지막 조사는 1986년에 이뤄졌다.

슈미트-로더문트는 아이들과 부모들의 인터뷰를 근거로 기업가적 특성을 지닌 아이들을 다른 아이들과 비교했다. 이들은 성실성과 근면성, 외향성, 개방성 면에서는 점수가 높은 반면 쾌락성과 정신적

불안정성에서는 점수가 낮았다.[1]

놀라운 사실은 아이들이 스스로 기업가적 특성을 갖고 있다는 것을 알고 있을수록 성인이 돼서 기업가적 활동에 참여하거나 기업의 경영진, 감독위원이 될 가능성이 더 커진다는 것이었다. 인터뷰에서 기업가적 특성이 있다고 묘사된 아이들은 그렇지 않은 아이들보다 기업가나 최고경영자가 될 가능성이 2배 더 높았다.[2]

기업인을 대상으로 유년기와 청소년기를 조사한 횡단연구에서도 비슷한 결과가 나왔다.[3] 기업가들은 청소년기에 학생회장, 스포츠 클럽이나 보이스카우트의 리더였던 비율이 더 높았고 새로운 조리법이나 건축물 등 무언가를 발명한 경험이 있었다.[4] 또한 어린 시절 경제에 관한 책을 읽었으며 장래희망으로 기업가정신을 발휘하고 싶다고 답한 비율도 높았다.[5]

2012년, 마틴 오춘카Martin Obschonka, 라이너 K. 실버라이센Rainer K. Silbereisen, 슈미트-로더문트는 488명을 대상으로 청소년기의 기업가적 자질이 기업가가 될 확률과 관계가 있는지 조사했다.[6] 이들은 연구대상에게 14~15세에 학교신문을 낸 경험이 있는지, 학급, 밴드나 동아리에서 리더 역할을 맡은 적이 있는지, 얼마나 자주 새로운 발명을 했는지, 친구들에게 물건을 파는 것과 같은 상업적 활동을 한 적이 있는지 확인했다. 그 결과 청소년기의 기업가적 능력이 성인이 됐을 때 직접적으로 기업가적 행동을 야기한다는 것을 발견했다.[7]

기업가 부모를 둔 아이들이 기업가가 될 가능성이 더 많다는 다른 연구도 있다. 이 연구는 부모의 높은 소득이나 기업가정신이 자녀가 기업가가 될 가능성을 증가시킬 수 있는지 조사했다. 그리고 기업가 부모를 둔 것이 부모가 부유한 것보다 기업가가 될 확률에 훨씬 더 영향을 미친다는 사실을 발견했다.[8]

한편 청소년기에 경쟁적인 스포츠에 참여하는 것이 기업가정신을 키우는 데 중요한 역할을 한다는 점을 보여주는 몇몇 인터뷰가 있다. 2010년, 스위스에서 조사한 백만장자에 대한 연구에서 한 응답자는 "학교에서 나는 반장과 학교 축구 팀 주장이었고 항상 리더 위치에 있었다"고 답했다. 연구대상 중에는 운동선수로 12년을 보낸 사람과 스위스 핸드볼 국가대표 팀에서 뛴 사람도 있었다.[9]

이 책의 인터뷰는 대상자들이 청소년기에 무언가를 생산하거나 판매하는 것과 같은 상업적 활동에 관심이 있었는지, 경쟁적인 스포츠에 참여한 적이 있는지 조사했다. 이는 부의 엘리트들이 어린 시절에 이미 기업가적 활동과 성공의 기초가 된 동기나 자질을 갖고 있었다는 가정에 기초하고 있다. 또 이들의 진로에 영향을 끼친 구체적인 롤 모델이 있었는지도 알아보고자 했다.

스티브 잡스[10], 빌 게이츠[11], 오라클Oracle의 래리 엘리슨Larry Ellison[12], CNN의 테드 터너Ted Turner[13], 워런 버핏[14], 세계적인 투자자 알 왈리드 빈 탈랄Al waleed Bin Talal과 같은 부자들은 어린 시절 부모나 교사와 자주 충돌하는 반항적인 아이였다.[15] 따라서 나는 부의 엘리트가 권위 있는 인물, 주로 부모나 교사와 평범한 수준 이상의 갈등을 빚었는가도 함께 조사했다.

부의 엘리트들의 성장배경

독일의 한 연구에 따르면 평균 순자산이 230만 유로인 사람 중 64%가 중산층 출신이라고 한다. 21%는 하류층 출신이었고 15%는 최상류층 출신이었다. 보잉-슈말렌브로크는 세대 간 비교를 통해 하류층이 부자가 될 확률은 희박하며 부자들은 중산층 출신이 가장 많고 사회적으로 높은 지위의 부모를 가졌을 확률이 높다고 주장했다.[16]

이 책의 인터뷰에서는 응답자들의 부모를 조사했다. 이들 중 블루칼라 혹은 하류층 출신은 매우 적었다. 하지만 부유한 가정환경을 가진 사람 역시 드물었으며 대다수는 중산층 출신이었다. 전체 응답자 대비 자영업자 부모를 가진 응답자는 평균치를 웃돌았으며 45명의 응답자 중 27명의 부모는 피고용인이 아니었고 절반 이상이 기업가, 자영업자 혹은 농부였다.

응답자 부모의 직업

- 기업인: 14명(일부는 중산층, 일부는 상류층)
- 자영업자: 4명(중산층으로 가구점, 정육점 등 소기업 직접 운영)

- 피고용인: 9명(중산층으로 고용된 회사의 규모는 다양)
- 농부: 7명(소농장 5명, 중형농장 1명, 대형농장 1명)
- 공무원: 7명(5명이 교사, 중간급 공무원 1명, 고위공무원 1명)
- 노동자: 2명(생산 라인 관리자, 창고직원)
- 프리랜서: 2명(변호사, 의사)

부모가 부자를 만드는가

부의 엘리트들의 부모는 아이를 부자로 키웠을까? 돈에 대해 대놓고 이야기하는 가풍에서 자랐을까? 인터뷰 대상자들은 그렇지 않다고 대답했다.

많은 대상자들이 어린 시절 집에서 돈에 관한 주제를 전혀 논의하지 않았거나 부정적인 의미로만 언급했다고 회상했다. 예컨대 4번 응답자의 경우 집안에서 돈은 금기에 가까웠다고 답했다. 돈 이야기를 하는 사람은 돈이라는 악마에게 굴복한 사람으로 여겼다. 그는 이런 가풍에 개신교 신자인 어머니의 영향이 컸다고 이야기했다. 기독교적인 삶을 살았던 34번 응답자의 아버지 역시 '기도하고 일하라'의 원칙을 지키며 정말 필요한 것이 아니라면 돈을 얻기 위해 노력해서는 안 된다고 가르쳤다. 35번 응답자의 경우 돈은 손이 닿지 않는 곳에 멀리 보관하라고 배웠다고 한다.

또한 많은 응답자들의 부모가 교육받은 중산층이었으며 돈을 노

골적으로 추구하는 것에 부정적이었다. 17번 응답자의 경우 자신의 아버지는 전형적인 중산층의 고학력자였고 여행을 굉장히 많이 다니고 아시아 문화를 비롯해 다양한 문화에 대해 알고 있었지만 돈을 버는 행위는 비윤리적인 것으로 여겼다고 답했다. 25번 응답자의 경우에는 자신의 집안에는 의사나 교사는 많지만 기업가정신을 알려주거나 기업가로서 롤 모델이 돼줄 사람은 없어서 혼자만의 길을 개척하기로 결심했다고 한다.

유년시절, 많은 부의 엘리트들의 주변에 25번 응답자가 언급한 것과 같은 기업가 롤 모델이 있었을까? 아이들은 성장과정에서 부모뿐만 아니라 다양한 사회적 영향을 받는다. 중산층의 보수적인 가풍과 대조되는 친척이나 지인의 생활방식에 이끌렸다는 응답도 있었다. 3번 응답자의 경우 부유하고 느긋하며 즐거움을 사랑하는 할머니에게 영향을 받았다고 답했다. 교사 부모를 둔 6번 응답자는 부모가 사업가였던 친구의 생활방식에서 매력을 느꼈다고 했다.

6번 응답자: 어렸을 때 우리 집이 가난한 건 아니었지만 나는 먹고 사는 것 이상의 것을 원했다. 다시 말해 공무원으로 겸손하고 평범하게 사는 것보다 더 많은 것을 바랐다. 당시 사업가 부모를 둔 친구가 1명 있었다. 그 친구 가족이 누리는 삶이 굉장히 이상적이고 바람직하다고 생각했다.

진행자: 그 친구네 집에서 많은 시간을 보냈나?

6번 응답자: 그렇다.

진행자: 그렇다면 당신 집보다 친구 집이 훨씬 나은 것 같다고 생각하게 만든 건 무엇이었을까?

6번 응답자: 부르주아적인 행동과 삶에 대한 보편적인 태도가 아니었을까 생각한다. 단지 더 멋있고 좋은 차를 살 수 있다는 이유만은 아니었다. 그 친구 가족은 한 신문만 읽지 않았다. 그 친구 집에 가면 언제나 신문 3종류가 선반에 있었다. 엉뚱한 곳에 돈을 저축하지도 않았다. 어떻게 표현해야 할지 모르겠지만 우리 집에서는 개신교적 직업윤리가 지배적이었는데 친구네 집에서는 그게 불필요한 규율에 불과했다. 친구 가족을 보며 나는 사업가의 관대한 사고방식이 매우 매력적이라고 생각했다. 그것이 내게 많은 영향을 끼쳤다.

10번 응답자는 자신이 살던 도시에서 가장 부유한 건설회사 소유주의 딸과 결혼한 사촌을 보고 창업에 대한 아이디어를 얻었다고 말했다. 그들의 우아한 생활방식에 감명을 받았다는 것이다.

부모가 작은 정육점을 운영했던 13번 응답자의 경우, 부모가 돈을 모아 보내준 명문 기숙학교에서 부유한 집안 출신의 동급생들을 보며 성공에 대한 야망을 품었다. 친구들의 재산을 질투한 것은 아니지만 그들의 세계에 자연스럽게 편입하면서 삶의 목표를 성취하는 법을 배우고 싶다고 생각하게 됐다. 16번, 18번 응답자 역시 부유하지 않은 부모를 뒀지만 부유한 이웃들 틈에서 자라며 매일 부자들의 삶을 경험했다. 이 경험이 그들의 삶에 깊은 인상을 남기고 부자가 돼야겠다는 욕구를 불러일으켰다. 놀랍게도 중산층이나 그보다 낮은 출신의 인터뷰 대상자들 중 많은 수가 사립학교를 졸업했다.

현재 부동산 분야에서 일하는 36번 응답자는 아버지의 동료 중 1명을 통해 부유한 부동산 개발업자를 알게 됐고 그가 누리던 생활방식에 깊은 인상을 받았다. 이로 인해 부동산 개발업자가 돼야겠다고 마음먹었다.

아주 어린 시절부터 미래의 직업을 꿈꿔온 36번 응답자와 달리 다른 응답자들은 어렸을 때부터 부자가 돼야겠다고 생각하지 않았다. 기업가가 되기를 꿈꾼 경우도 아주 극소수였다. 이들의 장래희망은 다른 아이들과 별반 다르지 않았다. 주변의 풍족한 생활방식에 노출돼 그런 삶을 갈망했을지라도 이런 점이 반드시 그들의 꿈에 반영된 것은 아니었다.

유년기의 장래희망을 묻는 항목에 대한 이들의 답은 다양했다. 수의사, 트럭 운전사, 우주비행사, 영화감독, 목사, 산림경비원, 지질학자, 정원사, 은행원, 장교 등을 꿈꿨다. 구체적인 직업을 생각해본 적이 없다는 대답도 많았다.

그렇다면 부모와의 관계는 어땠을까? 부자들의 전기를 읽어보면 유년기와 청소년기에 부모나 교사 등 권위 있는 인물들과 갈등을 겪은 경우가 많다.[17] 그러나 이 책의 인터뷰에서 응답자들은 비교적 관계가 화목했다고 대답했다. 아주 심각한 갈등이 있었다고 대답한 사람들은 소수에 불과했다.

부모와 한 번도 충돌한 적이 없다는 응답자의 경우 특별한 의견 차이를 겪은 적이 없었다는 대답과 사고방식이 달랐지만 갈등은 없었다는 대답이 공존했다.

A 응답자: 나는 항상 부모님과 좋은 관계를 유지했다. 그들은 매우 관대하고 삶에 만족하며 겸손했다. 아버지는 공무원이었고 우리 집은 그렇게 부유한 편은 아니었다.

B 응답자: 돌이켜보면 나는 제법 얌전한 자식이었다. 부모님과 사고방식이 무척 달랐지만 부모님에게 반항한 적은 없었다. 우리 부모님은 돈을 버는 것을 매우 비윤리적이라고 생각했다. 부모님은 기본적으로 굉장히 보수적인 교육을 받은 중산층이었다. 14세가 이 되면서 통학시간이 길어져 점차 부모님과 함께 보내는 시간이 줄어들었고 자연스럽게 거리가 생겼다. 그렇게 빨리 부모님에게서 독립했고 나는 나만의 길을 개척했다.

위와 대조적으로 아버지와 엄청난 대립을 겪었다고 대답한 응답자도 셋 있었다.

C 응답자: 나는 기본적으로 해서는 안 되는 일은 전부 했던 것 같다. 아버지는 내가 혼날 일을 찾아서 하는 자식이라고 했으니까. 사춘기가 지나기 전까지는 최악이었다. 그러다가 어느 순간 조금 더 분별 있는 행동을 했다. 아버지가 "드디어 올바르게 행동하는구나"라고 했다. 그때가 바로 운동을 시작했던 시기였다.

그러나 전반적으로 우리의 고정관념과는 달리 부의 엘리트들이 유년시절 부모와 엄청난 갈등을 겪었다는 가설은 이 책의 인터뷰에서는 확인되지 않았다.

학력과 성공의 상관관계[18]

우리는 앞서 학력이 성공의 필수요소는 아니라는 점을 살펴봤다. 하지만 인터뷰 대상자들의 학력은 해당 연령의 평균보다 우수했다. 인터뷰 대상자 45명 중 29명이 대학을 졸업했고 38명은 대학 입학 자격을 갖고 고등학교를 졸업했다. 박사학위를 취득한 사람도 11명이나 있었다. 독일에서 박사학위를 가진 사람이 전체 인구의 2%라는 것을 감안하면 이들의 학력은 평균보다 현저히 높다.

인터뷰 대상자의 최종학력

- 의무교육 이수: 7명

- 대학 합격 후 진학 포기 또는 중퇴: 9명

- 대학 졸업: 18명

- 박사학위 취득: 11명

하지만 학력이 높아짐에 따라 재산이 증가하는 것은 아니다. 인터 뷰 대상자 중 가장 낮은 4분위, 즉 1,000만~3,000만 유로의 순자산 을 가진 대상자 중 3명이 박사학위를 받았고 7명이 대학을 졸업했 다. 대학에 진학하지 않고 고등학교를 졸업한 사람은 단 1명뿐이었 다. 3억 유로 이상의 순자산을 가진 사람들이 포함된 최고 4분위에 서는 박사학위 취득자가 1명, 대학 졸업자는 5명이었다. 3명은 대학 에 진학하지 않았거나 대학을 중퇴했다. 2명은 고등학교를 졸업하지 않고 의무교육을 이수했다.

인터뷰 대상자들은 대부분 학교에서 눈에 띌 정도로 좋은 성적을 내진 못했다고 털어놓았다. 평균 이상의 성적을 내지 못한 사람도 많았다. 9명만이 고등학교나 대학 성적이 우수했다. 그중 6명은 순

표 1. 인터뷰 대상자의 학력과 순자산 범주

학력/순자산	1,000만~3,000만 유로	3억 유로 이상
의무교육 이수	0	2
대학 미진학 또는 중퇴	1	3
대학 졸업	7	5
박사학위 취득	3	1

자산이 최하위 범주인 1,000만~3,000만 유로에 속했고 2명은 차상위인 30억~1억 유로, 1명은 3억 유로 이상 그룹이었다. 가장 자산이 낮은 6명 중 2명은 정말 뛰어난 성적을 받았는데 1명은 대학 입학 성적이 만점이었고 다른 1명은 석사학위에서 가장 높은 점수(0.7점)를 받았다.

박사학위를 취득한 11명 중에서도 이질적인 양상이 나타났다. 이들 중 3명은 최하위 범주인 1,000만~3,000만 유로, 5명은 차하위인 3,000만 유로, 2명은 1억~3억 유로 범주에 속했고 10억 유로 이상 범주 중 박사학위를 취득한 사람은 1명밖에 없었다. 10억 유로 이상 범주에 속한 억만장자 3명 중 나머지 2명의 최종학력은 각각 대학 중퇴, 고등학교 졸업이었다. 전반적으로 인터뷰 대상자들은 전체 인구에 비해 최종학력이 높았지만 이들의 학력은 매우 가지각색이었으며 성적 역시 다양했다.

앞서 부의 엘리트들이 가정에서는 큰 갈등을 겪지 않았다는 것을 살펴봤는데, 그렇다면 학교에서는 어땠을까? 인터뷰 대상자 대다수의 성적은 평범했지만 많은 이들이 교사와 대립하거나 학교에 반항했다. 성적이 좋았는데 갈등을 겪었던 응답자들도 있었다. 이들은 학교에서 정치적인 활동을 벌이기도 했다.

6번 응답자: 나는 학교에서 성적은 좋았지만 교육부장관회의에 반대하는 시위를 조장해서 교장에게 불려갔다. 학교 파업을 조직하고 총회에 항의하기 위해 학교 외벽에 현수막을 걸었다. 나는 우리 반에서 대체로 꽤 말썽꾸러기였던 것 같다. 교실 뒤쪽에 앉아 〈슈피겔〉을 몰래 읽고 책상 밑에서 맥주를 마셨다. 도발하려는 의도로 말이다.

32번 응답자: 나는 학교에서 반장, 학교대표, 주립학교대표로 활동하며 모든 것에 다 관여했다.

진행자: 그것 참 재밌는 이력이다. 혹시 성적은 우수, 평균, 하위 중 어땠나?

32번 응답자: 나는 항상 상위 3위 안에 들었다.

진행자: 그렇다면 품행은 다소 반항적이었나?

32번 응답자: 오, 물론 엄청 반항적이었다. 왜 그랬는지는 잘 모르겠지만 돌이켜보면 그랬다. 예를 들어 나는 학교신문에 학교를 비판하는 기사를 실었다. 또 주州 행사에서 주가 제정한 학생 공동 책임 체계를 공격하려고 했는데 학교 이사회 의장이 그걸 듣고는 "그런 식이면 참석하지 않겠다"는 말을 전해 오기도 했다.

성적이 그다지 좋지 않았던 인터뷰 대상자들도 교사들과 갈등을 빚었다고 대답했다. 예컨대 IT 사업으로 성공한 33번 응답자는 학교에서 정치적 행동을 해서 보수적인 교사들과 갈등을 겪었다.

33번 응답자: '좋은 말은 울타리를 넘을 정도로 적당히 뛰어오른다'는 말처럼 나는 꽤 반항적이었고 학교에서도 적당한 성적만 거뒀다. 3.0점 이상을 받은 적이 없었고 꽤 심각한 갈등을 일으키며 매년 유급의 위험을 겪었다.

진행자: 왜 그랬을까? 규율에 대한 반항 또는 정치적인 이유로?

33번 응답자: 둘의 조합이었다. 물론 정치적인 이유가 조금 더 컸다. 당시 대표적인 이슈는 바로 북대서양조약기구**NATO**의 이중결정이었다. 그리고 반핵운동이 거세졌고 나는 그 문제에 깊이 관여했다. 그 후에는 양심적 병역거부 열풍이 일었다. 이것 역시 내게는 정말 큰 화두였다. 그때는 누구나 군 복무를 해야 했지만 평화와 양심을 위해 정말 힘든 시험을 치러야만 했다.

진행자: 그것이 학교와의 갈등으로 이어졌는가?

33번 응답자: 그렇다. 갈등, 대립, 논쟁. 나는 매우 보수적인 라틴 그리스계 대학예비학교에 재학 중이었다.

많은 인터뷰 대상자들은 교사와의 끊임없는 권력 다툼을 통해 누가 승자가 될지를 가리고자 했다고 인정했다. 가령 투자은행과 부동산에서 성공을 거둔 42번 응답자는 본인이 항상 반항적이었다고 말했다. 그는 7학년과 8학년 때 30번이나 벌점을 받았고 날이 갈수록 거세게 반항했다. 자신을 가르치는 교사들이 수업을 제대로 이끌지 못한다고 생각했기 때문이었다.

인터뷰 대상자들은 종종 교사와의 대립으로 전학을 가거나 정학당하거나 혹은 퇴학당했다. 심지어 학교 5개에서 쫓겨나고 3번이나 같은 학년을 유급한 경우도 있었다. 끊임없이 징계를 받거나 교사에게 "아무것도 되지 못할 것"이라는 악담을 들은 응답자도 있었다.

이처럼 많은 응답자들이 인터뷰에서 학교에 조금도 흥미를 느끼지 않았다고 말했다. 한 응답자는 학창시절 사업을 통해 일찌감치 돈을 벌었고 학교에는 전혀 관심이 없었다고 했다. 그 이유가 독특했는데 '자신의 지적능력을 교사들의 수준으로 떨어뜨리고 싶지 않아서'였다.

> **19번 응답자:** 학교 밖에서 너무 많은 일들이 있었고 나는 성적에 조금도 관심이 없어서 늘 괴로웠다. 그래서 학업을 병행하며 15세가 되던 해에 일을 시작했다. 그래서 최종학점도 형편없었다.
> 나는 교사들과 문제가 있었다. 그중 1~2명만 나와 비슷한 생각을 하고 있다는 생각이 들었고 나머지는 모두 끔찍하게 싫었다. 그들은 내가 너무 무관심하고 그들의 지적 수준에 맞춰 나를 낮출 준비가 돼 있지 않다는 이유로 나를 싫어했다. 그게 너무 바보 같아 보였다. 또 나는 언제나 독립하고자 하는 강한 열망을 품고 있었다.

스스로를 문제아로 묘사한 응답자들도 있었다. 20번 응답자는 수백 명의 직원을 거느린 부동산회사를 소유했지만 학창시절 학교는 늘 부차적인 관심사였고 중간 정도의 성적으로 겨우 졸업했다. 건설회사로 성공한 27번 응답자의 경우 교사들과 끊임없이 싸워 '학교에서 세 손가락 안에 드는 문제아'라고 불렸다. 순자산으로 가장 부유한 분위에 드는 한 응답자는 난독증을 앓아 성적이 좋지 못했다.

물론 모든 응답자가 이런 학창시절을 겪은 것은 아니다. 대다수의 사람들은 학교에서 비교적 충돌을 겪지 않았다고 대답했다. 교사와 학교의 신뢰를 얻어 학교대표로 활동하거나 공식행사에 적극적으로 참여한 응답자들도 다수 있었다.

부의 엘리트는 스포츠를 즐긴다

인터뷰 대상자 45명 중 23명이 운동선수로 활동하거나 취미로 운동하지만 평균 이상의 목표를 세웠다. 이들은 유년시절 테니스, 육상, 조정, 알파인스키, 농구, 축구, 승마, 배구, 육상, 체스, 핸드볼 등 다양한 운동선수로 활약했다. 주대회나 지역선수권에서 좋은 성적을 거둔 사람도 많았고 성인이 돼서도 여전히 선수로 활동하는 경우도 있었다. 이들은 대부분 개인종목에서 두각을 드러냈지만 팀 스포츠에서 활약한 사람도 있었다. 조정선수였던 1번 응답자는 운동에서 배운 교훈에 대해 이렇게 말했다.

1번 응답자: 최고가 되고 싶은 야망은 중요하다. 자신의 한계에 도달해 그것을 초월하는 법을 배우고 심리적으로 그것에 대처할 수 있어야 한다. 이것은 내가 사람들을 선발할 때 가장 중요하게 여기는 기준이기도 했다. 위태로운 상황에서 정신을 잃는가, 이성적인 상태를 유지하는가? 스포츠 경쟁에서 승리하는 경험은 삶에서 쾌락을 포기하고 인내했을 때의 보람을 가르쳐준다. 또한 자신감을 높이고 사회에서 인정받게 만든다.

이처럼 인터뷰 대상자들은 자신의 회사에 운동선수 출신을 영입하는 것을 선호한다고 강조했다. 운동선수였던 사람들은 자신이 선택한 직업에서도 가장 높은 자리에 오르고자 하는 성취욕이 있다고 생각하기 때문이다. 가령 5번 응답자의 경우 훌륭한 운동선수는 직장에서도 최고가 될 수 있다고 생각한다. 분명한 목표를 갖고 그것을 성취하고자 노력해왔기 때문이다.

운동을 통해 재능의 한계를 극복하는 법을 배운 응답자들도 있었다. 7번 응답자는 10년간 육상선수로 활약하며 독일선수권대회 1,000m 부문에 출전했다. 그는 매우 가난한 집안 출신이었으나 20대 초반에 백만장자가 됐다. 스포츠는 그에게 불리한 조건에서도 엄격한 훈련을 통해 최고가 될 수 있다는 사실을 보여줬다. 이를 통해 노력으로 어려운 상황을 극복하는 방법을 깨달았다.

식품업계에서 회사 8개를 소유한 37번 응답자는 배구에 진정한 재능이 없었지만 6년 동안 배구선수로 활동하며 끊임없는 훈련을 통해 지역선수권대회에서 우승을 거머쥐었다. 심지어 국가선수권대회에서도 3위 안에 들었다. 이들은 운동을 통해 연습의 가치를 내면화하고 자신감을 얻었다.

어린 시절부터 30대 중반까지 운동만 하느라 학업과 일을 등한시한 인터뷰 대상자도 있었다. 그는 원래 극도로 교양이 없고 까다로운 아이였지만 스포츠를 통해 규율을 배웠다고 말했다. 또한 최선을 다해 자신의 잠재력을 이끌어내는 방법도 알게 됐다. 나아가 현재 일하는 금융 분야에 적용되는 교훈도 깨달았다.

진행자: 운동과 금융 분야의 유사점을 찾을 수 있었는가?
9번 응답자: 그렇다. 행동이 완전히 방만하고 모든 일에 서툴렀던 어린 시절 운동은 정말 대단한 훈련이 됐고 정확한 목표를 세우라고 가르쳐줬다. 나는 최선을 다했다. 6위, 8위를 기록했을때도 상대보다 30초는 더 빨리 달릴 수 있다는 사실에 무척 행복해했다. 내가 실제로 운동에서 깨달은 바가 있다면 바로 사람들이 자신의 능력을 얼마나 비현실적으로 평가하는가다. 이것이 스포츠의 가장 중요한 장점이다. 우리가 정확히 무엇을 성취할 수 있는지 인식하게 만드는 현실감각을 제공하는 것이다. 나는 결코 독일 챔피언이 될 만큼 재능이 있지 않다는 것을 확신했지만 내 능력을 최대한 발휘하려고 애썼다. 내가 따라갈 수 있는 지점까지 다다르려고 최선을 다해 노력했다.

운동을 통해 결단력을 배운 인터뷰 대상자들도 있었다. 13번 응답자는 10종경기선수로 주 챔피언이었다. 그는 독일에서 15위를 차지했고 국제대회에 참가했다. 스포츠는 그에게 미친 결단력을 가지라고 가르쳤다. 그는 자신이 최고 자리에 오를 유전적 재능이 없다는 것을 어느 순간 깨달았다. 그래서 운동선수로는 은퇴했지만 이후의 삶에 그 결단력을 접목했다. 올림픽에 출전한 승마선수였던 27번 응답자 역시 항상 더 나아가야 한다는 압박감에 시달렸지만 올림픽 예선에서 탈락한 후 자신에게 만족하는 법을 배웠다.

27번 응답자: 나는 세상에서 얼마나 다양한 것들이 동기를 부여하는지를 보며 항상 놀란다. 승마는 동물과 함께하기 때문에 매일 훈련을 해야 한다. 나는 늘 있는 그대로에 만족하지 못했고 그건 선택할 수 있는 것이 아니었다. '있는 그대로 좋다'와 같은 말을 살면서 1번밖에 하지 않은 것 같다. 2000년 시드니 올림픽을 준비하며 나는 매일 3~4시간씩 말 2마리와 훈련에 집중했다. 하지만 올림픽을 앞두고 말 2마리가 모두 다리를 절게 되면서 첫 번째 대회에 출전하지 못했다. 그 일이 내게 큰 전환점이 됐다. 만약 16세 때 그런 일이 일어났다면 아마 크게 상심했을 것이다. 그러나 그때는 괴롭지 않았다. 다만 "누구에게나 일어날 수 있는 일이고 이번엔 내 차례였을 뿐이다"라고 말할 뿐이었다. 당시 나는 할 만큼 했다고 생각한다. 그 순간 운동을 그만해도 되겠다고 인정했다.

인터뷰 대상자 중 순자산으로 4위 안에 드는 41번 응답자 역시 열렬한 운동가다. 그는 스포츠를 통해 자신의 한계에 도전하고 경쟁을 즐기는 법을 알게 됐다.

41번 응답자: 나는 조정선수였다. 10대에는 국제대회에서 독일 남성 팀으로 출전했다. 대학선수권대회에서는 단 1번의 노 젓기로 결승선을 통과하기도 했다. 조정이야말로 나를 위한 스포츠였다.

진행자: 그렇다면 유년기에 조정을 통해 뭔가를 배웠다고 생각하는가? 스포츠가 자신의 경험, 능력 또는 자질에 영향을 준 점이 있다면 무엇인가?

41번 응답자: 운동할 때 나는 내가 싸움꾼이라는 것을 알게 됐다. 요즘도 마찬가지다. 나는 스스로 형편없는 패자라고 말하기 싫어할 뿐만 아니라 지는 것도 싫어한다. 나는 이기는 게 좋다. 요즘은 골프를 좋아한다. 훌륭한 트로피도 20개 넘게 받았다. 나는 도전을 좋아하고 타인과 비교해 내 능력을 측정하는 것도 좋아한다.

스포츠로 원하는 대로 상황을 통제할 수 있다는 자신감을 배웠다고 말한 인터뷰 대상자들도 많았다. 금융과 부동산으로 부자가 된 42번 응답자는 10년간 유도선수로 활동했고 노르트라인베스트팔렌의 유도선수단에 속해 있었다. 그는 스포츠를 통해 집중력과 팀워크, 규율의 중요성, 열정을 배웠다. 또한 열심히 훈련해 상대를 완패시킨 경험을 통해 기회와 미래가 내 손에 달려 있다는 것을 깨닫게 됐다. 육상선수였던 43번 응답자와 44번 응답자 역시 스포츠를 통해 많이 훈련할수록 좋은 결과를 낼 수 있다는 논리를 체감하고 자신을 극한에 밀어붙이는 의지와 능력을 배웠다고 답했다.

> **44번 응답자:** 육상선수에게 가장 기본적인 논리는 '많이 훈련할수록 결과가 좋아진다'는 것이다. 날씨가 춥든 덥든, 그날이 나의 생일이든 크리스마스든 훈련은 계속해야 한다고 믿는다. 육상선수는 항상 스스로를 밀어붙여야 한다. 이것 자체가 동기를 부여한다. 또한 나는 운동을 통해 가벼운 부상이나 퉁퉁 부어오른 무릎을 참는 법도 배울 수 있었다.

인터뷰 대상자들은 대체로 성공적인 운동선수 시기를 보냈으나 운동으로 생계를 유지할 수 있을 정도로 성공하지는 못했다. 부상이나 질병 탓에 스스로 정상에 오르지 못할 것이라는 사실을 깨닫고는 은퇴한 사람도 있었다. 운동은 아니지만 비슷한 정도의 훈련을 통해 바이올린 연주자로 큰 성공을 거뒀던 4번 응답자는 "바이올린만으로는 결코 세계적인 음악가가 될 수 없다는 것을 깨달은 그 순간 바로 음악을 접었다"고 대답했다.

부의 엘리트의 유년시절 기업가정신

여러 연구가 성공한 기업가는 청년기부터 그 자질을 갖고 있다고 이야기한다. 인터뷰 대상자들에게 젊은 시절 돈을 벌어본 경험이 있다면 어떤 방법으로 벌었는지를 물었다. 많은 응답자들이 그렇다고 답했는데 놀랍게도 이들은 술집, 택시 운전, 공장 임시직 등 일반적인 학생들이 아르바이트하는 업종에서 일하지 않았다.

부의 엘리트들은 대부분 시급을 받고 일하기보다는 직접 물건을 팔거나 사업을 했다. 그리고 이를 통해 조직을 운영하는 법을 배웠다. 화장품, 보험, 중고차 라디오, 중고차, 가방, 자동차 휠 림, 의상에 다는 보석, 가구 등을 판매했고 과제를 도와주거나 낡은 오토바이를 분해해 부품을 되팔거나 자전거를 수리하기도 했다. 또한 오래된 달걀판을 방음재로 판매하거나 동물을 사육해서 도살하거나 판매한 경우도 있었다. 주식, 금융파생상품, 부동산으로 돈을 벌기도 하고 책을 써서 수익을 올리거나 영화 클럽을 운영하기도 했다. 낡은 건물을 개조한 경우도 있었다. 이들 중에는 10대에 이미 첫 회사를 설립한 사람도 있었고 연간 수십만 마르크를 번 사람도 있었다.

1번 응답자의 경우 17~18세에 처음 주식을 시작했는데 학업을 마친 뒤 장교로 2년 동안 군생활을 하며 번 퇴직금을 활용했다고 한다. 12번 응답자 역시 주식으로 돈을 벌었는데 6개월 동안 4만 유로(약 5,000만 원)의 수익을 올려 아파트를 구입했다.

12번 응답자: 언제부터인지는 정확히 기억나지 않지만 나는 항상 돈을 벌었다. 나무에서 따 온 자두를 파는 것부터 시작해 앞마당에 작은 가판대를 차리고 물건을 팔았다. 마당에 식당을 열고 싶었지만 부모님은 좋은 생각이 아니라고 하셨다. 조금 커서는 술집을 돌아다니며 물건을 팔았다. 할아버지나 이웃의 정원을 손질할 때는 친구들에게 하청을 줬다. 나는 계속 일을 했지만 아무나 할 수 있는 일이 아닌 내가 어느 정도 영향력이나 통제력을 가질 수 있는 일, 더 효율적인 큰 일에 흥미를 느꼈다.

진행자: 고등학교를 졸업한 후에 가장 먼저 한 일은 무엇이었나?

12번 응답자: 주식시장에서 거래를 시작했다. 주가 급락을 통해 시장이 요동칠 수 있다는 것을 깨달았다. 학교를 마치고 의무사회봉사를 했는데 편도선이 아프다고 계속 병가를 냈다. 그리고 주식거래를 했다. 그렇게 4개월쯤 지나 의무봉사를 하는 봉사소에 가서 공무원들에게 시급이 얼만지 물었다. 5유로(약 6,000원) 정도라고 해서 나는 더 이상 출근하지 않는 조건으로 15유로(약 1만 8,000원)를 내겠다고 말했다. 하지만 거절당했고 나는 또 병가를 냈다. 그렇게 증권, 주식, 파생상품 등을 거래해서 고등학교를 졸업한 지 6개월 만에 첫 아파트를 장만할 수 있을 만큼 돈을 벌었다.

진행자: 주식만으로?

12번 응답자: 6개월 동안 약 4만 유로 정도를 벌었다. 말 그대로 아침 일찍부터 저녁 늦게까지 일했기 때문이다. 의무봉사로 번 돈은 모두 저축했다. 가진 것을 모두 팔아서 다 합치니 4만 유로가 됐다. 그때까지만 해도 여전히 부모님 댁에 살았는데 베를린 테겔에 첫 아파트를 구입하는 데 그 돈을 모두 사용했다.

어딘가에 고용돼서 돈을 번 인터뷰 대상자들도 있었다. 예컨대 6번 응답자의 경우 어렸을 때부터 항상 일을 했는데 고등학생 때는 라디오에서 아침 방송을 진행하며 학업을 병행했다. 대학생 때까지 그 일을 계속했고 가끔은 오전, 오후 방송을 같이 진행하기도 해서 1달에 1만 5,000~2만 마르크(약 750만~1,000만 원)를 벌었다고 한다. 교사인 아버지의 월급보다 큰돈이었다.

29번 응답자는 18세부터 보험상품을 팔아 우수 영업사원이 됐고 2년 뒤에는 화장품을 판매했다. 여자인 친구들을 섭외해 작은 영업팀을 만들었고 군대에 가서도 동료 병사들에게 태닝 크림이나 군화 스프레이를 판매했다.

주식이나 금융상품 등을 판매한 인터뷰 대상자도 다수 있었다. 9번 응답자는 대학생 때 구조화금융회사에서 금융상품을 판매해 한 달에 커미션으로 1만 마르크(약 500만 원)를 벌었다. 당시 견습생들은 1,800마르크(약 90만 원)를 벌었다. 10번 응답자 역시 대학생 때 투자 상품을 판매하는 일을 했다. 회사에서는 그를 '영업에 재능은 없지만 특유의 친화력과 제품에 대한 지식으로 판매를 해낸다'고 평가했고 그 역시 스스로 영업을 잘하지 못한다고 생각했지만 22세 때는 독일에서 가장 실적이 높은 투자상품 영업사원이 됐다. 41번 응답자는 대학생 때 산업공학을 전공하며 주식을 영업했는데 1년에 몇십만 마르크의 수익을 내서 회사를 대표해 미국으로 출장을 갈 정도였다.

> **진행자:** 대학에 다니는 동안 평균적으로 얼마를 벌었는지 기억나는가? 그때는 마르크를 쓰고 있던 시절이다.
>
> **41번 응답자:** 여섯 자리는 벌었다. 그냥 10만 마르크(약 5,000만 원) 정도가 아니었다. 훨씬 더 많은 돈을 벌었다. 심지어 그땐 학생이었다.
>
> **진행자:** 그럼 1년에 10만 마르크 정도?
>
> **41번 응답자:** 아니, 그 정도가 아니라 몇십만 마르크를 벌었다.
>
> **진행자:** 그렇다면 분명 이미 돈을 충분히 버는데 왜 계속 공부를 해야 하나 생각했을 것 같다.
>
> **41번 응답자:** 그렇다. 그러나 나는 야망이 있었고 인생에서 무언가 성취하고 싶었다. 언제나 마음속에 야망이 자리 잡고 있었다. 나는 단 한 번도 친구들에게 "은행계좌가 완전 빵빵해"라고 말한 적이 없다. 물론 좋은 물건을 사고 좋은 차를 몰고 좋은 아파트도 가졌지만 전반적으로 나를 몰아붙이는 것은 야망이었다. 그리고 어머니를 도와드려야 한다는 사실도 동기를 부여했다.

자신만의 사업을 한 인터뷰 대상자도 많았다. 16번 응답자는 대학에 입학하기 전 19세에 건축회사를 설립했다. 그는 당시 돈을 벌기 위해서 무엇이든 했다고 회상하며 사회봉사가 끝나고 대학이 개강하는 반년의 공백 동안 실업자로 등록되지 않기 위해 사업을 시작했다고 말했다. 석공장인이 아닌 경우 건축회사를 소유할 수 없었기 때문에 욕실이나 아파트를 개조하는 공사 보조 서비스를 시작했다.

19번 응답자는 살면서 단 한 번도 부모에게 돈을 달라고 한 적이 없다. 그는 돈을 벌기 위해 15세에 모터 자전거를 개조하기 시작했고 광고비를 내기 위해 자전거 개조법을 담은 책을 써서 1권에 20마르크(약 1만 원)를 받고 팔았다. 그렇게 1개월에 400마르크(약 20만원) 정도를 벌었는데 어느 날 삼촌 옆집에 불타버린 주택을 보고 그걸 5만 마르크(약 2,500만 원)에 사야겠다고 결심했다. 당시 갖고 있던 오토바이를 담보로 부동산을 산 19번 응답자는 2,000마르크(약 100만 원)를 주고 건축회사를 하던 친구에게 리모델링을 맡겼고 2개월 뒤 그 집을 10만 마르크에 팔았다. 그렇게 부동산사업으로 돈을 벌기 시작했다.

3번 응답자는 부모가 보석사업을 한 친구의 영향으로 보석 제조업자들에게 반지를 사들여서 친구와 함께 판매했다. 처음에는 거래처 12개에 상품을 도매로 팔다가 나중에는 자판기를 설치해 플라스틱 캡슐에 반지를 넣어 팔았다. 그렇게 1달에 3,000~4,000마르크(약 150만~200만 원)를 벌었다고 한다.

이 외에도 40번 응답자는 휠 림 제조업체에서 하자가 있는 물건을 공짜로 받아 수수료를 받고 싸게 판매했다. 43번 응답자는 무려 10세 때부터 동물을 길러서 판매했고 38번 응답자는 주유소에 세차 장비를 팔았다. 34번 응답자는 중고차와 자동차 라디오를 팔다가 친구의 회사에서 윈터 가든을 판매했다. 37번 응답자는 달걀판을 팔았다.

> **37번 응답자:** 친구 아버지가 달걀 가공회사의 관리인이어서 달걀판을 항상 산더미처럼 쌓아놓고 있었다. 나는 저 상자들을 어떻게 써먹을 수 있을까 고심했고 학교에 밴드가 있다는 사실이 떠올랐다. 실내에서 연습을 하면 엄청난 소음이 발생할 거고 연습실 벽에 달걀판을 붙이면 문제는 해결될 터였다. 그게 시작이었다.
> 18세가 되던 해부터는 친구들의 오토바이를 정비하기 시작했다. 주변에 중고 오토바이가 많아서 그걸 분해해 부품을 팔았다. 자동차를 고치기도 했다. 주말이면 늘 일을 했고 평균 5,000마르크(약 250만 원) 정도를 벌었다. 나는 직접 번 돈으로 학업을 마칠 수 있었다.

부동산을 개조해 돈을 번 응답자들도 있었다. 영업이 자신의 성공 비결 중 80%를 차지한다고 말한 20번 응답자는 약국에서 일하던 시절 살던 집의 집주인이 파산해 건물이 은행에 넘어가면서 부동산에 대해 알게 됐고 그때 대출을 받아 빌딩을 샀다. 25번 응답자는 학생 때 낡은 공업지대를 사서 창고와 유통센터로 개조해 판매했다. 이 과정에서 자선단체와 정치단체를 섭외해 후원회를 조직했다. 22번 응답자는 학생 때 아마추어 영화 클럽을 설립하고 40개 학교의 회원들을 끌어모았으며 수익금을 오래된 기차역 개조에 사용했다.

22번 응답자: 나는 항상 기업가처럼 생각했고 뭔가 기업가적인 일을 하고 싶었다. 그래서 학교에 다니는 동안 조직을 구성했고 마치 그게 비즈니스인 것처럼 접근했다. 정말이지 즐거운 일이었다. 당시 가톨릭 학교 학생단체에 속해 있었는데 독일철도공사에게 오래된 기차역을 일부 제공받았다. 역은 정말 끔찍한 상태였지만 개조할 돈이 없었다. 그때 영화 클럽을 만들었다. 1달에 1번 영화 상영회를 열어서 주변 학교에 광고를 하고 1,000명 정도를 모아 입장권을 판매했다. 그 수익금으로 기차역을 보수했다.

진행자: 그건 사업체는 맞지만 사적으로 수익을 올리던 기업은 아니었다.

22번 응답자: 나를 위해 돈을 벌고자 하는 의도는 조금도 없었다.

이 모든 활동들의 공통점은 인터뷰 응답자들이 시간당 임금을 받고 일하지 않았다는 점이다. 그들의 수입은 다른 사람이 정해주는 게 아니라 스스로의 능력에 달려 있었다. 어린 시절부터 부의 엘리트들은 지금이 평범한 아르바이트로 돈을 벌어야 하는 시기가 아니라는 것을 알고 있었다. 이들은 자신의 창의성, 영업능력, 인맥, 조직력 따위가 수입을 결정한다고 믿었다.

부의 엘리트는 학교 밖에서 돈을 배운다

　　인터뷰 대상자의 대다수는 중산층 출신이다. 태어날 때부터 부자일 운명은 아니었다는 뜻이다. 놀랍게도 이들 중 60%가 기업가, 소상공인, 농부 등 자영업자 부모를 두고 있었다. 나머지 40%는 평범한 직장인이나 공무원이었고 블루칼라 노동자는 2명뿐이었다. 자영업자 부모들은 대부분 부유하지 않았지만 누군가의 밑에서 일을 하지도 않았다. 이들은 자녀들에게 기업가정신을 자연스럽게 가르쳤다.

　　인터뷰 대상자들은 가정 밖의 롤 모델, 즉 젊은 시절 친구, 부유한 친척, 기숙학교 동급생 또는 부유한 이웃 부모들의 생활방식에 깊은 인상을 받았다. 하지만 어느 날 백만장자가 되겠다는 구체적인 목표를 스스로 정한 사람은 거의 없었다. 부의 엘리트들의 초기 열망은 평범한 사람들의 열망과 그렇게 다르지 않았다.

　　이 책이 정의한 부의 엘리트가 되는 것은 대기업의 최고경영자 같은 일반적인 경제 엘리트가 되는 것과는 상당히 다르다. 경제 엘리트는 부르주아 출신에 부르주아적 행동 패턴을 따르는 경우가 많지만 부의 엘리트들은 학력이 성공에 결정적인 역할을 하지 않는다고 말한다. 비록 많은 응답자들이 좋은 학교나 명문대학에 진학했지만 이들의 성적은 대부분 평범했다. 또한 학교나 대학에서 많은 것을 성취한 사람들이 가장 높은 부유층에 오르지는 못했다.

　　비공식 학습 이론은 학습의 약 70%가 제도권 교육 밖에서 일어난다고 주장한다.[19] 그리고 암묵적 학습 이론은 어떤 지식은 무의식적으로 학습된다고 이야기한다. 마찬가지로 부의 엘리트들은 반항아였으며 학교 밖에서 성공의 많은 것을 자연스럽게 익혔다. 이들은 지배적인 규범과 권위자들에게 맞서는 법을 배웠고 자신의 주장을 펼치는 법을 깨달았다. 이를 통해 기업가로서 주류를 거스르는 법과 자신의 선택에 책임지는 법도 알게 됐다.

인터뷰 대상자들은 어릴 때부터 학급회장이나 학생대표 등 리더로서의 자질을 보였다. 또한 스포츠와 자신만의 사업으로 기업가정신을 펼쳤다. 인터뷰 대상자 45명 중 어린 시절 스포츠와 경제적 활동 중 어느 것도 하지 않은 사람은 6명에 불과했다.

특히 인터뷰 응답자의 절반 이상이 육상, 스키, 승마, 수영, 테니스 또는 유도 등의 스포츠 분야에서 활약했다. 대다수가 좋은 성적을 올렸고 지역, 국가대표로 활약하거나 대회에 출전했으나 어느 순간 능력의 한계나 부상으로 운동을 포기했다. 이들은 이 과정에서 승리하는 법과 패배에 대처하는 법을 배웠다. 또한 좌절감을 견디는 법을 익히고 자신의 능력에 자신감을 키웠다. 대다수가 1인 종목 선수였지만 팀 스포츠의 경우 팀워크를 기르는 법을 배웠다.

부의 엘리트들이 어린 시절 돈을 번 방법도 주목할 만하다. 이들은 보통 학생들처럼 시급을 받지 않았다. 화장품에서부터 윈터 가든, 중고차와 오토바이, 보험상품, 중고차에 이르기까지 다양한 아이디어를 활용해 모든 것을 판매했다. 이런 경험들이 미래의 기업가를 양성했다는 데는 의심의 여지가 없다. 부의 엘리트들은 어릴 때부터 다양한 경험에서 기업인들처럼 조직하고 팔고 생각하는 법을 배웠다. 그리고 그렇게 쌓아온 교훈이 자신의 사업을 설립하고 큰 부를 쟁취하는 데 많은 도움이 됐다.

제4장

무엇이 부의 엘리트를
사업가로 만들었는가

부의 엘리트는 자기 사업을 한다

부의 엘리트들은 필연적으로 자신의 회사를 설립할지를 결정할 순간에 직면한다. 인터뷰 대상자 45명 중 40명은 평생 혹은 거의 평생을 자영업자로 살아왔다. 나머지 5명은 이사회 혹은 회사의 경영진으로 주식을 소유했거나 투자자로서 성공을 거뒀다. 이들 5명 중 3명은 순자산 범주 최하위(1,000만~3,000만 유로)에, 2명은 차상위(3,000만~1억 유로)에 속했다.

이처럼 부에 관한 연구를 살펴보면 부자들은 대부분 사업가다. 독일의 경우 평범한 기업의 전문경영진으로 수천만~수억 유로 이상의 자산을 축적하는 것이 쉽지 않기 때문이다.

자영업은 부자가 되기 위한 전제조건이지만 사실 대다수의 자영업자들은 절대 부자가 되지 못한다. 오히려 그 반대가 될 가능성이 더 크다. 그런데 왜 사람들은 자기 사업을 하고 싶어 할까?

관련 학계는 사람들이 위험을 감수해 보상을 받을 확률이 적은 데도 불구하고 자영업을 선택하는 이유를 꾸준히 연구해왔다. 그중 한 주장은 사업가들의 성격이 까다롭고 조직생활에 부적합하고 권위에 복종하기 싫어하고 이미 짜여진 환경에서 일하기를 어려워하기 때문에, 즉 조직의 규칙을 받아들이기 힘들어서 자신의 회사를 차린다는 것이다.[1]

부의 엘리트 역시 그럴까? 이를 점검하기 위해 인터뷰 대상자들에게 자영업을 선택한 동기를 질문했다. 특히 직원으로 일한 경험이 있는 사업가에게 그 회사에서 더 성장하는 상상을 해본 적이 있는지 물어봤다. 대답은 다양했는데 일부 인터뷰 대상자들은 예상대로 기존 대기업의 구조에 적응하기 어려웠을 것이라고 답했다.

훌륭한 직원이었지만 승진하려면 너무 오래 기다려야 하거나 직원으로서 수입에 한계가 있다는 것을 깨닫고 퇴사한 인터뷰 대상자들도 있었다. 또한 부모가 자영업자이거나 이미 학생 때부터 돈을 벌어서 어딘가에 고용되는 것 자체를 고려해보지 않은 인터뷰 대상자들도 있었다. 이 장에서는 이 3가지 경우를 모두 살펴볼 것이다.

결코 직원으로 일할 수 없었던 부의 엘리트

'조직에 적응하지 못하는 사람이 창업한다'는 부적응자 이론은 기업가를 정형화된 구조와 계층에서 자신의 위치를 찾기 힘들어하는 외부인으로 본다. 16번 응답자가 이에 적절한 사례로 그는 고등학교를 졸업하고 바로 자영업을 시작했는데 스스로를 '고용했을 때 심각한 조언을 건네야만 하는 까다로운 직원'으로 평가했다. 그는 너무 반항적이었고 모든 것을 다 알고 있는 사람처럼 굴었으며 항상 선두에 서 있었다고 답했다.

12번 응답자 역시 단 하루도 직원인 적이 없었는데 시급을 받는 것이 매력적으로 느껴지지 않았기 때문이다. 그는 누구나 할 수 있는 일보다는 본인이 영향력을 가질 수 있는 효율적인 일에 관심이 있었고 학교를 졸업하자마자 주식 매매업자가 됐다. 3번 응답자도 비슷한 생각이 있었는데 그는 대학생 때도 혼자 일해서 많은 돈을 벌었다. 그래서 졸업하고 취업하겠다는 생각을 전혀 하지 않았다.

3번 응답자: 돈은 순전히 이론에 불과했다. 내가 스스로 결정을 내리는 것, 매일 아침 "이 일을 해야 해"라고 되뇌며 출근하지 않는 것이 가장 중요했다.

진행자: 스스로 매일 어떤 회사에 속해서 시키는 일을 할 성격이라고 생각하는가? 아니면 조직 안에서 많은 갈등을 일으킬 것이라고 생각하는가?

3번 응답자: 아니, 나는 절대 직원이 될 수 없었을 것이다. 경력을 만들어나갈 수 없었으리라고 확신한다.

진행자: 그 이유는?

3번 응답자: 멋진 상사와 근사한 동료, 존경할 만한 사람들로 가득한 회사는 이상에 불과하다. '이 바보 천치는 또 누구인가'라고 생각하면서도 앞에서는 앵무새처럼 "정말 좋은 생각입니다"라고 답하는 게 직장생활의 현실이다.

직장생활을 어느 정도 하다가 자신의 사업을 시작한 인터뷰 대상자들도 다수 있었다. 25번 응답자는 시에서 운영하는 사업체 직원에서 전무이사까지 오르며 성공적인 직장생활을 했지만 장기적으로 볼 때 자신이 그 자리에 적합하지 않다는 것을 깨달았다고 한다. 그는 계속 회사에 다녔다면 정신병원에 갔을 거라고 말하며 퇴직금으로 자기 회사를 설립했다.

22번 응답자의 경우 대학을 졸업하고 2년간 직장생활을 했다. 그의 상사는 유능한 세일즈맨이었지만 다른 면에서는 끔찍한 사람이었다. 이 응답자는 입사하고 2년이 지나 이 일을 오래 할 수 없을 거라는 생각이 들었고 누구의 지시도 받지 않고 자기 뜻대로 할 수 있는 일을 하고 싶다는 생각이 들었다고 한다.

40번 응답자는 아버지의 권유로 대기업에서 경력을 쌓기 위해 신입사원 연수까지 참여했다. 그러나 4주 만에 자신은 회사에 어울리지 않는다는 생각이 들어 그만두고 부동산 중개업소를 차렸다. 본인은 우두머리 타입인데 회사는 그의 콧대를 꺾어놓으려고 한다는 느낌이 들었다고 한다.

이 외에도 라디오 진행자로 일하며 직장생활을 했지만 자신의 사업을 함께해서 상사보다 돈을 많이 번 6번 응답자, 세무사가 되기 위해 아주 단기간 일한 10번 응답자도 있었다.

> **진행자:** 그렇다면 기본적으로 당신은 평생 한 번도 사원으로 근무한 적이 없다는 뜻인가?
>
> **10번 응답자:** 맞다, 나는 직원으로 일한 적이 없다. 세무사가 되기 위해 어쩔 수 없이 단기간만 일을 했다. 나는 절대 사원이 될 수 없다. 심지어 그 짧은 시간 일을 했을 때도 일주일에 반나절만 출근했다. 기본적으로 내가 하고 싶은 대로 행동했다.

이처럼 회사를 다녔던 많은 인터뷰 대상자들이 단체생활에서 썩 만족을 느끼지 못했다. 심지어 19번 응답자의 경우 회사에서 성과급만으로 110만 마르크(약 5억 5,000만 원)를 벌 만큼 좋은 성과를 올렸다. 하지만 이것이 부자가 되고 싶다는 자신의 야망을 충족해주진 못했다고 답했다.

20번 응답자는 회사의 복잡한 절차 때문에 좋은 거래를 놓치는 것이 항상 불만이었다. 42번 응답자는 은행에서 2년 넘게 일했지만 회사는 자신에게 너무 작은 무대라는 생각이 들었고 규율과 관련해 항상 갈등을 빚었다.

회사에 잘 적응한 부의 엘리트

인터뷰 대상자들이 모두 회사에 적응하지 못한 것은 아니다. 다른 사람의 회사에서 계속 일할 수 있었을 거라고 답한 사람도 여럿 있었는데 이들은 모두 금융 분야에서 일했다는 공통점이 있다.

먼저 돈을 더 많이 벌고 싶어서 은행을 관둔 인터뷰 대상자들을 살펴보자. 5번 응답자는 작은 은행에서 일했는데 이 월급으로는 10년 뒤 가족을 부양하지 못할 거라는 생각에 사업을 시작했다. 13번 응답자도 은행에서 4년 일했고 그는 친구와 부업으로 시작한 부동산사업의 수입이 월급의 3배가 되자 더 빨리 많은 돈을 벌 수 있다는 생각으로 회사를 관두고 사업에 전념했다.

> **진행자**: 어떤 기업가들은 과거 회사원으로 일했을 때 갈등을 겪기도 했다. 당신은 어떤 직원이었는가?
>
> **13번 응답자**: 기업가 유전자는 항상 내 안에 있었다. 나는 기업가 집안에서 자랐다. 친구들의 부모님도 거의 모두 기업가였다. 집에서도 밖에서도 기업가들에게 둘러싸여 자랐다. 은행에서 일한 지 2년 정도 됐을 때 상사가 10년 근속 훈장을 받았다. 나는 상사에

게 "죄송하지만 저는 그 훈장을 절대 못 받을 것 같습니다"라고 말했고 상사도 그 말에 동의했다. 나는 기업가적 유전자를 갖고 있었고 언젠가 그걸 발휘할 생각이 뚜렷했다.

진행자: 그럼 그게 자영업자가 된 주된 동기였을까?

13번 응답자: 나의 동기는 자유, 자기 결정, 더 많은 돈을 벌 수 있는 기회였다. 이 3가지 동기에서 자극을 받은 것 같다.

14년 동안이나 은행에서 일한 31번 응답자도 있다. 그는 여러 은행을 거치며 빠르게 승진했고 36세에 은행장이 됐다. 그러나 정년이 될 때까지 5년마다 은행장으로서 자신의 가치를 재확인하는 미래는 그의 가슴을 뛰게 하지 않았다. 그래서 프리랜서 자산관리사가 되기로 결정했다.

더 빨리 높은 자리에 오르거나 더 중요한 일을 하고 싶어서 직장을 관둔 인터뷰 대상자들도 여럿 있었다. 36번 응답자는 3년 동안 은행에서 일하면서 높은 직위에 오르고 싶었지만 그때까지 너무 오랜 시간과 절차를 거치는 것이 싫었다. 43번 응답자는 10년 동안 은행에서 일하면서 수석전략가까지 차근차근 승진했지만 규정을 준수하거나 수익성이 높지 않은 고객을 상대하는 것보다 중요한 일을 하고 싶어서 사업에 뛰어들었다. 대학을 졸업하고 은행 자회사에서 3년 정도 일한 38번 응답자는 큰돈을 다루는 고위직책에 오르고 싶었지만 그렇게 될 가능성이 희박하다는 것을 알고 있었기에 직장생활을 자기 사업의 예행연습으로 삼았다.

> **진행자**: 월급도 꽤 괜찮은 편이었을 텐데 무슨 이유로 자기 사업을
> 시작했나?
>
> **38번 응답자**: 은행을 떠날 당시 20만 마르크(약 1억 원) 이상을 벌었다.
>
> **진행자**: 시대와 나이를 생각해보면 엄청난 연봉이었다.
>
> **38번 응답자**: 그렇다. 은행을 떠날 때 상사가 "왜 회사를 그만두려
> 고 하나? 월급도 잘 받고 있고 기회도 많은데"라고 물었다. 나는
> 이렇게 대답했다. "이 회사에서 제가 원하는 유일한 직책은 지금
> 당신이 앉아 있는 그 자리뿐입니다. 아마 저는 절대 차지할 수 없
> 겠죠." 내 말에 상사가 이렇게 대답했다. "절대 아니지." 그게 다였
> 다. 그래서 직접 창업을 했다.

회사에서 일하며 사업 노하우와 자신감을 얻어 창업을 결심한 인
터뷰 대상자들도 종종 있었다. 예컨대 18번 응답자는 이사회의 투
자를 이끌어낼 만큼 회사에서 인정받는 직원이었는데 어느 순간 '이
모든 것을 혼자서도 해낼 수 있다'는 생각이 들었다고 한다. 그래서
회사에서 배운 것을 활용해 자신만의 사업을 시작했다.

11번 응답자는 매우 큰 회사에서 거의 10년을 근무하며 비슷한
성격의 다른 회사를 차렸다. 그는 두 일 모두에서 재미를 느꼈지만
사업에 집중하기 위해 본업을 사직하고 기존에 다니던 회사의 지분

10%를 사들였다. 11번 응답자는 직장과 사업 중 직장을 포기한 이유로 빡빡한 시스템을 들었다.

27번 응답자의 인터뷰는 훌륭한 직원이지만 회사에서 한계를 느낀 부의 엘리트들의 생각을 가장 잘 보여준다. 그는 대기업에서 5년간 일하며 승승장구했지만 최고경영자가 되기 위해 10년을 기다릴 자신이 없어 회사를 설립했다고 한다.

> **진행자:** 당신은 5년간 직원으로 일했다. 당신은 자신만의 길을 걷고 싶어 회사를 차린 유형인가, 기업에서 경력을 쌓는 걸 선호하는 유형인가?
>
> **27번 응답자:** 직업은 스스로 만들어나가는 것이다. 회사의 직원이 7,000명이었는데 나는 입사 이래 치열한 경쟁을 뚫고 승진을 거듭했다. 처음엔 비서였지만 상사가 나를 아주 예뻐해서 3개월 만에 직책을 얻었다.
>
> 회사를 다닐 때 나는 항상 신뢰를 받았다. 대기업에서 요구하는 자질이 있었던 것 같다. 밑에서부터 차근차근 올라가는 것도 즐거웠다. 하지만 입사 후 2~3년이 지나자 반복되는 일들이 지루해지면서 내 일이 빠른 속도로 진행되고 있는 것은 아니라는 사실을 깨달았다. 그때 회사와의 관계가 악화됐고 매우 불행해졌다. 그러나 나는 언제나 변화를 받아들이지 않는 회사와 변화하는 나 자신을 구분할 수 있었다. 회사의 잘못이 아니었다. 내가 너무 많이 변했

을 뿐이었다.

진행자: 그래서 사업을 시작했나? 정확한 동기가 무엇이었나?

27번 응답자: 불만족했다는 게 가장 컸다. 돈에는 결코 관심이 없었다. 그건 내 주된 목표가 아니었다. 돈은 부산물이다. 물론 돈이 가져다주는 자유도 좋지만 내 목표는 독립과 나 자신을 위해 무언가를 성취하는 것이었다. 20세의 시각에서 큰 회사에서 CEO가 되는 길은 솔직히 너무 길었고 내 인생은 너무 짧았다. 나는 10년 동안 줄을 서서 기다리고 싶지 않았다. 그런 회사에서는 일이 너무 느리다. 수많은 회의에 참석하고도 실제로 그렇게 많은 일을 성취하지 못했다는 게 가장 큰 이유가 됐다. 고작 그만큼에 만족할 준비가 돼 있지 않았다. 조금 더 자유로운 삶을 원했다.

입사를 생각해본 적이 없는 부의 엘리트

대다수 인터뷰 대상자들은 단 한 번도 어딘가에 입사해야겠다는 현실적인 생각을 해본 적이 없었다. 따라서 인터뷰에서 왜 입사가 아니라 자영업을 선택했느냐는 질문에 퍽 당황했다.

29번 응답자는 학업과 사업을 병행해 연간 20만 마르크를 벌어들였다. 그는 아버지에게 은행 인턴을 하라는 압박을 받았고 3개월간 실제로 인턴십 프로그램에 참여했다. 그때도 사업을 계속했고 이 정도면 아버지를 설득하기에 충분하다는 생각이 들어 인턴을 그만뒀다. 그는 독립적으로 일하기를 원했다고 한다.

41번 응답자는 평생 단 하루도 회사원이었던 적이 없다. 대학생 때 금융상품을 판매해 1년에 수십만 마르크를 벌었다. 그는 살면서 한 번도 취직해야겠다는 생각을 하지 않았다고 한다.

부모가 기업가여서 가족사업에 뛰어든 인터뷰 대상자들도 많았다. 이들에게 자영업자가 되는 것은 어린 시절부터 명백하고 자연스러운 일이었다. 2번 응답자의 경우 아버지의 사업에 참여했는데 어떻게 성공할 것인가를 생각했을 뿐 사업을 하는 게 옳은 일인가를 생각해본 적이 없다고 한다.

39번 응답자의 가족은 3개 지사를 거느린 사업가였고 39번 응답자는 그런 가정환경에서 자라면서 자연스럽게 기업가정신을 기를 수 있었다고 한다. 또한 직원으로 어딘가에서 일해야겠다는 생각도 해본 적이 없다고 답했다.

24번 응답자와 32번 응답자는 모두 성인이 되면 당연히 가업을 물려받을 거라고 생각하며 자라왔다고 이야기했다. 특히 24번 응답자는 어린 시절부터 아버지의 회사에 가서 무슨 일이 일어나는지를 직접 관찰했다고 한다.

26번 응답자는 글로벌 기업에 다니다가 가업에 종사하기 위해 퇴사를 결심했고 자신의 회사를 세계 1,000대 기업 중 하나로 성장시켰다. 놀랍게도 그는 원래 다니던 회사에서도 좋은 평가를 받았고 만약 가족사업이 아니었다면 계속 회사를 다녔을 거라고 말했다.

28번 응답자는 대학 졸업 후 자신의 회사를 차려서 성공적인 결과를 거둔 뒤 증조할아버지가 설립한 가족사업에 투신했고 독일 100대 부자인 15번 응답자는 대학 예비학교에 진학하는 것을 포기하고 가족사업에 뛰어들어 회사를 세계적으로 성장시켰다.

부의 엘리트는 자기 사업에서 꿈을 이룬다

부의 엘리트들은 부적응자인가? 기업가인 부의 엘리트들이 남의 회사에서 경력을 쌓을 수 없는 까다롭고 반항적인 직원이 됐으리라는 가설은 다수의 응답자에 의해 일부 사실로 밝혀졌다. 이들은 비주류적인 사고방식 때문에 정해진 체계에 순응하거나 다른 사람들에게 순종할 수 없었다. 이들은 회사에서 일하다간 정신병원에 갔을지 모른다고 극단적으로 말하기도 하고 상사에게 아첨만 하는 앵무새가 되는 것을 싫어하거나 회사가 자신의 콧대를 꺾으려 한다는 느낌을 받았다고도 답했다.

그러나 이들과 다른 부의 엘리트들도 있었다. 이들은 자신의 사업을 시작하기 전에 기업에서 경력을 쌓았지만 회사에서 받는 월급이 너무 적다는 것을 깨닫거나 자신의 가치가 제한되는 것이 마음에 들지 않았다. 또는 정상까지 올라가려면 너무 오래 기다려야 하고 많은 절차를 거쳐야 한다는 점을 답답해했다.

세 번째 그룹은 기업가와 회사원 중 하나를 선택할 필요가 없었다. 이들은 학생 때부터 돈을 벌면서 의심의 여지없이 자신의 회사를 차려야겠다고 생각하거나 자연스럽게 가족사업에 참여했다.

인터뷰 결과 일부 응답자들에게는 부적응자 이론이 적합했지만 모두가 그에 해당되는 것은 아니었다. 부적응자 이론에 걸맞은 부의 엘리트들은 순자산 범주에서 하위층에 속했다. 인터뷰에 참여한 많은 부의 엘리트들은 대기업에서 경력을 쌓을 수도 있었지만 정상에 오르기까지 너무 오랜 시간이 걸리거나 수입에 만족하지 못해서 자신의 회사를 차렸다.

제5장

부의 엘리트는
어떤 목표를 세우는가

목표 설정의 중요성

성공하는 데 목표는 어떤 역할을 할까? 부자들의 전기를 분석해보면 이들은 특별하고 도전적이고 다른 사람들이 비현실적이라고 여기는 목표를 설정하는 것의 중요성을 매우 강조한다.[1] 구글 창업자 래리 페이지Larry Page[2], 월마트 창업자 샘 월튼Sam Walton[3], 리처드 브랜슨[4], 맥도날드 창업자 레이 크록Ray Kroc[5], 스타벅스 창업자 하워드 슐츠Howard Schultz[6], 델 컴퓨터 창업자 마이클 델Michael Dell[7]이 그 예다.

많은 학자들도 비슷한 주장을 한다. 메릴랜드 대학교의 에드윈 A. 로크Edwin A. Locke와 토론토 대학교의 게리 P. 레이섬이 개발한 목표 설정 이론이 대표적이다. 이들은 1980년대부터 1990년까지 약 400건의 경험적 연구를 살펴본 결과 2가지 결론을 냈다. 첫 번째로 목표 난이도와 성과는 선형관계가 있다. 로크와 레이섬은 가장 어려운 목표를 가진 사람들은 가장 쉬운 목표를 가진 사람들보다 250% 더 많은 성과를 낸다는 사실을 발견했다.[8] 두 번째로 추상적인 목표보다는 구체적인 목표가 더 좋은 성과를 이끌어낸다. 1990년까지 발표된 53개 연구 중 51개가 구체적이고 높은 목표를 세운 사람들이 그렇지 않은 사람들보다 더 성공했다고 결론지었다.[9] 로크와 레이섬에 따르면 높고 구체적인 목표는 주의를 집중시키고 노력의 강도와 지속시간을 증가시킨다. 즉, 높은 목표를 가진 사람들은 그렇지 않은 사람들보다 더 열심히, 오래 집중해서 일한다.[10]

머레이 R. 배릭Murray R. Barrick, 마이클 K. 마운트Michael K. Mount, 주디 P. 스트라우스Judy P.Strauss 역시 비슷한 연구결과를 발표했다. 이들은 영업사원 91명을 대상으로 목표와 성공의 상관관계를 조사했는데 성실한 사람들일수록 목표를 어렵게 정하고 열심히 일해 더 성공하는 경향을 보였다.[11] 즉, 양심적인 사람들은 자율적으로 목표를 설정하고 그 목표에 전념하며 더 나은 성과를 낼 가능성이 높았다.[12] 여기서 중요한 것은 성실함 그 자체가 아니라 성실함이 야심찬 목표를 설정하게 만들어 성공으로 이끈다는 것이다.

스티브 커Steve Kerr와 더글러스 르펠리Douglas LePelley는 최적의 결과를 얻으려면 목표가 얼마나 어려워야 하는지 연구했다. 그 결과

쉬운 목표에 비해 어려운 목표가 좋은 성과를 낼 가능성이 훨씬 높지만 그 목표는 스스로 성취할 수 있다고 판단되는 수준이어야 한다는 것을 발견했다.[13]

성취할 수 없을 정도로 지나치게 야심찬 목표를 설정하고 그것을 달성하지 못하면 오히려 좌절하게 될 수도 있다. 이와 관련해 커와 르펠리는 목표를 이룰 수 있다는 생각의 중요성을 강조하며 제너럴 일렉트릭General Electric의 창업자 잭 웰치Jack Welch의 '확장 목표'를 인용했다. 이는 불가능해 보이는 목표를 발견해 종종 그 목표를 실제로 이루고 달성하지 못하더라도 그 과정에서 더 발전해나갈 수 있다는 것이다.[14]

2004년, J. 로버트 바움J. Robert Baum과 로크는 기업가 229명을 조사해 기업가 또는 최고경영자의 목표치가 높을수록 기업의 성장가능성도 높아진다는 것을 발견했다.[15] 또한 이들의 성장에 대한 자신감이 높을수록 기업의 목표도 함께 커지는 경향을 보였다.[16] 이 연구는 야심차고 장기적인 목표가 개인뿐만 아니라 기업에까지 상당한 영향을 미친다는 것을 확인했다.

뉴욕 대학교 심리학 교수 가브리엘 외팅겐Gabriele Oettingen, 마리옹 비트첸Marion Wittchen, 피터 M. 골비처Peter M. Gollwitzer는 '정신적 대조'가 목표를 달성하는 데 효과적이라는 것을 증명했다.[17] 정신적 대조란 원하는 미래를 현실의 한계와 대조하는 것이다.

외팅겐, 가비 회닉Gaby Hönig, 골비처 등에 따르면 목표로 재구성된 미래는 현재의 현실과 대비돼야만 실현될 수 있다.[18] 또 다른 연구에 따르면 목표 달성 여부는 성실성의 강도에 의해 결정되는데 여기서 성실성이란 노력의 확장으로 시간이 흘러도 초기 목표를 포기하거나 낮추려는 의지가 없는 상태를 뜻한다.[19]

마이클 프레제, 주디스 스튜어트Judith Stewart, 베티나 하노버Bettina Hannover 등은 계획의 중요성을 강조하며 목표를 진지하게 받아들이는 것과 목표지향적으로 행동하는 것은 다르다고 지적했다. 즉, 목표 지향적이면서도 목표를 이루기 위한 계획을 짜는 것에는 서툴 수 있다는 것이다.[20]

계획은 생각과 행동을 연결한다. 프레제가 말하는 계획은 엄격한 것이 아니다. 따라서 성공한 기업가들이 자신에게는 계획이 없고 직관에 의해 행동한다고 말하는 것은 자연스러운 일이다.[21] 계획은 목표를 상기시키고 목표를 이루도록 행동하게 만들지만 지나치게 경직된 계획에 매달리면 상황을 악화시킬 수도 있다.[22]

그렇다면 부의 엘리트들은 비정상적으로 야심찬 목표를 세웠을까? 만약 그랬다면 어떤 목표를 세웠을까? 이들의 목표는 무엇이고 얼마나 구체적일까? 나폴레온 힐이 말한 것처럼 목표를 이루기 위한 계획을 어딘가에 적어뒀을까? 아니면 목표를 중요하지 않은 것으로 여길까?

돈을 인생의 목표로 삼았는가

나폴레온 힐의 《열망을 생각하라》를 비롯해 많은 자기계발서들이 정확한 재정적 목표를 적고 달성 마감일을 설정해야 부자가 될 수 있다고 이야기한다. 이와 대조적으로 프란츠 월터Franz Walter와 스타인 마르크Stine Marg는 독일 주요 기업의 기업가와 이사진 160명을 인터뷰했는데 이들은 자신의 경력에 대한 계획을 상세하게 짜지 않았다고 답했다.[23]

그렇다면 돈을 버는 데 재정적 목표를 설정하는 것은 얼마나 중요할까? 인터뷰 대상자들에게 재정적 목표를 설정했는지, 그 목표를 어딘가에 적어뒀는지 물어봤다. 만약 그랬다면 얼마나 자주 적었는지, 목표를 시각화하는 기술을 사용했는지도 추가로 질문했다.

그 결과는 대체로 모호했다. 구체적인 재정적 목표를 적어야만 돈을 벌 수 있다는 가설은 인터뷰에서 확인되지 않았다. 많은 인터뷰 대상자들이 결코 재정적 목표를 설정한 적이 없다고 단호하게 대답했다. 반면 인터뷰 대상자 중 40% 이상이 삶의 다양한 영역에서 목표를 정기적으로 정한다고 답했으며 그중에서도 글쓰기가 압도적으로 높았다.

부자들을 움직이는 것은 무엇일까? 워런 버핏을 비롯한 부자들의 자서전을 분석해보면 이들은 풍족한 생활을 누리기 위해 부를 추구하지 않는다.[24] 부의 엘리트들의 동기를 이해하기 위해 인터뷰 대상자들에게 돈을 어떻게 생각하는지 물어봤다. 먼저 인터뷰 대상자들은 0(전혀 중요하지 않음)에서 10(아주 중요함)까지의 척도로 돈의 역할을 점수로 매겼다. N점에서 N점 사이라고 답했을 때는 소수점으로 표기했으며 다양한 이유로 질문을 다루지 않기도 했다.

표 2. 인터뷰 대상자들이 생각하는 돈의 역할

삶을 안정적으로 만들어줌	자유와 독립성을 부여	새로운 기회	좋은 것을 구매할 수 있게 함	자기 확신의 도구	타인에게 인정받게 함
-	10	3.5	9.5	-	0
질문하지 않음					
질문하지 않음					
1.5	9		7	3	6
10	10	6	8	6	5
1.5	9	1	9	1	0
질문하지 않음					
8	-	4.5	3.5	5	2
질문하지 않음					
"나는 도박사다"라고 답함					
8	8	9	2	4.5	2
10	10	10	10	10	10
7.5	5	8	7	6	6
2.5	8	10	3	3	0
7	8	10	2	10	5.5
0	10	10	5	0	0
6	10	10	3	7	4
5	8	-	6.5	-	5
8	10	10	10	8	10
2	8	10	4	8	8
3	10	-	-	-	-

삶을 안정적으로 만들어줌	자유와 독립성을 부여	새로운 기회	좋은 것을 구매할 수 있게 함	자기 확신의 도구	타인에게 인정받게 함
8	10	5	2	0	4
7	6.5	7	1	9	8
7.5	10	8.5	6	9	4.5
0	10	10	2.5	0	0
10	10	7	5	-	-
8	10	8	3	5	2
10	-	-	-	-	-
8	10	4	4	5	3
6	9	10	9	8	8
4	7	9	3	4	8
10	8	3	8	3	3
9	10	5	7	4	5
2	6	6	5	3	3
8	8	6	2	4	-
10	9	4.5	8	6	8.5
10	10	7	4	10	9
10	10	5	5	7	10
8.5	10	-	-	-	-
8	10	9.5	5	3.5	3
10	10	8	6.5	8	9
3(젊을 때)	10	8	6.5	7.5	7
3	10	10	3	5	5
8	10	6	7	6	7
10	10	8	9	5	0

다음은 특정 측면을 중요하지 않은 것으로 평가(0~3점)한 응답자와 같은 측면을 중요한 것으로 평가(7~10점)한 응답자의 수다.

표 3. 각 항목을 중요하지 않음/중요함으로 평가한 수

항목	중요하지 않음	중요함
삶을 안정적으로 만들어줌	9	23
자유와 독립성을 부여	2	34
새로운 기회	1	23
좋은 것을 구매할 수 있게 함	10	13
자기확신의 도구	8	12
타인에게 인정받게 함	12	11

응답자들은 '자유와 독립성을 부여'를 가장 중요하게 평가했다. 이 항목에 7점 미만의 값을 매긴 응답자는 단 5명이었다. '삶을 안정적으로 만들어줌'에는 10점 만점을 준 응답자가 23명이나 되는 반면 '좋은 것을 구매할 수 있게 함'에 만점을 준 응답자는 단 2명이었다. '자유와 독립성을 부여'를 중요하지 않다고 평가한 2명은 그 이유를 이렇게 답했다.

8번 응답자: 이상하게 들릴 수도 있겠지만 나는 자유를 돈과 연관시키지 않는다. 나에게는 지적인 자유가 더 중요하며 이것에는 돈이 필요하지 않다.

28번 응답자: 나에게 자유와 독립은 모든 약속, 회의, 시간 압박에서 자유로워지는 것을 의미한다. 나는 항상 약속에 얽매여 있다.

그리고 이건 내가 어떻게 할 수 있는 게 아니다. 일에 대한 헌신은 내게 자유를 허락하지 않을 것이다.

각 항목을 중요하다고 평가한 응답자들과 중요하지 않다고 평가한 응답자들의 차는 표 4에 잘 드러나 있다.

표 4는 부의 엘리트들이 자유와 독립성을 중요하게 여긴다는 것을 보여준다. 인터뷰 대상자들은 70세 이상인 경우에도 정기적으로, 상당한 시간을 할애해 일했다. 돈을 벌려고 일을 할 필요가 없을 정도로 돈이 많아도 마찬가지였다.

25번 응답자는 자유와 독립에 대해 다음과 같이 대답했다.

25번 응답자: 내게는 자유와 독립이 가장 중요하다. 나는 가끔 내

표 4. 인터뷰 대상자가 각 항목을 중요하다고 평가한 수와 중요하지 않다고 평가한 수의 차

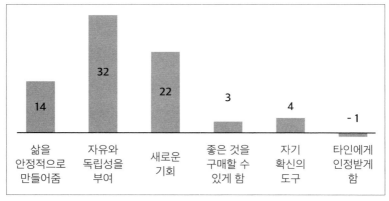

상사는 딱 둘, 주거래은행과 신이라고 농담하기도 한다.

'좋은 것을 구매할 수 있게 함'이라는 항목에 중요하지 않다고 답한 응답자는 10명이었다. 검소한 라이프스타일로 유명한 한 응답자는 이 항목에 대해 "나와는 전혀 상관없는 이야기"라고 짧게 답했다. 그에게 돈은 그저 기업가로서 특정한 업무를 수행하는 데 필요한 도구일 뿐이라고 한다. 다른 응답자는 이 항목에 대해 "나는 그런 것에 관심이 없다"며 퉁명스럽게 대답했다. 또 다른 응답자는 "나는 그러지 않는다"고 간단히 대답하며 1점을 줬다.

그러나 인터뷰 대상자 중 13명은 좋은 것을 구매하는 것을 높게 평가했다. 이들은 자동차, 집, 휴가 같은 것에 큰 가치를 뒀다. 그중 1명은 이 항목에 10점을 줬고 다른 응답자는 8점을 줬다.

36번 응답자: 내 재산이 먹고살기에 충분하다는 것에는 의심의 여지가 없다. 하지만 돈은 행복하고 아름다운 삶을 살고 여행을 할 수 있게 한다. 새로운 사람을 만난다고 치자. 나는 셀 수 없이 많은 사람들을 카프리나 베니스에 데려갔다. 돈이 없으면 할 수 없는 일이다. 돈이 많으면 내킬 때마다 어디론가 여행할 수 있다. 스위트룸에 묵는 것을 자랑할 수 있게 해줘서가 아니라 새로운 사람을 만나거나 날씨가 좋을 때 스키를 타러 훌쩍 떠날 수 있게 해주는 것, 여유롭고 근사한 삶을 살 수 있게 만들어주는 것이 중요하다.

'타인에게 인정받게 함'이라는 항목의 중요도는 비슷했다. 11명은 때때로 시기와 질투를 받기도 하지만 재산 덕에 더 인정을 받는다는 데 동의했다. 반면 12명은 타인의 인정은 어떤 영향도 끼치지 않는다고 강조하며 사회적 인정은 부와 무관하다고 답했다.

응답자 12명은 돈이 스스로 많은 일을 제대로 해냈다는 사실을 확인해준다고 답했다. 그러나 8명은 이런 측면이 어떤 역할도 하지 않는다고 말했다. 윤리적 태도와 투자자에 대한 헌신에 중점을 두는 한 응답자는 왜 돈이 올바른 일을 하고 있다는 확신의 척도가 될 수 없는지에 대해 다음과 같이 설명했다.

> **22번 응답자**: 나는 돈이면 뭐든지 다 된다는 생각을 가진 사람들을 너무도 많이 만나왔다. 그러나 돈이 많다고 해서 그들의 행동이 전부 정당한 것은 아니다. 나는 그런 것들을 믿지 않는다.

이들에게 구체적으로 돈이란 무엇일까? 모든 인터뷰 대상자에게 6가지 항목 이외에 돈의 역할에 대해 물어봤다. 이들은 주로 광범위한 측면에서 대답했다.

먼저 돈으로 다른 사람을 도울 기회를 얻을 수 있다고 답한 사람은 43번, 5번, 8번, 14번 응답자였다. 이들은 이것이 결코 부자가 되고 싶은 최초의 동기가 아니었다고 덧붙였다.

43번 응답자: 내가 중요하다고 생각하는 목적을 위해, 관심 있는 분야에서 좋은 일을 하기 위해, 후원자가 되기 위해 돈을 쓰는 것이 중요하다. 나는 사회에 무언가를 되돌려줄 수도 있고 중요한 것들을 만들어낼 수도 있다.

8번 응답자: 다른 사람을 도울 수 있는 기회. 우습게 들릴지 모르지만 마음만 있다고 어려운 사람들을 도울 수는 없다. 그러나 돈이 아주 많으면 다른 사람들을 도울 수 있다. 단순히 돈을 나눠주는 게 아니라 해결책이 있는지 찾아보는 사치를 감당할 수 있다는 뜻이다. 먹고살기 바쁜 이들은 그럴 자유가 없다.

17번 응답자는 돈이 가족과 후손을 안정적으로 살 수 있게 해준다고 답했다.

17번 응답자: 자신뿐만 아니라 가족들도 마찬가지로 안정적인 삶을 살게 된다. 상속세 논란이 나오겠지만…. 나는 재산을 물려받지 않았지만 다음 세대에게 좋은 것을 남겨주고 싶다.

하지만 모두가 이런 이타적인 부분을 이야기한 것은 아니다. 사회적으로 바람직하다고 여겨지지 않는 요소를 언급한 응답자도 몇몇 있었다. 이들은 돈이 이성에게 매력적으로 보이게 해준다고 말했다.

다른 사람의 질투를 받는 것이 즐겁다고 말한 사람도 있었다. 그는 사람들이 자신을 불쌍하게 여기기보다는 부러워하길 바란다고 답했다.

가난에 대한 두려움이 주요한 동기가 됐다고 고백한 인터뷰 대상자도 다수 있었다. 37번 응답자는 가난하게 살고 싶지 않다는 생각이 자신의 주된 원동력이라고 답했으며 42번 응답자는 노숙자로 삶을 마감하는 꿈을 꾼 뒤 그렇게 되지 않겠다는 생각에 사로잡혔다고 했다. 34번 응답자 역시 이 항목이 있었다면 만점을 줬을 거라 말했다.

> **34번 응답자:** 만약 당신이 내게 삶을 가난으로 마무리하지 않는 것이 얼마나 중요한지, 가난에 빠지지 않기 위해 노력하는 것이 얼마나 중요한지 물어봤다면 어땠을까? 나는 가난해지지 않는 게 무척이나 중요하다. 그 항목을 물어봤더라면 아마 9점이나 10점을 줬을 테다. 돈이 있다가 사라지는 걸 상상해보라. 많이 가진 사람일수록 가진 것을 전부 잃어버리는 걸 두려워하는 법이다.

23번 응답자는 돈을 합리적으로 행동하게 만드는 수단이라고 답했다. 돈은 합리적으로 행동하지 않으면 줄어들고 합리적으로 행동하면 증가한다는 것이다.

> **23번 응답자:** 돈은 극도로 다루기 까다로운 상품이다. 돈은 우리에게 책임감 있게 행동하고 현명하게 결정을 내리도록 강요한다. 내

행동은 항상 그 관념, 즉 돈을 잃지 않는다는 생각에 지배돼왔다. 돈은 사적으로나 공적으로나 의사결정에 가장 중요한 조정기관이다.

돈을 성취를 평가하는 수단으로 본 응답자들도 있었다. 4번 응답자는 돈을 성공을 측정하는 수단으로 생각한다. 그는 바이올린을 정말 좋아했지만 이걸로는 세계적인 위치에 오를 수 없다는 것을 깨닫고 바이올린을 그만뒀다. 스포츠에서처럼 무언가에서 1등이 되는 것이 그에게는 중요한 목표였고 그 성과의 지표이자 도전가능성을 보여주는 것이 돈이었다. 12번 응답자의 경우 돈을 인생의 원동력으로 묘사했다.

12번 응답자: 내게 돈의 가치는 명백하다. 사람들은 돈에 대해 계속 이야기하지만 그에 맞춰서 살지 않는다. 일단 그걸 깨달으면 돈은 인생을 마음껏 살 수 있는 원동력이 된다. 우리 세계에서는 돈이 원동력이다.

6가지 항목 중 어떤 것에도 동의하지 않는다고 말한 인터뷰 대상자도 있었다. 그는 내게 모든 항목을 소리 내어 읽어보라고 한 뒤 자신은 도박꾼이라고 말했다.

익명의 응답자: 나는 도박꾼이다. 한 카드에 돈을 걸고 반드시 이기

기 위해 싸운다. 누군가 나에게 "카지노나 갈까?"라고 물으면 나는 늘 "아니, 별로 가고 싶지 않아"라고 대답한다. 내 인생 자체가 도박이다. 나는 내기에 참여했고 결말이 어떻게 날지 결코 알 수 없지만 그것을 위해 싸운다.

목표를 시각화했는가

그럼 부의 엘리트들은 목표를 이루기 위한 계획을 어떻게 세울까? 5번 응답자는 30년간 1월마다 자신의 목표를 아주 구체적인 용어로 정리해 적어왔다고 한다. 그는 1주간 단식휴가를 가서 목표를 숙고하고 기록하고 시각화한다.

12번 응답자는 인터뷰 대상자 중 가장 나이가 적은데 과거 30세 안에 경제적으로 독립한다는 목표를 세웠다고 한다. 이후에는 1억 유로를 꼭 갖겠다는 목표를 세우고 책상에서 볼 수 있는 곳(사무실 문위)에 그 숫자를 아주 크게 써서 붙였다. 그는 목표를 도달하고 끝나는 것이 아니라 계속해서 성취해가는 중간과정이라고 생각하며 구체적인 목표를 시각화하는 것이 매우 중요하다고 말했다. 그는 엑셀 프로그램에 목표를 적고 얼마나 달성했는지 늘 검토해 업데이트한다.

12번 응답자: 큰 것, 작은 것, 중간 크기의 목표를 항상 시각화한다. 나는 시각화의 대가다. 나는 머릿속에서 목표를 완전히 소화해서 눈앞에 실제로 나타나게 만든다.

여기 엑셀 스프레드시트가 있다. 다른 사람에게도 모두 보여줄 수 있다. 모든 것이 목록으로 작성됐다. 다른 버전도 있다. 이 목록은 내게 꼭 필요하다. 컴퓨터 엑셀 프로그램으로 만든 표다. 그 위에 다른 목록도 있다. 모든 것을 기록하고 시각화하며 아주 작은 목표까지 세부적으로 작성한다. 나는 목표를 설정하자마자 적어두는 편이다. 올해의 목표, 이번 달의 목표, 내 인생의 전반적인 목표까지 모든 것을 기록한다.

19번 응답자도 시각화를 강조했다. 그는 백만장자가 되겠다는 목표를 스스로 정했지만 이것을 굳이 글로 적지는 않았다. 하지만 첫 번째 목표에 도달한 뒤 후속 목표를 종이에 적기 시작했다. 그는 이를 의식화하기 위해 풍수전문가에게 의뢰해 집에 '부자 코너'를 만들었으며 매일 재정적 목표를 달성하기 위해 기도했다.

19번 응답자: 일단 처음 목표를 달성하고 나서 40세에 1,000만 마르크(약 65억 원)가 있었으면 좋겠다고 종이에 적었다. 그리고 나는 목표에 도달했다.

진행자: 정말 흥미롭다. 목표를 수첩에 적었는가, 벽에 붙였는가?

19번 응답자: 풍수전문가에게 집을 다시 설계해달라고 부탁했다. 솔직히 정말 많은 도움을 받았다. 풍수지리를 접하고 일이 갑자기 잘 풀리기 시작했다. 물론 자기만족일 수도 있겠지만 조금도 개의치 않는다. 결과가 중요한 거니까. 풍수전문가는 부자 코너를 만들어줬는데 그 코너에는 뒷면에 목표를 직접 손으로 적은 사진이 걸려 있었다. 거기에서 매일 1~2분씩 기도했다. 그리고 나는 정확히 그 목표를 성취했다.

29번 응답자는 왜 어떤 사람들은 성공하고 다른 사람들은 실패하는가에 항상 매료됐다. 그래서 힐의 《열망을 생각하라》나 조셉 머피 **Joseph Murphy**의 《잠재의식의 힘》과 같은 자기계발서를 읽고 17세에 목표를 정해 실천했다. 그는 정기적으로 인생의 목표를 정하고 그 목표를 이미지로 생각해서 상기한다. 고급차를 사겠다는 목표를 정하면 카탈로그에서 차 사진을 잘라내 매일 봤다. 그 목표를 달성한 뒤에는 집을 사기로 다짐했고 그 뒤에는 백만장자가 되겠다는 목표를 세웠다.

목표를 문서화해 실현하는 것은 재정적인 영역에 국한되지 않는다. 의학기술 분야에서 매우 성공한 32번 응답자는 16세 때부터 인생의 목표를 기록하기 시작했다. 그는 날짜 2개를 돌에 새겨 미래의 아내에게 줬다. 그리고 정확히 5년 후 바로 그 날짜에 약혼하고 결혼했다. 그는 그런 식으로 30대 중반까지 향후 20년의 모든 목표를 꾸준히 적었다. 그러나 나중에는 더 이상 그렇게 할 필요가 없었다. 이미 그 목표가 의식에 깊이 새겨졌기 때문이다.

32번 응답자: 나는 내 인생과 인생의 모든 목표를 전부 계획했다. 스스로 70세까지 어디에 있고 싶은지 물어봤다. 그 후 7년 단위로 계획을 세분화했다. 심지어 해마다 모든 계획을 세웠다. 특히 매일의 계획에 매우 집중했다. 매일의 목표를 세우고 스스로 만족하는지 물었다.

일이 잘 안 풀린다고 말하는 사람들이 간혹 있다. 그건 스스로 성취한 것이 무엇인지 모르거나 기대보다 잘하고 있을 때와 못하고 있을 때에 대한 감각이 없기 때문이기도 하다. 매일 저녁 눈으로 볼 수 있는 목표를 세운다면 자신이 성취한 것에 대한 긍정적인 감각을 갖게 될 것이다. '목표를 달성했다'고 말할 수 있게 되고 그것이 다음 목표를 위한 힘을 줄 것이다. 그러기 위해 나는 꼼꼼하게 시간을 계획했다.

IT 사업으로 부자가 된 33번 응답자는 구체적이고 광범위한 목표를 적었다. 1990년, 휴가 중 인생 계획을 써본 것으로 시작해 수시로 7개년 계획과 연간 계획도 작성한다. 이 계획은 집 짓기 같은 사적인 것부터 누구나 이루고 싶어 하는 소망, 회사의 목표수익, 고객수, 직원수 등 다양한 것들이 포함돼 있다. 이런 방식은 인터뷰 대상자 다수가 실천하는 방식이기도 하다.

아주 어릴 때부터 목표를 적었던 응답자들과는 달리 36번 응답자나 37번, 14번, 26번, 6번 응답자처럼 35~40세에 처음 목표를 작성한 인터뷰 대상자들도 있다. 36번 응답자는 처음부터 목표를 종이에 직접 적지는 않았지만 어렸을 때부터 원하는 인생의 이미지가 머릿속에 뚜렷했고 20세 때부터 "부자가 되고 싶다"고 말하고 다녔다고 한다. 35세가 넘어서는 삶의 모든 분야에 목표를 설정해 그것을 손으로 쓰기 시작했다.

식품회사를 운영하는 37번 응답자는 43세에 향후 30년간의 체계적인 목표와 계획을 작성했다. 그가 세운 목표 중 하나는 재산이 매년 최소 10%씩 늘어나야 한다는 것이었다. 그의 목표는 순전히 재정적인 영역에만 국한되는 것은 아니며 자신의 다양한 목표를 현실에서 얼마나 달성했는지 끊임없이 대조한다. 나아가 3~4개월에 1번씩 200개의 질문지를 만들어 목표를 체크하고 계획을 조금씩 조정한다. 이 질문은 삶에 대한 태도, 가족을 위해 이루고 싶은 것, 자신을 집중하게 하는 것 등에 대한 내용이며 반나절 정도를 할애해 답한다.

진행자: 얼마나 자주 질문을 검토하나?

37번 응답자: 3~4개월에 1번씩.

진행자: 모든 질문에 답하는 데 얼마나 걸리나?

37번 응답자: 반나절 정도. 모든 질문에 일일이 답하지는 않는다. 주로 돈과 자산 부분 관련 질문들을 훑어본다. 그것만으로도 많은 것을 재확인한다. 우리 가족, 친구와 관련된 질문도 있다. 각 분야에는 '가까운 장래에 인연을 끊을 사람이 있는가?', '누가 제일 보고 싶은가?'와 같은 질문들이 있다. 이렇게 난 스스로를 위해 모든 것을 구성하려고 노력한다.

70세가 넘은 한 응답자는 대략 15~20년 전부터 목표를 적기 시작했다는 사실을 강조했다. 이렇게 매년 새해 전날 삶의 모든 영역을 포괄한 목표를 적고 기존의 목표를 달성했는지 확인한다.

진행자: 어떻게 목표를 적어보겠다는 생각을 하게 됐는가?

14번 응답자: 어디서 들었는데 잘 모르겠다. 직원들에게도 같은 일을 시킨다. 목표수익을 포함해 다양한 목표를 설정해준다.

진행자: 그 목표들을 정량화해서 숫자로 명시하는가?

14번 응답자: 그게 바로 내가 하는 일이다.

진행자: 그게 당신이 성취한 것을 측정하는 유일한 방법인가?

14번 응답자: 그렇다. 이렇게 하지 않으면 목표를 제대로 측정할 수 없을뿐더러 차라리 목표를 세우지 않는 편이 낫다.

진행자: 1년에 1번 목표를 적어두고 종종 꺼내서 보는가 아니면 그 내용을 항상 염두에 두고 있는가?

14번 응답자: 스스로 목표를 상기하기 위해서라도 다시 봐야 한다. 아마 1년에 1~2번 정도는 다시 꺼내본다. 하지만 그 이상은 아니다. 새로운 목표를 세울 때는 꼭 내가 혹시 성취하지 못한 것이 있나는지 살펴본다.

역시 70세가 넘은 26번 응답자는 40대 중반에 처음으로 재무 목표를 작성했다. 그는 모든 목표가 문서화돼야 한다고 주장했다. 그는 허리케인이 왔던 해 '은행에 현금 2,000만 마르크(약 130억 원)가 있어야 독립할 수 있다'는 목표를 세운 뒤로 분기 목표, 연간 목표, 3개년 목표 등 다양한 시기별, 분야별 목표를 종이에 적었다. 26번 응답자는 목표를 적지 않으면 모호해진다고 덧붙였다.

6번 응답자는 평생 목표를 정했지만 실제로 그 목표를 종이에 적은 것은 30대 초중반이었다고 대답했다. 그는 사업가로서 더 체계적으로 일할 필요성을 느끼고 부동산 포트폴리오와 같은 목표수익을 작성했다.

인터뷰 대상자들이 목표를 작성하는 이유는 스스로 목표를 향해 올바른 길을 가고 있는지 점검해보기 위해서다. 20번 응답자도 그렇다.

20번 응답자: 매년 1월 나 자신에게 내가 원하는 게 무엇인지 묻는다. 11월이나 12월부터 내가 옳은 일을 하고 있는지 돌아보며 목표를 되새긴다. 그리고 1월이 되면 그것을 모두 적어놓는다.
진행자: 목표를 세우는 것뿐만 아니라 내가 올바른 길을 가고 있는지 점검할 수도 있겠다.
20번 응답자: 그렇다. 나는 항상 나와 싸우고 있다고 믿는다. 마음

속에서 스스로 이렇게 묻는다. '나는 직원 120명을 원하는가 아니면 단지 60명만 원하는가. 아니, 회사를 아예 멋지게 바꿔버리자.' 내가 무엇을 하고 있는지, 좋은 일을 성취했는지 자문해야 한다.

진행자: 당신은 가치를 설정하는가, 수치를 설정하는가?

20번 응답자: 수치다. 우리 회사 직원들은 모두 부서별로 목표매출, 목표수익, 채용해야 하는 인재상 등 내가 정한 목표를 알고 있다.

물론 모든 부자들이 위에서 언급한 것만큼 광범위하고 체계적인 목표를 작성하는 것은 아니다. 부동산사업가인 50대 중반의 34번 응답자는 40세까지 백만장자, 50세까지 천만장자, 60세까지 억만장자가 되기로 다짐했다.

13번 응답자는 재정적 목표를 설정했지만 그것을 구체적인 금액으로 명시하지는 않았다. 그는 금리가 3%라는 가정하에 '이자만으로 풍족하게 산다'는 목표를 정하고 그때그때 금액을 조정한다.

4번 응답자는 아주 높은 목표를 정했다. 실제로 그 목표를 이루는 것이 가능한가를 따지기보다는 무한대의 재물을 얻겠다는 높은 포부를 상징적으로 보여준 것이다. 그는 섹스틸리언sextillion(10의 36제곱-옮긴이)이라는 단어에 매료돼 그만큼을 벌겠다고 다짐하고 그 목표를 매일 시간 단위로 되새겼다.

재정적인 목표를 세운 적이 없는 부의 엘리트

　미래를 아주 상세하게 계획해 리스트를 작성했다고 응답한 인터뷰 대상자들은 그것이 정말 중요한 습관이고 부를 쌓는 데 도움이 됐다고 이야기했다. 대조적으로 지금껏 재정적 목표를 세운 적이 없다고 답한 응답자들도 있었다. 예를 들어 7번 응답자는 백만장자가 되겠다는 목표를 세운 적은 없지만 독립을 목표로 삼았다.

　독일에서 부자로 손꼽히는 15번 응답자는 목표, 계획, 전략과 관련된 모든 것에 회의적이었다.

　진행자: '나는 훨씬 더 커다란 것을 갖고 싶다'는 비전이 있었는가? 아니면 특정한 목표를 정하지 않았는가?

　15번 응답자: 나는 결코 그런 목표를 가진 적이 없다고 100% 확신한다.

　진행자: 그럼 그저 우연히 부자가 됐는가?

　15번 응답자: 우연히 그렇게 됐다. 요즘엔 모두들 새해에 더 많은 새로운 계획을 세우고 매년 전략에 대해 이야기한다. 나는 전략이 없었다. 나는 항상 상황을 3가지로 평가한다. 좋은 전략, 나쁜 전략, 아무것도 없는 것. 나쁜 전략은 재앙이다. 파산하니까. 좋은 전략은 물론 이상적인 것이다. 농담으로 하는 소리지만 일이 지나가고 나서야 어떤 전략이 좋은 전략이었는지를 알 수 있다.

35번 응답자도 비슷한 대답을 했다. 그는 목표를 세우는 것에 부정적이며 목표를 세울 때마다 삶은 항상 다르게 결론이 난다고 답했다. 심지어 목표를 세우는 것이 "막다른 골목으로 이끌 수 있다"고 우려했다. 이런 유형의 부의 엘리트들은 재정적 목표를 구체적으로 세운 적이 없을 뿐만 아니라 돈이 행동의 원동력은 결코 아니라고 강조했다. 17번 응답자는 돈이 아닌 자유를 갖고 싶다는 생각으로 사업을 시작했다. 18번 응답자 역시 구체적으로 얼마를 벌겠다는 생각을 살면서 단 한 번도 한 적이 없다고 답했다.

하지만 재정적인 목표가 있지는 않았지만 개인적인 목표는 있었던 응답자들은 종종 있었다. 24번 응답자의 경우 재정적, 사업적 목표를 세운 적은 없지만 '내년에 이런저런 일을 하겠다'는 개인적인 목표는 세웠다. 44번 응답자는 금융업계에서 기업가와 투자자로 성공을 거뒀지만 그가 세운 목표는 돈이 아닌 다른 사람보다 더 인정받고 싶다는 것이었다. 심지어 이를 위해 수익을 희생할 수도 있다고 밝혔다.

44번 응답자: 나는 스스로 어떤 금전적 목표도 세우지 않았다. 물론 처음 시작할 때는 더 큰 아파트를 임대하거나 더 큰 차를 사겠다는 목표를 세웠다. 중요한 목표였지만 결코 구체적으로 얼마를 벌겠다는 목표를 정하지는 않았다. 나는 항상 옆 사무실에 있는 사람보다 더 월등하고 싶었다. 도시와 시골의 모든 사람들보다 더 잘하고 싶었다. 더 나아지고 싶었다. 내게 돈보다 훨씬 더 중요한 것은 성공 그 자체였다. 만약 '더 높은 판매기록을 세워 실적 상위에 올라도 커미션을 줄 수는 없다'고 했어도 나는 여전히 열심히 일했을 것이다.

부의 엘리트는 돈만 바라보지 않는다

인터뷰 대상자들은 돈, 즉 상당한 재산을 소유하는 것을 삶의 다양한 이점과 연관시켰다. 인터뷰에서 일반적으로 돈의 이점으로 여기는 6가지 항목을 0~10점으로 점수를 매겨달라고 요청했다. 응답자들의 반응은 다양했지만 비싼 차나 좋은 집을 사는 것이 중요하다고 답한 사람은 13명뿐이었다. 10명은 그것이 아무런 역할도 하지 않는다고 답했으며 나머지 응답자들은 그것이 그리 중요하지도 않고 쓸모없지도 않다고 평가했다. 삶의 안정성을 준다는 측면역시 절반은 중요하다고 평가했지만 9명은 전혀 중요하지 않다고 답했다.

거의 모든 응답자들이 중요하다고 평가한 항목은 자유와 독립성을 부여한다는 것, 단 하나뿐이었다. 7~10점의 높은 점수를 주지 않은 응답자는 5명뿐이었고 만점을 준 응답자는 23명에 달했다. 두 번째 순위는 새로운 것에 도전하거나 투자할 수 있는 기회였다. 이 항목을 매우 중요하다고 평가한 사람은 23명이었으며 별로 중요하지 않다고 답한 사람은 1명이었다.

돈을 어떻게 생각하는지에 대한 부의 엘리트들의 대답이 솔직하다고 보기 어려울 수는 있다. 앞서 말했듯이 사회적으로 바람직하다고 여겨지는 대답을 하거나 바람직하지 않다고 여겨지는 대답을 하지 않았을 수도 있기 때문이다. 일부 응답자들이 돈이 여성과 만날 기회를 높인다고 답했고 다른 사람이 자신의 부를 부러워하는 것을 즐긴다고 고백한 사람도 있었다. 3명은 가난에 대한 두려움을 원동력으로 삼았다. 반면 비록 처음부터 그렇게 생각하지 않았을지라도 현재는 다른 사람들을 돕거나 후원하는 것이 중요한 목표라고 답한 사람도 있었다.

인터뷰에서 응답자들은 목표를 문서화하는 것의 중요성을 강조했다. 놀라울 정도로 많은 수의 인터뷰 참가자들이 1년에 1번 상세한 목표를 설정한다고 대답했다. 그들은 시간을 들여 내년의 이정표를 정리하고 전년에 달성한 것을 평가했다. 이런 검토를 매월, 심지어 매일 규칙적으로 수행하는 사람도 많았다.

이들은 구체적으로 적을 수 있는 목표만이 검증 가능하다고 봤으며 월간 계획, 5개년 계획, 7개년 계획, 인생 전체까지 광범위한 계획을 세우고 이것을 엑셀 문서로 저장하거나 종이에 작성해 폴더에 보관한다. 또는 풍수전문가의 자문을 받아 집 안에 부자 코너를 만들어 기도하거나 사무실 문 위에 써 붙이거나 손수 만든 질문지에 답하거나 새해가 되면 일주일간 금식을 하는 등 다양한 방법으로 목표를 의식화했다.

　이런 목표 설정 과정은 재정적 목표에 국한되는 것은 아니다. 목표의 중요성을 강조한 인터뷰 대상자들은 몸무게, 미래의 결혼 날짜, 자신이 원하는 여자친구의 모습 등 인생에서 다양한 분야의 목표를 세웠다. "목표를 가능한 한 정확하게 정의하면 현실에서 본능적으로 목표를 달성할 수 있는 기회를 갖게 될 것이다"라고 말한 한 응답자는 일찍이 재정적 목표를 세우지 않은 것을 후회하기도 했다.

　수많은 연구가 확인한 것처럼 도전적이고 구체적으로 형성된 목표가 모호하고 추상적인 목표보다 더 나은 결과를 가져온다. 하지만 이 책의 인터뷰에서 모든 응답자들이 이런 목표 설정 기술을 사용한 것은 아니다. 예컨대 많은 인터뷰 대상자들이 회사의 목표수익은 세웠지만 개인적인 재정적 목표는 세우지 않았다고 이야기했다. 목표를 세우는 행동 자체가 말이 되는 일인지에 의문을 제기한 응답자들도 있었다.

　따라서 시중의 많은 자기계발서들이 이야기하는 것처럼 구체적이고 수량화할 수 있는 재정적 목표를 세워서 시각화해야 부를 달성할 수 있다는 주장은 검증할 수 없었다. 이 방법이 부자가 되는 하나의 길은 될 수 있지만 결코 유일한 길은 아니다. 《열망을 생각하라》에서 "성공한 사람들은 모든 목표를 문서화했다"는 힐의 주장은 검증이 불가능하다.

　하지만 부의 엘리트의 삶이 대부분 계획되지 않았고 이들의 성공이 우연의 결과라는 주장에는 여전히 회의적이다. 앞서 살펴봤듯이 우연의 일치로 성공했다는 응답자의 경우 무의식적으로 질투를 방어하기 위해 그렇게 대답했거나 사회적으로 바람직해 보이는 답변을 했을 가능성이 있기 때문이다.

제6장

부의 엘리트가 되는 데 필요한 자질은 무엇인가

기업가의 필수조건, 영업력

베르너 좀바르트는 기업가의 특징으로 영업력, 즉 판매 기술을 가장 먼저 꼽은 인물이다. 그는 "기업가는 다른 기업가와 타협하고 자신의 사례를 최대한 활용하고 자신의 약점을 보여줘서 제안을 수락받아야 한다. 협상은 지식의 스파링이다"[1]라고 했다. 어떤 분야, 어떤 상황에 놓인 기업가든 상관없이 이 같은 기술은 중요하다. 본질적으로 기업가는 상대에게 계약서에 서명하는 것의 장점을 확신시킬 수 있어야 한다.[2] 또한 이를 위해 어떤 수단과 방법을 사용해서든 관심과 구매욕을 불러일으키고 신뢰를 쌓아야 한다.[3]

토머스 J. 스탠리는 그가 조사한 백만장자 중 47%가 그들의 영업력, 즉 그들의 아이디어와 제품을 판매할 수 있는 능력을 성공의 핵심요소로 평가한다고 밝혔다.⁴ 영업력은 이 책의 인터뷰에서 대다수 응답자들이 공유하는 특성이기도 하다. 인터뷰 대상자에게 그들이 좋은 영업사원인지 물어보고 만약 그렇다면 이런 기술이 재정적 성공에 어느 정도 기여했는지 물어봤다. 또한 그들을 훌륭한 영업사원으로 만든 가장 핵심적인 기술과 전략은 무엇인지도 확인해봤다.

제4장에서 살펴봤듯이 많은 부의 엘리트들이 젊은 시절 제품이나 서비스를 판매해 돈을 벌었다. 인터뷰 대상자 3명 중 2명은 영업력이 성공에 중요한 영향을 끼쳤다고 답했으며 3명 중 1명 이상이 영업력이 성공요인의 70~100%를 차지한다고 답했다.

인터뷰 대상자의 영업력에 대한 답변

- 나는 언제나 세일즈맨이었고 지금도 여전히 영업을 하고 있다.
- 영업력이 성공에 매우 중요한 역할을 했다.
- 성공의 80%는 영업력에서 비롯된다.
- 성공의 70%는 영업력에서 비롯된다.
- 매우 어릴 때부터 항상 무언가를 파는 일에 매료됐고 영업력은 성공의 결정적 요인 중 하나다.
- 22세 때 이미 독일에서 가장 성공적인 세일즈맨이었다.
- 영업에 재능이 없으면 성공할 수 없다.
- 영업은 마법이며 성공의 80%는 영업력에 달려 있다.

- 성공의 50%는 영업력 덕분이며 나는 항상 좋은 세일즈맨이었다.
- 나는 죽을 때까지 세일즈맨이다.
- 성공은 100% 영업력 덕분이다.
- 영업력의 힘을 높게 평가하며 영업력이 성공의 40%를 책임졌다.
- 성공의 70%는 확실히 영업력에 달려 있다.
- 성공에 있어 영업력의 중요성은 10점 만점에 10점이다.
- 성공의 80~90%는 영업력의 직접적 결과다.
- 모든 것이 판매다.
- 우리가 뭘 하든, 우리는 항상 무언가를 팔고 있다.
- 나는 뛰어난 셀프 마케터다.
- 나는 좋은 영업사원이 아니었다.
- 성공의 98%는 영업력 덕분이다.
- 영업력은 성공하는 데 매우 중요한 요소다.
- 나는 전형적인 세일즈맨이 아니지만 영업력이 아주 뛰어나다.

우리는 항상 무언가를 팔고 있다

사람들은 영업사원이라는 단어를 부정적으로 바라본다. 하지만 놀랍게도 인터뷰 대상자 대다수는 그렇게 생각하지 않았다. 부의 엘리트들은 영업사원에 대해 긍정적인 시각을 갖고 있으며 이들의 역할을 광범위하게 정의한다. 26번 응답자는 영업력이 그의 성공비결의 절반을 차지한다고 말하면서 그중에서도 특히 프레젠테이션 능력을 강조했다.

26번 응답자: 발표가 적성에 맞지 않는다면 집에 있는 게 낫다. 프레젠테이션 능력은 통찰력을 의미한다. 요즘엔 착한 것만으로 충분치 않다. 뭘 하든 팔 수 있어야 한다. 그리고 나는 언제나 판매에 능했다.

인터뷰 대상자들이 몸담은 분야는 제각각이었지만 영업력의 중요성을 높게 평가하는 것은 비슷했다. 연구사업으로 성공한 인터뷰 대상자는 "판매에 대한 재능 없이는 성공할 수 없다"고 말했으며 식품업계에서 부자가 된 인터뷰 대상자 역시 성공의 근간을 묻는 질문에 "성공의 80%가 영업력 덕분이다"라고 답했다. 궁극적으로 모든 것은 판매에 달려 있으며 자신의 아이디어와 비전을 팔아야 한다는 것이다.

14번 응답자: 나는 파는 것을 좋아한다. 나는 항상 내가 무언가를 잘 판매한다고 생각했다. 내가 좋은 판매원이란 뜻이다. 나는 상점에서 일하면서 세일즈 요령을 터득했다.
영업력은 확실히 아주 중요한 요소다. 내 성공에서 영업력의 기여도는 아마 80%정도 될 것이다. 내 아이디어를 팔 수 있어야 성공하기 때문이다. 나는 사업을 하면서 항상 사람들에게 내 비전과 생각을 설명하고 깊은 인상을 주고 그들을 설득해 많은 것을 만들어내야만 했다.

투자자이자 법인 고문 출신의 17번 응답자는 자신을 세일즈맨으로 묘사했다. 그는 자신의 성공이 세무와 감사에 대한 전문지식 때문이 아니라 인맥을 구축할 수 있는 능력의 산물이라고 생각한다. 의료기술 분야에서 성공한 32번 응답자는 모든 성공은 판매로 귀결된다고 강조했다. 그는 성공의 80%를 영업력에 돌렸다.

32번 응답자: 모든 것은 판매다. 나는 심지어 16세 때 수사학 수업을 들었다. 영업이 나의 강점이었다. 아이디어와 제품, 모든 것을 팔아야 한다. 파트너와 고객을 올바르게 평가하고 그들을 설득할 수 있어야 한다.

진행자: 만약 영업력이 기업가로 성공하는 데 기여한 정도를 점수로 매기자면 몇 점을 주겠는가?

32번 응답자: 상당히 높은 점수를 줄 것이다. 아마 한 80% 정도. 모든 아이디어와 협상의 성공은 결국 판매로 귀결되는 법이다. 사람을 설득하는 것이 영업이다. 대부분의 협상은 아이디어를 파는 싸움이다. 그래서 협상을 할 때마다 다른 사람들에게 무언가를 설득할 수 있어야 한다. 10명이 앉아 있으면 10명 모두를 납득시켜야 한다. 그것은 영업력만이 할 수 있는 일이다.

부동산 개발업자는 토지를 구매해 정부기관과 은행을 설득하고 민간 구매자나 기관 투자자들에게 판매해야 한다. 매우 성공적인 부동산 개발업자인 34번 응답자는 "무엇을 하든 우리는 항상 무언가를 팔고 있다"고 말했다.

> **진행자**: 당신의 영업력이 기업가로서의 성공에 얼마나 기여했다고 말하겠는가? 그리고 얼마나 어린 나이에 판매를 시작했는가?
>
> **34번 응답자**: 최소 80%. 무엇을 하든 우리는 항상 무언가를 영업하고 있다. 대출을 준비할 때는 좋은 사업 계획으로 회사를 영업해야 하고 땅을 살 때는 파트너로 회사를 영업해야 하고 누군가를 고용할 때는 직장으로 회사를 영업해야 한다. 어떤 형태로든 모든 것이 판매다. 이는 항상 상대방에게 내 제안이 옳다는 것을 분명히 하는 것을 포함한다. 다른 방법은 없다. 나는 어떤 멍청이가 내가 원하는 방식으로 허락을 하도록 설득해야 한다.

식품회사 8개를 소유한 37번 응답자도 자신을 '셀프 마케터'로 평가한다. 그는 자신의 성공에 영업력이 50% 영향을 미쳤다고 이야기하며 영업은 물건뿐만 아니라 회사, 해결책, 나 자신을 판매할 수 있도록 다른 사람들을 설득하고 그들에게 진심을 전달하는 일이라고 말했다. 투자은행과 부동산 부문에서 성공을 거둔 42번 응답자 역시 항상 다른 사람들이 자신의 생각을 받아들일 수 있도록 자신을 팔고 있다고 지적하며 영업력의 중요성을 강조했다.

이처럼 부의 엘리트들은 부정적인 고정관념이 담긴 영업사원이 아니다. 이들이 큰 성공을 거둔 이유는 고객들에게 일방적으로 지루한 문장을 늘어놓는 평범한 영업사원이 아니었기 때문이다. 이들은 판매 자체를 즐겼다. 학창시절부터 금융상품을 판매해 큰 성공을 누렸던 한 응답자는 "22세에 이미 독일에서 가장 성공한 세일즈맨이었다"고 자신을 소개했다. 그의 성공비결은 자신이 판매하는 상품에 대한 뛰어난 지식, 이성적인 접근, 절대적인 확신의 조합이다. 그는 어렸을 적 가정교사에게 배운 교훈을 영업 노하우로 꼽았다. 바로 사물을 간단히 설명하는 법과 합리적인 대화를 나누는 것이었다.

부동산업계에서 성공한 45번 응답자는 처음에는 자신이 영업의 귀재가 아니라고 했지만 이후 정정했다. 그는 스스로 사람들이 생각하는 전형적인 영업사원이 아니라고 덧붙였다.

> **진행자**: 다른 사람들이 당신을 좋은 영업사원이라고 하는가?
> **45번 응답자**: 굉장히 흥미로운 질문이다. 나는 사람들이 생각하는 전형적인 영업사원은 아니다. 사람들은 내가 항상 요점을 잘 설명한다고 말한다.
> **진행자**: 그렇다면 당신은 왜 본인을 좋은 영업사원이라고 생각하

지 않는가?

45번 응답자: 일반적으로 생각하는 좋은 영업사원의 자질을 가진 것은 아니기 때문이다. 예를 들어 다른 사람들을 유혹할 수 있는 자질이 그것이다. 영업전문가는 나를 보고 '맙소사, 배워야 할 것이 많다'고 할지도 모른다. 하지만 사람들은 계속 나를 찾아온다. 나와 마주 보고 앉은 사람은 누구든 나를 믿으며 내 물건을 구매한다.

진행자: 일반적으로 좋다고 여겨지는 영업사원이 실제로 뛰어난 영업사원이 아니기 때문은 아닐까? 최고의 영업사원은 다른 사람들이 그를 영업사원으로도 인식하지 못한다는 가설이 있다.

45번 응답자: 정말 좋은 가설이다. 내게는 사람들이 말하는 전형적인 영업사원의 특성이 없다. 그러나 한편으로 나는 판매에 능하다고 믿는다. 사람들이 내 물건을 사주리라는 기대 없이 대화를 시작하기 때문이다. 결과는 별로 중요하지 않다. 그게 가장 중요한 대목이다. 나와 대화하면 고객은 내 의견과 함께 내게서 얻을 수 있는 모든 정보를 얻는다. 그리고 내가 판매를 하든 안 하든 무덤덤하다는 점을 감지할 것이다. 물론 언제나 목표를 염두에 둬야 한다. 그러나 미팅을 시작하면서 '무언가를 팔아야겠다'는 목표를 삼으면 고객은 그것을 금방 알아차린다. 특히 교양 있고 교육받은 사람이라면 1마일 멀리서부터 그 냄새를 맡을 것이다.

거절이 긍정으로 바뀌는 순간

베르너 좀바르트는 영업을 지식의 스파링으로 묘사했다. 세일즈는 '예'를 이끌어내야 하는 영업사원이 '아니요'에 직면했을 때 시작된다. 부동산 분야의 전문가인 4번 응답자는 한발 더 나아가 영업에서 '아니요'는 판매의 시작일 뿐만 아니라 '일단 설명해봐'라는 일종의 요청사항으로 이해해야 한다고 말했다. 혹은 '나는 당신과 더 강한 유대관계를 맺고 싶다'라는 뜻일 수도 있다고 덧붙였다. 그는 고객의 반대의견을 미리 예측해서 그것을 고객보다 먼저 언급해 우려를 차단하는 것이 영업에 효과적이라고 조언했다.

4번 응답자: 무언가를 제안하기 전에 상대의 반대의견에 미리 대처해야 한다. 하지만 결코 이성적인 차원에서 대처해서는 안 된다. 예를 들어보자. 부동산 개발지 근처에 사창가가 있다. 당연히 고객의 80%는 그 이유로 매입을 거절할 것이다. 처음부터 고객과 이 부분에 대해 논의를 시작하며 자연스럽게 사창가 이야기를 하거나 까다로운 입지조건이나 개발방식을 논할 수는 없다. 그러니 순전히 개인적인 차원에서 시작해야 한다. '당신의 삶에서 짜증 나게 하는 것이 있습니까? 차라리 없애버리고 싶은 것이 있습니까? 그러나 결국 받아들이고 살지는 않습니까? 살면서 퍽 유쾌하지 않지만 어떤 사람이나 상황 자체를 받아들인 경험이 있습니까?'라고 묻는 것이다.

진행자: 살면서 타협을 보는 것들에 대해 말인가?

4번 응답자: 그렇다. 내가 먼저 이렇게 풀어내는 것만으로도 자연스럽게 그 문제에 대한 깊은 대화를 나눌 수 있다. 나중에는 이렇게 내 관점에서 설명도 할 수 있다. "우리 삶에는 짜증 나는 일이 항상 있습니다. 저만 해도 그렇습니다. 하지만 보십시오. 분명 바뀔 겁니다. 향후 5년의 임대계약을 모두 분석했습니다. 일단 임대차 계약이 끝나면 그 사람들은 분명 나갈 겁니다." 일단 문제에 직면하고 받아들이고 바꾸는 것이다. 간단하지 않은가?

인터뷰 대상자들은 거절을 긍정으로 바꾸는 순간의 특별한 성취감을 종종 언급했다. 5번 응답자는 이것을 지금껏 본인이 성취한 것 중 가장 멋진 일이라고 설명했다. 16번 응답자는 이를 "교묘한 조종"이라고 묘사하며 기업가는 사람들이 받아들일 환상을 결정하기만 하면 된다고 이야기했다. 29번 응답자의 답변은 이 같은 순간의 가장 적절한 예다.

29번 응답자: 성공하고 싶다면 거절과 이견을 받아들일 준비가 돼 있어야 한다. 어느 순간 '아니요'가 단순히 거절이 아니라는 것을 깨닫는 순간 일이 흥미로워진다. 거절을 들으면 스스로에게 '내가 뭘 잘못했나' 아니면 '이 구매자가 제대로 이해하지 못한 것이 무엇인가'라고 자문해야 한다.

진행자: 특정한 예를 생각해볼 수 있는가?

29번 응답자: 물론이다. 2가지 사례가 있다. 내가 막 토지개발 일을 시작했을 때의 일이었다. 구매자와 모든 것을 잘 정리하고 있었는데 어느 날 사무실에 그가 찾아왔다. 나는 그 사실을 몰랐고 그는 5분 정도 나를 기다렸다. 그러다가 기다리는 게 너무 짜증 난다며 매입을 취소하겠다는 말만 남기고 떠났다. 바로 전화를 했지만 "아니요, 나를 그렇게 기다리게 하다니. 거래는 끝났소"라고 답했다. 한 번만 기회를 달라고 했지만 매몰차게 거절했다. 그래서 그날 저녁에 그를 직접 찾아가 "당신이 생각하기에 가장 큰 문제가 무엇이었습니까?"라고 물었더니 "누군가를 기다리게 한 것을 용납할 수 없다"고 했다. 그 사람을 정중하게 대하지 않았다는 느낌을 준 것이다. 그래서 그의 마음에 공감하며 그를 계속 설득했고 30분간 드라이브를 하며 대화를 긍정적으로 풀어나갔다. 결국 그는 마음을 돌렸다.

두 번째는 내가 하이델베르크에 있는 호텔을 구입할 때 일이다. 매수자인 호텔리어 가족과 공증인 사무실에 함께 앉아 있었다. 3시간가량 미팅을 지속하고 계약서에 서명만 남겨됐는데 상대방이 갑자기 "안 돼!" 하고 자리를 박차고 일어나서 나가버렸다. 나는 그냥 포기하지 않았다. 세무사와 함께 상황을 분석해봤다. 그리고 그것이 호텔리어 가족의 개인적인 문제이지 결정 자체와는 관련이 없다는 것을 알게 됐다. 2개월을 기다려 다시 공증을 진행했고 그대가로 원래보다 더 좋은 조건으로 계약했다. 사람들이 일반적으로 생각하듯이 거래에서 '아니요'는 결코 완전한 거절을 의미하지 않는다. 그걸 거절로 받아들이는 순간 그 거래는 정말 끝나버릴 것이다.

영업 성공비결은 무엇인가

인터뷰 대상자들이 밝힌 영업 성공비결은 노력과 헌신 외에도 공감, 전문성, 인맥, 도전하는 자세가 있었다. 먼저 공감의 경우 스스로 훌륭한 영업사원이라고 생각하는지에 대한 질문에 4번 응답자는 "당연하다"고 답하며 그 이유로 상대방이 누군지 파악하고 그의 생각과 감정에 공감하기 때문이라고 이야기했다. 식품업계의 억만장자인 37번 응답자 역시 협상 파트너들에 대한 세심한 공감을 강조했다.

진행자: 영업사원으로서 특별한 자질이 있는가?

37번 응답자: 정확하게 말할 수 있다. 나는 상대방에게 무엇이 중요한지, 그의 문제가 무엇인지 즉각 이해하고 언제나 해결책을 생각해낼 수 있다. 사람들은 나의 이 능력을 높이 평가한다. 그들은 내게 굉장히 좋은 충고를 받았다고 느낀다. 나는 무척 세심한 사람이다. 다른 사람들의 입장에 아주 빨리 나를 대입하고 개인적인 문제인지, 사업상의 문제인지, 기술적인 문제인지에 상관없이 그들의 관점에서 문제를 본다. 나는 일종의 문제해결사다.

이처럼 다른 사람들의 마음에 공감하고 생각을 알아차리는 것을 비결로 꼽은 사람들이 많다. 41번 응답자는 가장 자신 있는 영업 노하우로 상대방의 마음을 잘 읽는 점을 꼽았다. 그는 어떻게 이 능력을 익혔는지는 모르겠지만 사람들의 마음을 읽는 일에 능숙하며 이 능력을 통해 사람들을 창의적으로 설득할 방법을 알 수 있다고 한다.

5번 응답자는 거래를 하는 상대방의 입장이 돼보려고 노력한다. 그는 상대의 두려움을 이해해야 의심을 떨칠 수 있다고 여기고 보디랭귀지에 주목한다. 8번 응답자 역시 고객에게 공감해야 신뢰를 얻을 수 있다고 이야기하며 상대방의 문제를 이해하면 일단 60%는 해결된 것이라고 답했다.

공감은 개인 고객만 움직이는 것이 아니다. 예컨대 부동산 개발업자가 부딪히는 가장 큰 난제는 정부기관의 허가다. 25번 응답자는 모든 것이 공감에서 비롯된다고 주장하며 사업을 할 때는 공공기관이 어떻게 일하는지 파악하고 그들에게 잘 다가가는 방법을 생각해야 한다고 이야기한다.

25번 응답자: 나는 모든 것이 공감에서 비롯된다고 말하고 싶다. 맞은편에 앉은 사람의 흥미와 두려움, 그에게 중요한 것들을 진심으로 이해하는 것이다. 지금 그는 무슨 생각을 하고 있는가? 그의 동기는 무엇인가? 왜 자신의 토지 옆에 건물이 들어서는 것을 반대하는가? 등등. 이따금 우리는 모호한 공포나 선입견으로 인한 문제에 부딪힌다. 이때 공감으로 상황을 완화할 수도 있다.

부동산업계의 많은 동료들은 공공기관이 어떻게 조직되는지를 전혀 파악하지 못한다. 공공기관은 일반회사와는 매우 다르게 일한다. 이들은 법과 규정을 관리하며 근본적으로 다른 사고방식을 갖고 있다. 일단 그 점을 이해하면 이들을 설득할 방법을 찾을 수 있다. 고집이 세고 보수적인 공무원들에게 어떻게 잘 다가갈 수 있을지 생각해봐야 한다.

많은 인터뷰 대상자들이 돈을 벌겠다는 생각으로 일을 시작한 것은 아니라고 했지만 공감은 돈을 벌어다 준다. 투자 관련 금융업계 종사자인 42번 응답자는 공감을 통해 1억 5,000만 달러(약 1,700억 원)의 수익을 기록했다. 그는 상대방의 말을 경청하면 그 사람이 거래를 체결하는 포인트를 알 수 있다고 이야기했다.

42번 응답자: 여기 중요한 노하우가 하나 있다. 프로젝트, 주식 혹은 무언가를 팔고 싶다면 상대방의 고민을 끝나게 만드는 포인트가 무엇인지 알아내야 한다. 그건 말을 많이 해서는 알 수 없다. 상대방의 말을 많이 들어야 한다. 그게 근본적으로 가장 중요하다.

뉴욕에서 대규모 쇼핑센터의 부동산 투자신탁 관련 주식상장 건을 진행한 적이 있다. 이 일로 한 펀드매니저와 많은 대화를 나눴지만 그는 언제나 굳게 닫힌 조개껍질처럼 단호했다. 그러던 어느 날 그와 통화 중에 제2차 세계대전의 비행기에 대한 이야기가 나왔다. 나는 전쟁에 참여한 할아버지 덕에 당시 비행기 모델을 잘 알고 있었고 펀드매니저도 비행기에 관심이 많았다. 우리는 결국 1시간 이상 비행기 이야기만 나눴다. 바로 다음 날, 그는 1억 5,000만 달러 상당의 주식을 주문했다. 비행기가 바로 포인트였다. 대화 내용 자체는 사실 평범했다. 하지만 상대는 이를 통해 자신을 특별하게 대우하고 있다는 느낌을 받았고 신뢰를 느껴 주식을 샀다. 이렇게 거래에서는 동질감을 불러일으키며 상대의 특정한 포인트를 건드리는 것이 중요하다.

이 외에도 금융 서비스 분야에서 성공한 44번 응답자는 다른 사람의 관점에서 사물을 보고 그들의 동기와 목표를 이해해야 한다고 답했다. 그는 모든 사람이 이해할 수 있도록 쉬운 용어와 간단한 이미지로 제안을 설명해 협상에 결코 실패하지 않는다. 31번 응답자역시 문제의 핵심을 파고들어 상황을 명확히 설명하는 능력으로 단 3분 만에 5,000만 유로(약 645억 원)의 주식을 판매했다.

이처럼 인터뷰에서 영업을 성사시키는 결정적 요소가 무엇인지에 대해 많은 응답자들이 공감을 이야기했지만 전문성에 대한 견해는 분분했다. 27번 응답자의 경우 영업에는 전문성보다 상대방에게 자신의 열정과 자신감을 통해 함께 일하고 싶다는 느낌을 주는 것이 더 중요하다고 답했다. 하지만 인터뷰 대상자 중 순자산으로 최상위 범주에 속한 26번 응답자는 거래를 성사시키는 가장 중요한 요소로 전문성을 꼽았다. 그는 가족사업의 소유주들이 주식회사의 경영자에 비해 전문지식이 뛰어나다고 이야기한다.

진행자: 영업력이 성공에 핵심적인 역할을 한다고 믿는가?

26번 응답자: 그렇다.

진행자: 좋다, 좀 더 자세히 이야기해줄 수 있는가?

26번 응답자: 이야기하기에 앞서 우리 회사가 다루는 분야가 광범위하다는 것을 이해해주길 바란다. 가끔씩 나는 내게서 뭘 사 갈지 모르지만 항상 뭔가를 사 가는 주요고객을 만날 때가 있다. 그럴 땐 내 제안과 제품에 대해 아주 깊게 이해하고 있어야 한다. 만약 당신이 만날 사람이 2년마다 사업 분야를 바꾸는 야심가라면 그가 그런 전문지식을 갖고 있을 확률은 없다.

진행자: 전문성이 영업력에 중요하다는 것인가?

26번 응답자: 아주, 아주 중요하다. 가족사업이 대기업보다 나은 이유가 뭔지 아는가? 가업을 이은 기업가들은 모두 전문지식을 갖고 있기 때문이다. 다른 사람들은 그저 배에서 뛰어내려 회사를 바꿔버린다. 나는 대기업을 상대할 때 항상 2년 뒤에는 지금 거래한 사람과 같은 사람과 거래하지 못할 거라고 이야기한다. 그 사람이 일을 잘하면 승진했을 테고 그렇지 않으면 해고됐을 테니까.

영업에 성공하려면 고객을 확보하는 것부터 성공해야 한다. 그리고 몇몇 인터뷰 대상자들은 고객을 확보하는 최고의 방법으로 인맥을 이야기했다. 예컨대 사업과는 관련 없는 평범한 집안에서 태어난 17번 응답자는 인맥이 자신의 성공에 큰 영향을 끼쳤다고 답했다. 그는 실제로 30~45세까지 매일 저녁 밖에 나가 사람을 만났다고 하며 골프 클럽, 테니스 클럽, 조깅 클럽 등 무엇이든 밖으로 나가 인맥을 쌓으면 자동으로 기회가 생긴다고 말한다.

그렇다면 인맥을 어떻게 쌓아야 할까? 성공의 7할이 영업력 때문이라고 생각한다는 12번 응답자의 경우 대화를 중요시했다.

진행자: 인맥을 구축하는 데 가장 중요한 측면은 무엇이라고 생각는가? 인맥을 구축한 구체적인 예를 들려줄 수 있는가?

12번 응답자: 사람들에게 평등하게 다가갈 방법을 찾는 것이 중요하다. 학생 신분으로 "좋아, 그 사람을 저녁식사에 초대해야지"라고 말하기 어렵다는 것을 알고 있다. 하지만 사람들이 당신의 말에 관심을 갖게 하고 당신이 그들의 말에 귀 기울이려면 그렇게 해야 한다.

진행자: 그래서 무엇을 말하고 어떤 것을 제공할지 생각하는가?

12번 응답자: 그렇다. 나는 항상 모두가 관심을 가질 적절한 대화 주제를 생각한다. 개인적으로 만나자마자 정보를 뽑아내려고 혈안이 된 사람은 견디기 힘들다.

인맥을 영업력의 주요요소로 꼽는 부의 엘리트들은 사람을 만나는 것을 진심으로 즐긴다. 예를 들어 부동산업계에 종사하는 5번 응답자는 5,000명과 악수를 하는 박람회에서 5일은 더 보낼 수 있다고 이야기하며 "사람을 만나고 그들에 대해 알아내고 어떻게든 그들을 이기는 것이 즐겁다"고 답했다.

진행자: 당신이 인맥을 쌓는 비결은 무엇인가?

5번 응답자: 자신을 합리적으로 잘 표현할 수 있어야 한다. 첫 번째 기본원칙은 사람을 좋아해야 한다는 것이다. 사람을 좋아하는 사람만이 사람들을 이끌 수 있다. 사람을 좋아하고 그들을 만나는 것을 즐기고 그들에 대해 알아내고 어떻게든 그들을 이겨내야 한다. 그러면 정상에 오를 수 있을 것이다.

한편 영업력이 노력의 산물이라고 답한 인터뷰 대상자도 있었다. 성공비결 중 영업력의 비중을 100%로 꼽은 19번 응답자는 10번 시도하면 1번은 성공할 수 있으며 더 많이 시도할수록 성공할 확률이 높아진다고 답했다. 40번 응답자는 성공비결 중 영업력의 비중을

98%로 봤는데 자신의 세일즈 성공률 통계를 항상 작성한다고 한다. 그는 스스로 언제나 무언가를 팔고 있다고 생각한다.

부의 엘리트는 훌륭한 영업사원이다

베르너 좀바르트를 포함한 많은 학자들이 기업가의 중요한 덕목으로 영업력을 제시한다. 이 책의 조사에서도 마찬가지로 인터뷰 대상자들은 업종에 상관없이 만장일치로 영업력이 자신의 재정적 성공에 중요한 기여를 했다고 답했다. 나아가 인터뷰 대상자 중 3분의 2는 영업력이 성공에 결정적인 기여를 했다고 말했다. 성공비결 중 영업력이 차지하는 비율이 70% 이상이라고 답한 인터뷰 대상자도 무려 30% 이상이었다. 또한 제3장에서 살펴봤듯이 이들 중 다수는 어릴 때부터 다양한 판매 경험을 쌓아왔다.

우리는 보통 영업사원을 부정적으로 묘사하는 경향이 있지만 부의 엘리트들은 이 고정관념에 동의하지 않는다. 이들에게 영업력은 단순히 제품, 서비스를 판매하는 능력 이상의 의미를 갖는다. 인터뷰 대상자들은 일반적인 고정관념과는 달리 영업을 다른 사람들을 설득하는 과정이라고 정의했다. 즉, 공무원에게 허가를 받거나 유능한 인재를 스카우트하거나 직원들에게 자신의 비전을 공유하거나 은행 직원에게 대출을 승인받도록 설득하는 과정 모두를 영업이라고 이야기했다.

인터뷰 대상자들은 영업 중에 맞닥뜨리는 '아니요'를 결코 거절의 의미로 바라보지 않았다. 또한 이들은 '아니요'를 '예'로 바꾸는 것에서 만족을 느낀다. 그리고 영업을 성공시키기 위해 다른 사람의 마음에 공감하고 그들의 입장을 이해하는 것, 사안을 정확하게 설명하는 능력, 근면함과 헌신, 인내로 구축한 인맥을 강조했다.

— 3부 —

부의 엘리트는
어떻게 사고하는가

제7장

부의 엘리트는 낙관주의자인가

자기효능이란 무엇인가

'자기효능'이라는 용어는 심리학자 앨버트 반두라Albert Bandura의 사회인지학습 이론의 중심개념이다. 이는 자신의 능력에 대한 믿음을 뜻하는데 자기효능이 높은 사람은 어려운 일을 시도하고 노력을 지속하며 업무 수행 중 침착하고 분석적으로 생각을 정리할 가능성이 높다.[1] 또한 자기효능은 나의 능력에 대한 타인의 평가에 영향을 미친다.

자기효능 척도의 양극단에는 '이것이 내가 해야 할 일이고 나는 해낼 수 있다(높은 자기효능)'와 '나는 결코 해낼 수 없을 것이고 내가 실패하면 사람들이 나를 어떻게 평가할지 모른다(낮은 자기효능)'라는 생각이 있다.[2] 어떤 일을 끝까지 해낼지 여부는 어떤 목표를 추구하는가뿐만 아니라 자기효능이 얼마나 높은가에도 영향을 받는다.[3]

성공한 기업가는 높은 자기효능을 갖고 있다는 연구결과가 많다. 자기효능은 메타 분석에서 성공과 가장 높은 상관관계를 보인 요소로 의학연구에서 가장 높은 상관관계인 미국 성인의 체중과 신장의 상관관계만큼 높은 수치를 기록했다.[4] 독일 소상공인 98명의 성격특성 29개를 시험한 연구에서도 자기효능보다 더 강력한 요소는 없었다.[5] 또 다른 연구에서는 자기효능, 지배욕구, 내적 통제위(내가 내 삶을 통제한다는 생각)에서 높은 점수를 기록한 기업가들의 89%가 성공했다.[6]

기업의 성장과 기업가의 자기효능은 강한 상관관계가 있다. 안드레아스 우트슈Andreas Utsch는 동독의 기업가와 고위임원을 비교한 결과 자기효능, 통제에 대한 거부감, 성취욕구 등에서 큰 편차를 발견했다.[7] 또한 기업가 201명을 대상으로 한 추가연구에서도 경영자의 자기효능과 회사의 성장 간에 유의미한 상관관계를 확인했다.[8] 미국의 한 연구에서는 기업가적 자기효능이 사업 초기단계에서 성공에 영향을 미친다고 결론지었다. 여기서 기업가적 자기효능이란 기업가로서 다양한 역할과 과제에 성공할 수 있다는 신념[9]으로 혁신, 리스크 수용, 마케팅, 경영, 재무에 관련된다.[10]

반두라는 자신의 능력을 믿는 사람들은 스스로 도전적인 목표를 세우고 그 목표가 얼마나 어려운지에 대해 오래 집착하지 않는다고

이야기했다. 즉, 자기효능이 강할수록 목표가 높아진다는 것이다.[11]

낙관주의와 초낙관주의

행동경제학에서는 기업가와 투자자의 성공요소로 낙관주의와 초낙관주의의 역할을 이야기한다. 여기서 초낙관주의란 미래를 긍정적으로 생각하며 자신의 능력을 과대평가하는 경향을 뜻한다. 미국의 행동경제학자 대니얼 카너먼Daniel Kahneman은 "낙관적 편향은 인지 편향(비논리적인 추론으로 잘못된 판단을 내리는 것) 중 가장 큰 의미가 있다"고 이야기했다.[12] 이처럼 사람들은 종종 특정 사건에 대한 자신의 기여도를 과대평가하고 본인에게 좋은 일이 더 자주 일어나거나 나쁜 일이 덜 일어날 거라고 믿는다.[13]

낙관주의와 초낙관주의의 효과는 양면적이다. 이로울 수도 있고 해가 될 수도 있다. 1980년대 말, 아놀드 C. 쿠퍼Arnold C. Cooper, 캐롤린 Y. 우Carolyn Y. Woo, 윌리엄 C. 던켈버그William C. Dunkelberg는 당시 창업한 지 얼마 되지 않은 기업가 2,994명을 대상으로 초낙관주의에 대한 설문조사를 실시했다. 이 시기 미국에서 설립된 기업의 약 3분의 2가 창업 4년 이내에 실패했지만[14] 대상자의 81%는 성공확률을 70% 이상으로, 33%는 실패확률을 0%라고 답했다.[15] 이들은 창업을 결심한 사람들이 놀랄 만큼 낙관적인 시각을 가지며 자신의 성공확률을 높게 평가한다는 것을 발견했다. 또한 이 조사에서 기업가들은 타 기업의 성공확률 역시 높게 평가하는 경향을 보였는데 그 평가가 자신의 회사에 대한 평가만큼 높지는 않았다. 즉, 기업가들은 자기 회사의 전망이 다른 사업체보다 훨씬 더 낫다고 생각했다. 하지만 이런 낙관주의가 실제로 성공에 영향을 끼친다고 말할 만한 근거는 없는 것으로 파악됐다.[16]

2014년, 토마스 아스테브로Thormas Astebro, 홀저 헤르츠Holger Herz, 라마나 난다Ramana Nanda, 로베르토 A. 베버Roberto A. Weber는 논문에서 미국 기업인들의 중위소득이 직원보다 낮다는 점을 지적했다. 이 논문에 따르면 높은 수익을 올린 극소수의 기업인들이 기업인 전체의 소득 평균을 중간 이상으로 왜곡시켰지만 사실 기업인들의 중위소득은 직원보다 낮을 뿐만 아니라 전체 창업자의 약 50%가 6년 이내에 사업을 포기한다. 또한 연간 100만 달러 이상의 수익을 올린 기업은 10%에 불과했다.[17] 이 논문의 요점은 많은 기업가가 실패하며 오랫동안 고위험수준의 매우 적은 수입을 창출한다는 것이다. 이들은 자신의 부실자본을 회사에 묶어뒀고 이들 회사의 수익은 고도로 다변화된 주식형 펀드의 수익보다도 낮았다.[18]

연구자들은 그 이유를 3가지로 분석했다. 첫째, 실제로 이러한 위험을 감수하는 사람이 기업가가 된다. 둘째, 초낙관주의로 인해 위험수준을 제대로 평가하지 못했다. 셋째, 기업가들이 돈보다는 자유나 독립 등 비경제적 이득을 더 추구한다.[19] 이들은 3가지 설명이 모두 그럴듯하지만 객관적으로 위험 대비 수익이 불리함에도 불구하고 왜 사람들이 기업가가 되는지에 대한 수수께끼는 풀리지 않는다고 결론지었다.

이에 대해 카너먼은 초낙관주의를 근거로 제시했다. 카너먼은 기업가들이 자신의 회사와 관련된 어떤 부정적인 뉴스나 예측에 결코 당황하지 않는다고 밝혔다. 실제로 기업가들에게 그들의 아이디어가 상업적으로 성공할 수 있는지를 객관적으로 분석해 결과를 제시하는 실험을 했는데 성공가능성이 극도로 낮다는 피드백을 받은 기업가 중 절반 이상이 창업을 단념하지 않았다. 그리고 후일 실제로 성공을 거둔 기업은 411개 중 5개밖에 되지 않았으며 최고로 부정적인 피드백을 받은 기업가 중 47%는 사업을 계속했고 손실을 2배로 늘렸다.[20]

카너먼은 기업가들에게 인지 편향을 유의하라고 충고한다. 기업가들이 경쟁자의 사업 계획과 기술을 과소평가하고 자신이 하고 싶은 것과 할 수 있는 것에 더 초점을 맞추는 경향이 있다는 것이다.[21] 이 주장은 2007년, 돈 A. 무어Don A. Moore, 존 M. 외시John M. Oesch, 샬린 지에츠마가 연구를 통해 증명했다.

이들은 창업을 진지하게 고민해본 비창업자 20명과 첨단기술기업 창업자 34명을 인터뷰했다. 창업자들은 초낙관주의적인 태도를 보였는데 경쟁자의 존재 여부는 고려하지 않고 자신의 능력과 프로젝트에 직접적인 관련이 있는 요소들에만 관심을 보이는 경향이 있었다. 전체 인터뷰 대상자 중 12%, 창업자 중 13%, 비창업자 중 9%

만이 창업 여부를 결정할 때 외부환경을 고려했으며 창업자의 10%, 비창업자의 5%만이 경쟁자를 고려했다.[22] 이 연구는 외부요인이 회사를 설립하거나 설립하지 않기로 결정하는 데 굉장히 작은 역할을 한다는 것을 보여줬다.

초낙관주의가 없었다면 기업가들은 대부분 창업을 하지 못했을지도 모른다. 매튜 L. A. 헤이워드Mathew L. A. Hayward, 딘 A. 셰퍼드Dean A. Shepherd, 데일 그리핀Dale Griffin 등은 초낙관주의가 사람들이 위험에도 불구하고 창업을 하는 핵심근거가 될 수 있다고 주장한다. 이들은 초낙관주의가 경제적 성공의 원동력이 되는 동시에 손해를 야기할 수 있다고 이야기한다.[23]

2007년, 만주 푸리Manju Puri와 데이비드 T. 로빈슨David T. Robinson은 낙관주의가 경제적 결정에 미치는 영향을 조사했다. 그리고 온건한 낙관주의는 합리적 결론을 도출하는 반면 초낙관주의는 비합리적 결정에 영향을 미친다는 것을 발견했다.[24] 온건한 낙관주의자들은 신용카드 대금을 제때 지불하고 재무 계획을 신중하게 세우며 저축을 긍정적으로 바라보고 실제로 저축을 했다. 반면 초낙관주의자들은 길게 계획을 세우지 못할 뿐만 아니라 짧게 일하고 덜 저축하는 경향을 보였다.[25] 이 연구는 낙관주의가 긍정적, 부정적 행동 양쪽으로 발현될 수 있으며 특히 초낙관주의를 가진 사람들은 더 부정적인 행동 편향을 보인다고 결론지었다.[26]

2009년, 키스 M. 흐미엘레스키Keith M. Hmieleski와 로버트 A. 배런

Robert A. baron은 창업자 207명과의 인터뷰를 통해 낙관주의와 성공의 관계를 조사했다. 그 결과 인터뷰 대상자들의 낙관주의는 평균보다 매우 높았으며 적당한 수준의 낙관주의는 성공을 가져오지만 그 수준을 넘어서면 역효과를 불러올 수 있다는 것을 발견했다.[27]

한편 독일 경제학자 하노 벡Hanno Beck은 초낙관주의를 항상 부정적으로 바라봐서는 안 된다고 강조했다. 벡은 초낙관주의가 기업가정신을 촉진하고 기업가들로 하여금 투자자들에게 자신의 생각을 납득시킬 수 있게 한다고 이야기했다. 즉, 과신과 초낙관주의가 위대한 업적을 불러온다는 것이다.[28]

하지만 벡의 의견이 옳다고 해도 초낙관주의가 야기할 불행이 큰 것은 사실이다. 그렇다면 초낙관주의를 치료할 수 있을까? 카너먼은 이에 회의적인 입장을 취했다. 그러나 개리 클라인Garry Klein은 이를 예방할 대안을 제시했다. 바로 '사전 부검'이라는 것으로, 프로젝트를 시작하기 전 1년 뒤 지금 수행하려고 한 계획이 실패했다고 가정하고 그 이유를 써보는 것이다. 이를 통해 프로젝트의 가능성을 의심해보고 내제된 위험을 탐구해볼 수 있다.[29]

부의 엘리트는 얼마나 낙관적인가

자기효능과 낙관주의는 기업가정신 연구에서 많은 관심을 받았다. 자신의 능력에 대한 믿음과 적절한 낙관주의는 기업가들이 창업을 하게 만드는 원동력이 되지만 초낙관주의는 실패를 야기할 수도 있다. 따라서 이 책의 인터뷰에서는 인터뷰 대상자들이 얼마나 낙관적인지, 그들이 정의하는 낙관주의는 무엇인지 살펴봤다. 또한 이들이 초낙관주의의 위험을 고려하고 있는지 만약 그렇다면 어떻게 부정적인 결과를 줄이려고 하는지를 조사했다.

먼저 인터뷰 응답자들에게 '자신의 낙관주의를 점수로 평가한다면 몇 점인지(-5점은 초비관주의, +5점은 초낙관주의), 낙관주의에 대해 어떻게 생각하는지 물어봤다. 또한 스스로 초낙관주의자라고 평가한 인터뷰 대상자들에게는 낙관주의가 도움이 되지 않았던 적이 있는지를 물어봤다.

표 5. 인터뷰 대상자의 낙관주의에 대한 자기평가

번호	답변	번호	답변
1	굉장한 낙관주의자	24	+4
2	-	25	+3
3	-	26	+3
4	-	27	+5
5	+3	28	예전에는 +4, 요즘은 -1
6	+4.5	29	+5
7	+4.5	30	+4.5
8	+1	31	+5
9	+3.5	32	+5
10	-	33	+3
11	+3, 타인의 기준에서는 +5	34	+3
12	사업에서는 0, 일상에서는 +5	35	+4

번호	답변	번호	답변
13	+3.5	36	+3.5
14	+5	37	+5
15	+5	38	+3
16	+3	39	-1
17	+4	40	+5
18	+3	41	답변하지 않음
19	+5	42	+4
20	+4	43	+2.5
21	-	44	+5
22	+2.5	45	+4
23	최소 +4		

- 초비관적(-5)~초낙관적(+5)의 점수를 스스로 평가했다.
- 총 40명을 조사한 결과로 1명은 정확한 점수를 답하진 않았지만 5대 성격특성 검사결과 부정적인 성향으로 나왔으며 1명은 평상시에는 +4점이지만 오늘은 -1점이라고 답했다.

조사 결과 인터뷰 대상자들은 스스로를 낙관주의자로 평가하는 경향이 높았다. 인터뷰 대상자 40명 중 35명은 매우 낙관적인 범위(+3~+5점)에 속했다.

이 결과를 보고 '기업가뿐만 아니라 모든 사람 중 낙관주의자의 비율이 더 높은 것은 아닌가'라는 생각이 들 수도 있다. 1992~2007년에 걸쳐 앨런스바흐 여론조사 연구소AIPOR가 실시한 조사에 따르면 독일인의 51~57%가 자신을 낙관주의자라고 평가했다.[30] 반면 인터뷰 대상자들 중 낙관주의자의 비율은 95%였으며 87% 이상이 초낙관주의(+3~+5)로 평가했다.

뒤에서 살펴볼 5대 성격특성 검사결과에서도 낙관주의가 뚜렷한 우세를 드러냈다. 응답자 43명 중 38명이 '나는 비관주의 경향이 있는 사람이다'라고 대답하지 않았다. 즉, 그들은 자신을 낙관주의자로 봤다. 특정한 조건이 있을 때만 낙관주의자라고 답한 사람은 3명이었으며 부분적으로 비관적이라고 답한 사람은 2명밖에 되지 않았다. 또한 이 같은 특성은 답변의 일관성으로 말미암아 성공의 결과가 아닌 어릴 때부터 지닌 성향이었을 가능성이 높았다. 하지만 여기서 말하는 낙관주의가 쾌활한 태도를 의미하는 것은 아니다. 이는 '다른 사람이 나를 명랑한 사람으로 묘사할 것이다'라는 항목에 10명이 동의, 12명이 대략 동의한 것을 보면 알 수 있다.

이처럼 많은 응답자들이 기업가와 비관주의는 상호배타적이라고 주장했다. 31번 응답자는 이에 대해 이렇게 말했다.

31번 응답자: 내 친구들은 나를 +5라고 평가했을 것이다. 그들은 나를 원초적인 낙천주의자로 보기 때문이다. 나는 항상 낙관주의자

표 6. 낙관주의 점수별 인터뷰 대상자의 수

낙관주의 점수	응답자 수
초낙관적(+3~+5)	35명
낙관적(+1~+5)	37명
중간(0)	0명
비관적(-1~-5)	2명
초비관적(-4~-5)	0명

여야만 기업가가 될 수 있다고 생각해왔다. 비관론자가 기업가가 되는 일은 일어나지 않는다.

자신의 능력으로 항상 해답을 찾는 부의 엘리트

이 책의 인터뷰에서 부의 엘리트들이 말하는 낙천주의는 자기효능과 동일한 개념이라는 것이 드러났다. 낙관주의 점수에서 자신을 4점으로 평가한 42번 응답자는 낙관주의가 "자신의 능력이나 지성, 자신이 구축한 인맥으로 언제나 해결책을 찾아내고 도전을 극복할 수 있다고 믿는 것"이라고 답했다. 이는 자기효능의 정의와 일치한다.

> **42번 응답자:** 궁극적으로 내가 말하는 낙천주의란 부정적인 상황에서도 항상 앞을 향해 나아갈 길을 찾고 위험을 인식하면서도 긍정적인 것들을 믿는 것이다. 기본적으로 자신의 능력이나 지성, 자신이 구축한 인맥을 통해 우리는 항상 해결책을 찾아내고 어떤 도전도 극복할 수 있다.

자신을 +2~+3점으로 평가한 22번 응답자 역시 낙관주의는 결코 모든 일을 긍정적으로 보는 것을 의미하지 않으며 자신의 능력으로 문제를 극복할 수 있다고 믿는 것이라고 말했다. 이 답변은 자기효능으로서 낙관주의를 아주 잘 대변하는데 그는 태양이 나만 비출 거라고 생각하지 않고 내 안에 태양이 있다고 믿는다. 43번 응답자도 낙관주의를 문제를 해결하는 자신의 능력에 대한 믿음으로 정의했다. 그는 자신이 항상 10가지 문제 중 6~8가지를 해결할 수 있다고 확신하며 낙관주의 점수에서 +2~+3점을 줬다.

특히 사업 측면에서 부의 엘리트들은 낙관주의자가 확실했다. 6번 응답자는 낙관주의 점수에 +4~+5점을 매기며 어떤 면에서는 낙관주의자가 아니지만 사업을 할 때는 어려운 시장에서도 항상 돌파구가 있을 거라고 믿는다고 이야기했다. 점수를 매기지 않은 4번 응답자는 좋지 않은 상황에서도 무언가를 배우고 기회를 알아볼 수 있다고 말했다. +3점을 평가한 IT 기업을 운영하는 33번 응답자도 모든 상황을 긍정적으로 바라보는 것이 항상 합리적이지는 않지만 자신의 대한 자신감이 기업가정신의 근본이라고 이야기했다.

결코 문제에 대해 불평하지 않는 부의 엘리트

인터뷰에서 부의 엘리트들은 시장에 널리 퍼져 있는 비관주의를 바꿔야 한다고 답했다. 낙관주의 점수를 +5점으로 평가한 29번 응답자는 사업을 하면 항상 '그럴 수 없다'고 말하는 비관주의자들을 만나게 되는데 이런 시각은 새로운 투자나 사업 아이디어를 막아버린다고 주장했다. 그는 사업을 할 때 낙관적으로 접근하지 않으면 기회를 만나기 힘들고 기업가에게는 실수를 하더라도 '지금이라도 알아차리고 교훈을 얻었으니 됐다'고 여기는 자세가 필요하다고 덧붙였다.

의료기술 분야에서 성공한 23번 응답자는 잘 풀리지 않는 일을 하염없이 붙잡고 있는 불평쟁이들에게 낙관주의가 필요하다고 이야기했다. 낙관주의자들은 문제에 대해 불평하지 않고 긍정적으로 해결책을 찾기 때문이다. 그는 자신이 아무것도 불평하지 않고 근본적으로 낙천적인 성향이라며 +4점을 줬다. 마찬가지로 +4점을 매긴 45번 응답자도 상황을 불가능하게 만드는 요인에 집중하는 비관주의 대신 할 수 있는 것에 집중하는 낙관주의가 기업가에게는 더 필요하다고 이야기했다.

이처럼 부의 엘리트들은 낙관주의를 통해 기회를 찾는다. 자신을 '별표가 붙은 5.5점'이라고 평가한 금융계 억만장자 44번 응답자는 낙관주의를 이렇게 표현했다.

44번 응답자: 내 낙관주의는 항상 '계속하자. 다 잘될 것이다'라는 믿음을 의미한다.

진행자: 이 신념은 어디에서 오는가?

44번 응답자: 과거에 연연하지 않는 태도. 나는 절대 뒤를 돌아보지 않는다. 실수에 짜증이 난 적도 없다. 그저 속으로 '좋아, 이 길이 아니라면 어떤 걸 선택해야 할까?'라고 스스로에게 묻는다. 나는 항상 앞을 내다본다. 내 낙관주의는 어제의 문제에 초점을 맞추기보다 다가올 기회를 기대하고 생각하는 것이다.

낙관주의의 다른 측면을 강조한 인터뷰 대상자도 있었다. 37번 응답자는 낙관주의를 리더십의 도구로 봤다. 리더는 어려운 상황에서도 자신감을 드러내고 직원들을 긍정적으로 만들어야 한다는 것이다. 그는 -5~ +5점까지의 점수를 보더니 농담 삼아 8점을 줬다.

37번 응답자: 사람들에게 영감을 주고 싶어 하는 것이 중요하다. 많은 사람들은 타인을 뒤에서 끌어내리는 것밖에 관심이 없다. 그러나 그렇게 해서는 성공할 수 없다. 내가 하는 일에 확신을 가져야 한다.

초낙관주의의 부작용을 인식하고 있는가

앞서 살펴봤듯이 초낙관주의에는 여러 부작용이 있다. 인터뷰 대상자들이 이 같은 낙관주의의 위험성을 인식하고 있는지 확인해봤다. 대다수 인터뷰 대상자는 모든 상황을 긍정적으로 바라본다는 낙관주의가 아닌 자기효능의 의미로 낙관주의를 추구했기 때문에 초낙관주의의 부정적 문제를 알아차리지 못하는 경향이 있었다.

하지만 사업에서 초낙관주의를 경계해야 한다는 것을 잘 알고 있는 인터뷰 대상자들도 많았다. 자신을 '뼛속까지 낙관주의자'라고 평가한 1번 응답자는 낙관주의가 자신의 약점이라고 이야기했다. 젊었을 때는 경제도 호황이었기 때문에 긍정적 사고방식이 좋은 결과를 가져왔지만 불황일 때는 위기를 겪었다는 것이다.

자신의 낙관주의 성향을 +4점으로 평가한 7번 응답자도 초낙관주의가 위험을 초래할 수 있다고 이야기했다.

> **7번 응답자:** '물 위를 걸을 수도 있겠다'는 말이 있다. 자신의 성공에 취해 있다는 뜻이다. JC 플라워즈**JC Flowers**가 종횡무진하며 은행을 사들이던 일이 기억나는가? 금융위기를 겪으며 그들은 막대한 손실을 입었다. 자신이 무적의 존재라고 생각하면 언젠가 실수를 저지르는 상황이 온다.

부의 엘리트들은 낙관주의가 야기할 수 있는 위험을 어떻게 예방할까? 몇몇 인터뷰 대상자들은 비즈니스 파트너와 함께 결정을 내리거나 다른 사람들에게 조언을 구한다고 답했다. 3번 응답자의 경우 그 자신도 신중한 성격이고 자신들의 제품에 최선을 다하려고 하지만 그보다 덜 낙관적인 비즈니스 파트너와 낙관의 균형을 맞추기도 한다. 이로 인해 다른 사람들에게 '경쟁자들보다 더 자주 '아니요'라고 답했기 때문에 성공했다'는 평가를 받았다고 한다.

자신에게 +3점을 준 5번 응답자는 다른 사람들의 의견을 듣는다고 답했다. 그는 팀플레이를 중요하게 생각한다. 마찬가지로 +3점을 매긴 16번 응답자 역시 다양한 단계에서 타인의 의견을 수집해 잘못된 결정을 최소화할 수 있는 안전장치를 만들었다.

> **16번 응답자:** 나는 초낙관주의에서 나를 제어할 장치를 만들었다. 감독위원회, 위원장, 공동의장, 의결권 같은 것을 도입했으며 항상 스스로에게 '나는 누구인가'라고 묻는다. 타인의 의견을 받아들여야 할 때는 '이건 안 될 것 같다 이거군. 그렇다면 하지 말자. 나라면 계속 밀고 가겠지만 사람들은 아니라는 거지'라는 식으로 생각한다. 예컨대 아내는 내게 가장 중요한 영향을 끼치는데, 아내가 "나는 그런 위험을 받아들일 준비가 돼 있지 않아"라고 말하면 나는 내가 앞서 나갔더라도 아내의 말을 따른다.

이처럼 다른 사람들의 의견을 많이 들을 수 있는 큰 기업일수록 낙관주의가 초래할 위험이 일어날 확률은 낮아진다. 매우 큰 규모의 다국적 가족사업을 운영하는 기업가 24번 응답자는 낙관주의는 억제될 필요가 있다고 이야기한다. 그는 형제의 의견뿐만 아니라 영업, 마케팅 등 다양한 부서 내 전문가들의 조언을 구해 신중하게 사안을 살펴본다. 이 응답자는 자신에게 +4점을 줬는데 모든 부문을 객관적으로 검토하고 제대로 준비한 뒤 가장 마지막 단계에서 낙관주의를 발휘해 결정을 내린다.

극소수이긴 하지만 낙관적이지 않은 인터뷰 대상자들도 있었다. 크게 성공한 사모펀드 투자자인 28번 응답자는 예전에는 +4점의 낙관주의자였지만 최근 몇 년간 여러 가지 부정적인 경험을 겪으면서 -1점의 비관주의자가 됐다고 이야기했다. 그는 이제 어떤 일에도 즉시 반응하지 않고 기회를 맞닥뜨리면 스스로에게 여러 가지 질문을 건넨다. 하지만 그런 그도 처음부터 자신이 비관주의자였다면 이렇게 성공할 수 없었다는 점을 인정했다. 28번 응답자는 사업을 할 때는 비관주의와 낙관주의에서 균형을 찾아야 하며 부정적인 경험을 통해 철저한 조사를 하고 무모한 결정을 내리지 않게 됐다고 이야기했다.

인터뷰에서 자신에게 -1점을 준 또 다른 인터뷰 대상자인 39번 응답자는 비관주의자도 성공할 수 있다는 것을 보여주는 사례다. 부동산업계에서 부동산 개발업은 위험 대비 보상이 가장 높은 분야다. 그리고 39번 응답자는 이 분야에서 아주 오래 살아남은 성공한 사업가로 그의 비관주의가 회사를 과도한 위험에 빠트리지 않았다고 답했다.

부의 엘리트는 낙관주의자다

부의 엘리트와의 인터뷰는 기업가들이 낙관주의자라는 가설을 사실로 증명했다. 이는 이 책의 모든 인터뷰를 통틀어 부의 엘리트들이 가장 공통적으로 가진 특성이기도 했다. -5점(초비관주의)에서 +5점(초낙관주의)까지 점수로 자신의 성향을 평가하는 조사에서 40명의 인터뷰 대상자 중 38명이 자신을 낙관주의자라고 답했다. 그중 35명은 초낙관주의(+3~+5점)로 점수를 매겼다.

인터뷰에서 부의 엘리트들이 말하는 낙관주의는 심리학자들이 자기효능이라고 일컫는 개념과 동일하다는 것이 드러났다. 이 용어는 극도로 도전적인 상황을 해결할 수 있다고 믿는 태도를 뜻하는데 인터뷰 대상자들은 낙관주의를 '자신의 능력이나 지성, 인맥을 통해 항상 해결책을 찾아내고 상황을 극복할 수 있다고 믿는 것'이라고 정의했다. 이들에게 낙관주의는 자신의 결정에 대한 자신감일 뿐만 아니라 문제를 해결하는 능력 그 자체였으며 기업가들과 부자들은 자기효능이 높을 거라는 학계의 가설을 증명해준다. 이와 동시에 인터뷰 대상자들은 낙관주의가 직원들에게 영감을 주고 비전을 공유하게 만든다고 이야기했다.

스스로 비관주의자라고 답한 인터뷰 대상자들은 소수였다. 하지만 자신이 낙관주의자라고 답한 응답자들도 미래에 대해 지나치게 낙관적인 태도가 위험을 초래할 수 있다는 사실을 인정했다. 이를 예방하기 위해 응답자들은 다양한 의사결정 시스템을 활용한다고 답했다.

제8장

부의 엘리트는
위험을 추구하는가

기업가정신은 위험을 선호하는가

위험을 추구하는 성향과 기업가정신은 어떤 관계가 있을까? 이 질문은 1920~1930년대부터 많은 학자들이 관심을 가진 주제다. 프랭크 H. 나이트Frank H. Knight를 비롯한 시카고 경제대학의 대표 학자들은 기업가를 '위험 감수자'로 정의했다.[1] 이들은 기업가적 사고와 행동을 위험 부담으로 보고 기업가는 불확실성 감수자인 동시에 자원 할당자라고 이야기했다.[2]

1991년, 엘리자베스 셀, 진 하워스, 샐리 브리얼리가 주장한 것처럼 위험 감수 성향과 기업가의 성공 사이의 관계는 불명확하다.[3] 위험 감수 성향이 창업을 결심할 확률과 연관되는 경향은 있지만 이것이 성공의 변수라는 증거는 없다. 1999년, 에바 슈미트-로더문트와 라이너 K. 실버라이센 역시 위험 감수 성향이 성공과 직결되는 것은 아니지만 회사를 창업하는 데 필요한 조건임을 지적했다.[4]

1998년, 라무슈와 프레제는 성공한 기업가들이 중간수준의 위험을 감수했다는 연구결과를 발표했다. 다른 연구들은 위험 감수 성향이 기업가의 성공과 크게 관련은 없지만 지나친 위험은 기업가의 실패와 강한 상관관계가 있다고 결론지었다.[5]

2000년에 발표한 미국의 메타 분석 역시 위험 감수 성향과 성공 사이에는 비선형관계가 있음을 시사했다. 어느 정도 위험을 감수하려는 의지는 성공과 긍정적으로 연관되지만 위험 감수 성향이 너무 크면 부정적인 영향을 미친다. 위험 감수 성향은 기업가가 되겠다는 결심에 영향을 주지만 성공에는 해로울 수 있다.[6] 하지만 2007년, 라무슈와 프레제는 위험 감수 성향이 성공과 미약한 상관관계가 있다는 것을 증명했다.[7]

기업가들은 다른 사람들이 위험으로 여기는 행동을 위험으로 생각하지 않기도 한다. 앞서 살펴봤듯이 타고난 낙관주의로 인해 위험을 적게 느낄 수도 있고 위험에 노출된 경험이 적어 그에 대해 잘 알지 못할 수도 있기 때문이다. 예컨대 로크와 바움은 기업가들은 높은 자신감으로 인해 사업을 모험으로 여기지 않으며 유능한 사람에게 모험은 위험이 아닐 수 있다고 이야기했다.[8]

로버트 히스리치Robert Hisrich, 재니스 랭간-폭스Janice Langan-Fox,

섀런 그랜트Sharon Grant 역시 기업가와 비기업가의 위험 감수 성향에는 차이가 없다고 지적했다. 이들은 기업가는 위험 감수가 아닌 위험 인식의 정도가 보통 사람들과 다르며 모호한 사업 시나리오를 훨씬 긍정적으로 평가한다고 주장했다. 또한 기업가들은 의사결정에 '인지적 지름길(어떤 결정을 내릴 때 합리적인 판단보다는 자신에게 편리하게 해석하는 것)'을 활용해 어떤 사건을 덜 위험하다고 판단한다고 이야기했다.[9]

1999년, 로웰 W. 부세니츠Lowell W. Busenitz는 창업자 176명을 조사했다. 이 연구에서 부세니츠는 기업가들이 높은 수준의 위험을 감수하는 것이 아니라 자신의 기억에 따라 스스로 해결책을 탐구하는 '발견적 교수법'을 활용해 의사결정을 간소화하는 경향이 있으며 그 결정이 위험하다는 것을 알아차리지 못한다고 결론지었다.[10] 하지만 이 연구는 경영보다는 창업에 초점을 맞췄다는 한계가 있다.

그렇다면 기성기업에서는 어떨까? 다른 연구에 따르면 피고용 전문경영진들은 명백하게 위험 감수로 보이는 의사결정을 내리는 반면 창업자들은 그것이 위험이라고 인지하지 않는 경향을 보였다. 이에 대해 셸, 하워스, 브리얼리는 기업가적 관점에서 아무것도 하지 않는 것이 도리어 매우 위험할 수 있으며 전문경영진이 매우 위험하다고 간주하는 행동이 기업가에게는 위험을 최소화하기 위한 전략으로 여겨질 수 있다고 지적한다.[11]

2000~2009년, 독일에서 진행된 피고용인과 자영업자를 비교한

연구가 있다. 이 연구는 위험 감수 성향이나 위험 회피 성향이 높은 자영업자들은 기업가적 활동을 더 빨리 포기하는 경향이 있다는 것을 발견했다.[12] 이 연구에 따르면 위험 감수 성향과 실패확률은 비례하며 지나치게 안전한 결정은 수익을 창출하지 못할 뿐만 아니라 자영업의 매력을 감소시킨다.[13] 동시에 이는 위험에 대한 온건한 접근이 사업을 오랫동안 지속시킨다는 것을 뜻한다.

2015년, UBS와 PwC가 억만장자를 대상으로 실시한 조사에 따르면 억만장자는 위험에 대한 이해가 다르다. 이들은 새로운 사업을 실패하는 것을 걱정하기보다는 좋은 기회를 놓치는 것을 위험으로 간주했다.[14]

정리하자면 위험 감수 성향과 성공의 관계는 3가지 가설로 나뉜다. 첫 번째 가설은 성공한 기업가들은 위험 감수 성향이 높다는 것이다. 두 번째 가설은 성공한 기업가들은 적당한 위험 감수 성향을 갖고 있고 어느 정도까지는 위험 감수 성향이 성공할 확률을 높이지만 지나치면 오히려 역효과를 가져온다는 것이다. 세 번째 가설은 성공한 기업가들은 위험 감수 성향이 높지만 이를 위험으로 인지하지 못한다는 것이다.

부의 엘리트의 위험 감수 성향

부의 엘리트들은 자신의 위험 감수 성향을 어떻게 평가

할까? 위험 감수 성향은 살아가면서 바뀌는 것일까? 사업 초기에 위험 감수 성향이 현재보다 더 높았을까? 이들이 생각하는 위험과 다른 사람들이 생각하는 위험에는 어떤 차이가 있을까?

이 책의 인터뷰에서 인터뷰 대상자들에게 본인의 위험 감수 성향을 −5점(극도의 안전 추구)에서 +5점(극도의 위험 추구)으로 평가해달라고 요청했다. 많은 인터뷰 대상자들이 과거와 현재의 위험 감수 성향을 다르게 평가했다.

앞서 살펴본 두 번째, 세 번째 가설에 따르면 이 책의 인터뷰 대상자는 부의 엘리트이므로 대다수가 중간값(0점)을 매겨야 한다. 하지만 실제로 45명 중 3명만이 0점을 줬고 5명은 −1~−5점을 줬다. 위험 감수를 선택한 응답자는 35명이었고 25명은 높은 위험 감수 성향(+3~+5점)을 보였다. 이는 매우 놀라운 결과로 AIPOR에 따르면 독일인의 77%는 안정을 추구한다고 한다.[15]

이런 결과는 두 번째, 세 번째 가설에 어긋난다. 하지만 이 가설과 정확히 일치하는 인터뷰 대상자도 있었다. 즉, 스스로는 위험 감수 성향이 낮다고 평가했지만 주변에서는 그렇게 평가하지 않는다고

표 7. 인터뷰 대상자의 위험 감수 성향

위험 감수 성향	응답자 수
고위험 추구(+3~+5점)	25명
위험 추구(+1~+5점)	35명
중립(0점)	3명
안전 추구(−1~−5점)	5명

응답했다. 예컨대 역투자자인 한 응답자는 위험의 정도를 일반인들과는 반대로 인식했다. 주식과 부동산업계에 종사하는 43번 응답자는 스스로에게 +1~+2점을 주었지만 다른 사람들은 자신을 +4점으로 평가할 가능성이 높다고 이야기했다.

43번 응답자: 아마 +1~+2점 정도 되는 것 같다. 내가 일하면서 내리는 많은 결정들은 매우 위험하다고 보여지지만 사실 제대로 살펴보면 거의 위험하지 않다. 나는 도박꾼이 아니다. 나는 내가 감수할 만한 위험을 택해 적절한 보상을 받는 것이 비즈니스의 기술이라고 생각한다. 예를 들어 나는 투자를 아주 길게 하기 때문에 보통 사람들이 3년에 1번 팔 수 있는 중소기업 채권, 소형주, 부동산 같은 유동성 리스크도 감당할 수 있다. 다른 사람들에게는 위험해 보이겠지만 나는 그것이 위험하지 않다는 것을 안다.

진행자: 다른 사람들은 당신을 어떻게 평가할까?

43번 응답자: 사람들은 오직 표면적인 정보만 보고 나를 +4점으로 평가할 것이다. 내가 보기에 공격적인 기업가는 3가지 위험 감수 성향을 보인다. 첫째, 분산투자를 하지 않는다. 둘째, 자산이 비유동적이다. 셋째, 차입금이 매우 높다. 어떻게 보면 내 투자는 부동산에 집중돼 있고 차입금이 높지만 사실 나는 다양한 곳에 투자하고 있고 마음만 먹으면 1년 안에 부채를 청산할 수 있을 정도로 비율을 잘 조절하고 있다.

27번 응답자는 자신을 −1점으로 평가했지만 다른 사람은 자신에게 +3점을 줄 것이라고 이야기했다. 그는 자신이 사업에서 항상 위험한 일에 도전하는 것처럼 보이겠지만 사실 모든 것을 대비하고 있으며 위험을 판독하는 프로세스를 갖추고 있다고 답했다. 19번 응답자 역시 취득세가 매우 높은 빌딩을 구매할 때 사람들은 자신에게 미쳤다고 이야기했지만 '이 빌딩에서 얻을 높은 월세를 포기하는 게 더 미친 일'이라고 생각했다고 말했다. 이 세 인터뷰 대상자는 세 번째 가설을 증명하는 사례다.

한편 22번 응답자는 자신이 안전지향적이라고 이야기했다. 그는 자신을 완전히 쓰러뜨릴 수 있는 위험을 추구하는 대신 직접 관리할 수 있는 작은 위험만 수용한다고 한다.

22번 응답자: 나는 내가 생각하는 적절한 위치에 있으려고 노력한다. 도박꾼과 달리 나는 불투명한 미래가 매우 불편하다. 나는 괜찮은 결과를 얻을 수 있는 위치에 있고 싶다.

진행자: 이제 당신은 그냥 괜찮은 결과보다 훨씬 더 나은 결과를 얻지 않았는가?

22번 응답자: 그건 그렇다. 하지만 그건 내가 관리 가능한 위험을 추구했기 때문이다. 나는 엄청난 손실 아니면 엄청난 이익으로 이어지는 것들을 경계한다. 물론 내가 추구하는 보상에 상한선을 두지는 않는다. 나는 위험을 감수하지만 내가 감당할 수 있다고 믿는 그런 종류의 위험을 선호한다. 나는 어느 정도 긍정적인 결과에 대한 확신을 갖고 일하고 싶다.

이들과는 대조적으로 인터뷰 대상자 대다수는 자신의 위험 감수 성향이 극도로 높다고 평가했다. 이들은 종종 높은 위험 감수 성향이 자신의 약점이라거나 이것 때문에 상당한 손해를 봤다고 이야기하기도 했다. 익명을 요구한 한 응답자의 경우 자신에게 +5점을 줬는데 자신은 도박꾼이라는 사실을 강조했다. 즉, 부동산업계에 종사하는 그에게 일은 게임과 같으며 그는 항상 어떤 결과가 일어날지는 모르지만 이기기 위해 싸운다는 것이다. 심지어 한 번에 5,000만 유로를 잃은 적도 있지만 '큰돈을 벌어야 큰돈을 잃을 수 있다'는 생각을 갖고 몇 년이나 계속 도전한다고 한다.

물론 이 응답자가 보여주는 태도는 전형적이지 않다. 그러나 이 사람처럼 극도로 높은 위험 감수 성향을 고백한 사람이 여럿 있었다. 자신에게 +4점을 준 7번 응답자는 월급만 50만 유로(약 6억 원)에 달하는 은행의 고위직을 포기하고 자신이 전혀 알지 못하는 분야의 사업에 뛰어들었다. 이렇게 높은 위험 감수 성향은 부의 엘리트들이 기업가가 되도록 이끈다.

사생활에서 매우 높은 위험을 추구한다고 답한 응답자들도 있었다. 예컨대 한 익명의 응답자는 자신의 위험 감수 성향을 +5점으로 평가하고 위험에 중독돼 있다고 고백했다. 그는 익스트림 스포츠를 즐긴다고 한다.

> **익명의 응답자:** 나는 안전제일주의를 싫어한다. 내 생각에 독일에는 발전을 지체시키는 안전 마니아들이 좀 있는 것 같다. 안전에 대한 열망이 대단하신 분들 말이다.
>
> **진행자:** 그렇다면 당신은 위험을 염려하지 않거나 즐기는가?
>
> **익명의 응답자:** 그렇다. 어렸을 때 자동차경주를 조금 하면서 극단적인 위험을 감수하기도 했다. 심지어 나쁜 사고를 당한 사람도 있었다. 어쨌든 나는 위험에 대한 엄청난 열망이 있었다. 거의 중독이었다. 이걸 두고 가족과 친구들의 말이 많았다.
>
> **진행자:** 그 중독은 어떻게 발현됐는가?
>
> **익명의 응답자:** 예를 들어 나는 어떤 안전장비도 없이 알프스의 산에 올랐다. 보통은 밧줄과 아이스픽, 등산용 아이젠을 사용하지만 나는 아무것도 없었다. 산은 마술처럼 나를 끌어당겼다. 올라야 해서 올라갔고 정상에 올랐다. 그리고 살아서 돌아왔다. 당시 사람들은 날더러 "완전히 미쳤어. 자살하고 싶어서 올라가는 건가"라고 했다. 하지만 모든 것이 잘됐다. 수영해서 해협을 건넌 적도 있다. 이런 위험을 감수할 때는 정말 강하게 집중하게 된다.

1번 응답자 역시 사업을 넘어 사생활에서도 위험을 감수하는 성향이 있다고 고백했다. 그는 버팔로에 치일 뻔한 적도 있고 높은 곳에서 머리부터 떨어진 적도 있다. 그의 어머니는 언젠가 그가 사고사로 죽음을 맞이할 거라고 이야기하기까지 했다.

이 같은 극단적인 위험 감수 성향은 실패한 후에 다시 일어설 수 있다는 자신감과 관련이 있다. 위험 감수 성향이 높은 29번 응답자의 경우 자신의 회사를 부실기업으로 등록해야 한 적이 종종 있었다. 그러나 그는 항상 손실을 만회할 수 있을 거라는 태도를 지니고 있었다. 29번 응답자는 직원으로 일해본 경험이 없어 잃을 것이 없었다. 그는 항상 어떻게 할 것인지 알고 있었고 "좋다, 만약 가진 것을 전부 잃어도 내일부터 다시 얻으면 된다"고 말해왔다.

통제의 환상

인터뷰 대상자들에게 위험 감수 성향과 별개로 실제로 얼마나 위험을 감수하는지 물어봤다. 예컨대 많은 응답자들은 주식과 부동산에서 회사와 무관하게 체계적으로 부를 쌓았다. 따라서 사업이 망한다고 해도 파산으로 이어지지는 않을 것이었다.

높은 안전을 추구하는 기업가들은 이익배당금을 부동산과 같은 안전한 자산에 투자한다. 이는 기업가가 자신의 회사에 수익을 재투자하는 것보다 회사의 성장가능성이 더 제한적이라는 뜻이다. 반면 이 책의 인터뷰 대상자 중 다수는 수익의 거의 모든 부분을 회사에 재투자했다. 그 결과 재산의 상당 부분이 사업에 묶여 있었다. 이 전략은 성장으로 이어질 수 있지만 높은 리스크로 연결되기도 한다.

자신의 위험 감수 성향을 중간값인 0점으로 응답한 한 인터뷰 대상자는 그에 대한 다른 사람의 평가가 어떤지에 대한 질문에 "여자친구는 +5점으로 평가할 것이다"라고 고백했다. 그의 사업구조는 갑자기 어떤 계약이 파기되면 세금을 낼 수 없을 정도로 위험하다. 또 재산의 75%가 사업에 묶여 있으며 사업기간 10년 중 8년은 사업에서 단 한 푼도 빼내지 못하고 급료만 받았다. 그는 이 상황의 위험이 너무 높다고 느끼고 사업 매각을 고려하고 있다. 이를 통해 회사의 성장에 박차를 가할 수 있다고 믿는다.

하지만 이 책의 인터뷰 대상자들은 이런 견해에 동의하지 않았다. 개인 재산의 대부분이 회사에 묶여 있는 것이 위험하다고 생각하는지 묻는 항목에 응답자들은 그렇지 않다고 답했다. 한 응답자는 그렇게 해야 자신이 "운전석에 앉을 수 있다"고 답했다. 직접 회사를 통제할 수 있다는 것이다. 이 같은 논리는 초낙관주의와 함께 실제 위험과 주관적 위험의 부조화를 설명하는 주요사례다.

인터뷰 대상자 중 순자산 규모로 최상위 범주에 속하는 26번 응답자 역시 재산의 상당 부분이 회사에 묶여 있었지만 그것을 위험으로 인식하지 못했다. 그는 회사를 직접 관리하고 실수를 하지 말라는 지침을 따르는 한 위험은 없다고 생각한다. 차입금도 최대한 적게 유지했다. 그러나 결국 회사를 매각했고 현재는 자산운용사를 운영하고 있다.

앞서 부동산 개발업은 부동산사업 중에서도 특히 위험 대비 보상의 비율이 높다고 짧게 언급한 바 있다. 이는 부동산 개발업으로 막대한 이익을 얻을 수 있는 동시에 실패하면 사업을 접어야 할 수도 있음을 의미한다. 이 분야에 종사하는 한 인터뷰 대상자 역시 재산 대부분이 회사에 묶여 있는데 자산 관리인이 "모든 재산이 단 1마리 말에 올라탔다"고 주의를 준 적이 있다고 이야기했다. 이 일화를 소개하며 응답자는 "나는 내 손으로 배를 몰고 있다. 만약 부동산 펀드나 주식 펀드에 투자했다면 자금이 어떻게 운용되는지 모를 것이다"라고 말했다. 그는 향후 자산의 다각화를 통해 위험을 줄일 계획이라고 밝혔다.

의료업계의 성공한 기업가인 23번 응답자 역시 회사에서 개인수익을 거의 가져가지 않는 인터뷰 응답자 그룹에 속하는데 그는 사업으로 발생한 수익을 그대로 재투자하는 것을 선호한다. 그는 자신이 경영하는 한 회사에 위험은 없다는 마음으로 사업을 시작했지만 최근 핵심사업을 독립시키기 위해 자산을 다각화하고 부동산에 투자하기 시작했다.

의료기술 분야에서 사업을 하고 있는 32번 기업가는 자신을 +4점의 위험 감수 성향을 가졌다고 평가했다. 그 역시 재산 대부분을 자신이 운영하는 회사에 묶어뒀는데 그는 "위험을 두려워한 적이 없다"고 밝혔다. 그는 다른 인터뷰 대상자들과는 달리 운명론적 태도를 지니고 있었는데 이것이 그가 위험을 대하는 방식인 듯했다.

진행자: 회사에 돈을 전부 쏟아붓는 게 걱정되지 않는가?

32번 응답자: 그랬다면 나는 불행해졌을 것이다. 그러나 나는 결코 두렵지 않았다. 늘 성공할 수 있을 거라고 기대했고 만약 무슨 일이 생기면 나만의 로펌을 설립할 거라고 생각해왔다.

25번 응답자 역시 운명론적 태도로 위험에 대처했다. 그는 자신은 결코 가난해질 리 없지만 만약 그렇게 된다면 그저 받아들일 거라고 이야기했다. 그는 가난해진다면 여생을 스페인의 작은 집에서 보낼 것이며 재산은 자신에게 어떤 의미도 없다고 덧붙였다. 인생을 회고할 때 몇 가지 놀라운 프로젝트를 진행하며 좋은 시간을 보냈다고 말할 수 있다면 충분하다는 것이다.

예전과는 달라진 부의 엘리트

시간이 흐르면서 사업 초기와는 달리 위험 감수 성향이 바뀌었다고 밝힌 인터뷰 대상자도 다수 있었다. 이들은 갈수록 위험에 덜 관대해졌는데 이것이 그들의 성공비결이기도 했다. 회사를 세우고 부를 쌓을 때는 위험을 기꺼이 받아들이려는 의지가 필요하다. 하지만 목표를 달성하고 나면 지나치게 모험적인 행동으로 회사와 성공을 위험에 빠뜨리지 않는 것이 중요하다. 부동산 개발업이 그 좋은 사례다. 처음에는 자산의 가치를 훨씬 초과한 부채를 감수해 프로젝트를 진행하지만 시간이 흐를수록 위험수준을 감소시키는 것이다.

물론 이런 변화가 부동산업계에서만 일어나는 것은 아니다. 다양한 업계에 종사하는 인터뷰 대상자들이 시간이 흐를수록 위험을 덜 감수하는 이유는 여러 가지였다. 식품과 소매업으로 재산을 축적한 한 응답자는 젊었을 때는 종종 부채자본으로 아버지를 매우 걱정시켰지만 나이가 들면서 위험을 덜 감수하게 됐다고 이야기했다. 경험이 쌓일수록 위험을 평가하고 예측하는 데 능숙해지기 때문이다. 즉, 경험이 없을 때는 위험이라고 생각하지 않았던 것들을 위험으로 인식할 수 있게 된 것이다. 금융업계에서 성공한 1번 응답자 역시 나이가 들면서 생긴 이 같은 변화를 자연스러운 발전으로 여겼다.

진행자: 언제부터 신중해지기 시작했나?

1번 응답자: 50대 중반부터였던 것 같다.

진행자: 그 이유가 가진 걸 잃고 싶지 않아서였나?

1번 응답자: 아니, 그런 생각을 한 적은 없다. 단지 위험에 대해 다른 감각을 갖게 됐을 뿐이다. 젊은 장교들을 전쟁에 내보내고 나이 든 장교들을 집으로 돌려보내는 데는 그럴 만한 이유가 있다. 나이가 들수록 위험에 대해 더 많이 생각하게 된다. 젊을 때는 상황이 점점 나아질 거라고만 생각하면서 지금 같으면 결코 용납하지 않을 빚을 떠안기도 했다. 모든 일이 잘 풀리긴 했지만 아주 잘못될 수도 있었다. 이제 나는 결코 그런 빚을 지지 않을 것이다.

1번 응답자와 달리 자신이 가진 것을 더 이상 위태롭게 만들고 싶지 않다는 생각을 한 응답자들도 있었다. 4번 응답자의 경우 자신의 위험 감수 성향을 +5점으로 평가했지만 스스로에게 "이제 어느 정도 안정을 달성했으니 더 이상 100% 위험을 감수하지는 말자"라고 말한다고 답했다. 젊었을 때는 사업을 하며 하나의 프로젝트에 모든 사활을 걸었지만 이제는 직원 180명을 책임져야 하기 때문에 그럴 수 없다고 덧붙였다.

이처럼 모든 것을 처음부터 쌓아 올리는 데 얼마나 많은 노력이 필요한지 알게 되면 자연스레 더 많은 주의를 기울이게 된다. 9번 응답자는 젊었을 때는 확실히 위험을 감수했지만 지금은 "만약 여기서 고꾸라지면 이제 혼자 뒷감당을 할 수 없으며 처음부터 다시 시작해야 한다"고 되뇐다고 답했다.

예전에는 위험 감수 성향이 +5점이었지만 이제는 0점이라고 평가한 21번 응답자는 그 이유를 이렇게 설명했다.

21번 응답자: 안정에 대한 욕구가 바뀌었다. 옛날에는 창조적인 행동을 하고 싶었다. 활을 손에 들고 줄을 다시 당기지 않는 것보다 활을 부러뜨리는 위험을 감수하는 것이 낫다고 생각했다. 반면 요즘은 안정에 대해 강한 욕구를 느낀다. 나는 항상 확신을 추구하고 안정성과 위험을 저울질한다. 모든 프로젝트에는 다루기 쉬운 위험이 있어야 한다.

위험 감수 성향이 변화한 이유로 가족을 꼽은 응답자들도 있었다. 자식이 4명인 42번 응답자는 처음 자식을 안았을 때 이제 나 혼자만 책임지면 되는 게 아니라는 생각이 들었다고 한다. 31번 응답자는 아내를 위태롭게 하거나 자녀의 상속권을 해치고 싶지 않기 때문에 75세가 되고는 더 이상 중대한 위험을 감수하지 않는다고 답했다.

사모펀드에 종사하는 28번 응답자는 젊은 시절에는 +4점, 현재는 0점이라고 평가하며 특정한 목표를 달성하기 위해서는 위험의 규모를 제대로 인식하는 것이 중요하다고 말했다.

28번 응답자: 매년 언스트&영Ernst&Young은 올해의 기업가를 뽑는다. 2년 정도가 지나면 그때 뽑힌 올해의 기업가들이 허공으로 사라지기도 한다. 올해의 기업가가 되기 위해 굉장히 위험한 도박을 했기 때문이다. 카지노에서 룰렛 테이블로 곧장 가서 숫자 13에 모든 것을 걸고 집에 돌아와 "난 정말 훌륭한 사업가야"라고 말하는 꼴이다. 그걸 지켜보는 사람들은 "당신은 정말 훌륭한 기업가군요"라고 맞장구친다. 그런 사람들은 절대 운이 좋았다고 말하지 않는다. 오히려 "나는 다른 사람들보다 훨씬 영리해"라고 말한다. 그리고 내년에 또 카지노로 가서 숫자 하나에 모든 것을 건다. 이번

엔 4다. 37 : 1의 확률로 같은 숫자가 2번 이길 수 없다는 걸 계산한 것이다. 그리고 파산한다. 이전의 승리가 운 때문이라는 것을 받아들일 수 없었으니까. 그래서 항상 스스로 '왜?'라는 질문을 던져야 한다.

카드 1장에 모든 걸 거는 젊은 기업가들이 많다. 100명 중 1명 정도는 정말 성공할 수도 있다. 하지만 나머지 99명은? 똑같이 노력하고도 성공하지 못한다. 나는 변했다. 만약 공 3개를 저글링하는 게 사업이라면, 각각의 공이 모두 위험한 위치에 있고 위험성이 누적되고 있다면, 모든 것이 한 번에 붕괴될 수도 있다. 나는 나이가 들수록 공 3개를 허공에 동시에 던지고 싶지 않아졌다. 그래서 공 하나를 던지고 안전하게 내 손안에 들어오면 다음 공을 던진다.

마지막으로 또 다른 동기도 있다. 앞서 '자유와 독립'을 사업의 주된 동기로 삼은 인터뷰 대상자들이 많았다는 것을 기억하는가? 높은 위험을 감수하는 것은 보통 큰 채무를 떠안는 것을 의미한다. 그리고 큰 채무는 곧 속박을 의미한다. 이는 사업의 동기와 어긋난 가치다. 식품업계에 종사하는 한 기업가는 채무를 피하며 사업을 해왔다. 그의 회사가치는 수십억 유로지만 부채는 5,000만 유로밖에 되지 않을 정도다. 최근 외부자본으로 25억 유로에 다른 회사를 인수할 계획을 세웠는데 그는 이 일에 성공하면 자유를 잃게 되는 것이라 머리가 지끈거린다고 이야기했다.

부의 엘리트의 위험 감수 성향은 다양하다

위험 감수 성향과 기업가의 성공 사이의 상관관계는 학계에서 의견이 분분하다. 일부 학자들은 위험 감수 성향과 성공에 강한 긍정적 상관관계가 있다고 이야기했다. 이에 비해 다른 학자들은 적절한 위험을 감수하는 경우에만 성공할 수 있다고 주장했다. 한편 기업가들의 행동이 객관적으로는 위험으로 분류되지만 이들이 그것을 위험으로 인식하는 것은 아니라고 이야기하는 학자들도 있다.

높은 위험 감수 성향이 창업에 긍정적 영향을 끼치는 것은 사실이다. 하지만 창업 이후에도 계속해서 극단적인 위험을 감수하는 경우 파산할 가능성이 높다. 많은 인터뷰 대상자들 역시 나이가 들면서 위험 감수 성향이 줄어들었다고 이야기했다. 참고로 이들은 꾸준히 성공을 유지해왔다는 것을 염두에 두길 바란다.

부의 엘리트들이 적절한 위험을 추구할 것이라는 가설은 인터뷰에서 확인되지 않았다. 오히려 인터뷰 대상자 상당수는 자신의 위험 감수 성향이 높다고 평가했다. 하지만 사업 초기에 비해 위험 감수 성향이 줄어들었다고 이야기한 응답자들도 다수 있었던 점을 감안하면 중간 정도의 위험 감수 성향을 가진 사람들이 성공한다는 가설이 타당해 보이기도 한다.

한편 부의 엘리트들이 객관적으로 높은 수준의 위험을 감수하지만 이것을 위험으로 인식하지 못한다는 가설은 완전히 확인할 수 없었다. 인터뷰 대상자들은 대부분 자신의 위험 감수 성향이 높다는 것을 충분히 인지했다.

물론 이 세 번째 가설을 유효하게 만든 응답자도 다수 있었다. 이들은 자신의 위험 감수 성향을 보통으로 평가한 동시에 타인은 자신들의 위험 감수 성향을 매우 높이 평가할 거라고 답했다. 나아가 인터뷰 대상자들이 개인 재산을 회사에 쏟아부어 높은 수준의 위험에 객관적으로 노출돼 있다는 것도 확인했다. 이들은 이것을 위험하다고 인식하지 않았는데 이는 '내가 통제권을 쥐고 있는 한 상황이 나빠질 리 없다'는 초낙관주의의 산물이라고도 할 수 있다.

제9장

부의 엘리트는
어떻게 결정하는가

직관과 분석

행동경제학은 인간의 경제적 의사결정에 미치는 심리적, 사회적, 인지적, 감정적 요인을 연구한다. 이 책의 여러 가설 중 하나는 기업가들이 고전 경제이론의 가정, 즉 인간은 합리적 존재라는 가정에 따라 행동하지 않는다는 것이다. 부의 엘리트들은 확률과 논리에 따라 결정하지 않는다. 대신 이들은 직관에 따라 결정한다. 기업가들은 다른 사람들에게 자신의 결정을 정당화할 필요가 없고 전문경영진보다 경영지식을 알 가능성이 훨씬 적기 때문이다.

고전 경제이론은 인간을 의지를 갖고 무한한 합리성으로 이익을 추구하는 호모 이코노미쿠스로 가정한다. 이와는 대조적으로 행동경제학은 인간의 의사결정이 실은 비합리성, 왜곡된 인식, 체계적 오류에 시달린다는 점을 강조한다. 경제주체들이 종종 현실을 올바르게 인식하지 못하고 편견과 감정에 지배된다는 것이다. 이 주장은 수많은 행동경제학 실험들이 뒷받침한다.[1]

행동경제학은 인간이 휴리스틱(어림짐작)과 편견에 지배된다고 본다. 하노 벡은 "휴리스틱과 편견에 기초한 인간의 모습은 인지 실패의 전형이다. 그렇다면 이들이 복잡한 문제를 해결하는 모습은 어떻게 설명해야 할까?"라고 묻는다.[2] 게르트 기거렌처Gerd Gigerrenzer, 벡 같은 학자들은 이에 대해 휴리스틱이 언제나 실수로 이어지는 것은 아니며 적절한 환경에서는 무의식에 기초해 빠르고 올바른 판단을 가져온다고 답했다.[3]

이들은 인지적 지름길로서 휴리스틱이 때로 제대로 된 결정을 내리게 만들며 논리와 확률에 기초한 분석적 사고에 비견될 수 있다고 본다. 즉, 휴리스틱을 이용하면 시간과 정보의 제약에도 경험에 기초해 효율적 판단을 내릴 수 있으며 필요한 정보만 사용해 결정을 내리기 때문에 때로 분석보다 더 나은 결과를 가져올 수도 있다는 것이다.[4]

기거렌처는 무의식적 지식, 즉 생각하지 않고도 아는 것의 중요성을 강조했다.[5] 그는 불확실한 세계에서 많은 정보와 광범위한 계산이 종종 나쁜 결정을 초래한다고 말하며 휴리스틱을 사용해 불필요한 정보를 무시해야 한다고 주장한다. 실제로 짧은 시간에 제한된 정보로 판단하는 것이 오랜 시간 많은 정보를 사용하는 것보다 낫다는 실험들이 있다. 예를 들어 토마스 아스테브로와 사미르 엘헤딜리 Samir Elhedhli는 한 연구에서 벤처 투자가들이 신생기업의 성공가능성을 평가할 때 정보가 많을수록 결과 예측능력이 떨어진다는 것을 발견했다.[6]

기거렌처가 이야기하는 직관은 우리의 의식에 재빠르게 떠올라 이유를 완전히 이해하지는 못하지만 그대로 따라 하게 만드는 것을 뜻한다.[7] 과학과 의학 분야의 노벨상 수상자 83명을 대상으로 한 연구에 따르면 그들 중 72명이 성공에서 직관의 중요성을 강하게 강조했다.[8] 이 연구에서는 직관은 즉시 작동하기도 하고 잠복기를 거칠 때도 있다고 말한다. 따라서 문제가 잘 풀리지 않을 때는 직관이 떠오를 시간을 가지면 새로운 길이 열린다고 한다.[9]

글로벌 정보통신기업의 임원 32명을 대상으로 한 설문조사에서 직관적인 결정을 내린 적이 없다고 단언한 사람은 1명도 없었다. 이들이 자신의 직관을 항상 신뢰하는 것은 아니었지만 대다수는 직관을 50% 정도 신뢰한다고 답했다.[10] 글로벌 자동차기업의 고위간부 50명을 대상으로 한 조사에서도 76%가 직관을 압도적으로 신뢰한다고 답했다.[11] 웨스턴 H. 아거Weston H. Agor는 임원 2,000명을 조사한 결과 모든 조직의 최고경영자들은 중간관리자보다 직관을 사용하는 능력이 뛰어났다고 주장했다.[12]

기거렌처는 고위경영진일수록 자신의 직관을 신뢰하지만 다른 사람들에게 자신의 결정을 설명해야 할 때는 이것이 직관에 의한 결정이라는 사실을 숨길 것이라고 말했다.[13] 사람들이 이들에게 합리적 판단을 기대할 뿐만 아니라 기업에는 직관에 의한 결정을 숨기는 여러 장치가 있기 때문이다.[14] 한편 가족기업에서는 어떤 결정이 직관에 의한 판단이라고 말하는 것이 금기시되지 않는다.[15]

올던 M. 하야시Alden M. Hayashi 역시 비슷한 의견을 내놓았다. 그는 높은 직급에 올라갈수록 직관을 사용할 확률이 높아진다고 주장하며 미국의 대기업 CEO를 인용했다. 그 CEO에 따르면 양적 근거에 기초한 의사결정을 내릴 일이 많은 중간관리자일 때는 일을 잘하던 사람들이 모호하고 복잡한 문제에 부딪힐 확률이 높은 고위직급에 진출하면 잘못된 결정을 내리는 일이 잦다고 한다.[16]

기거렌처의 주장처럼 휴리스틱과 직관에 의한 결정은 개인적인 차원을 넘어 회사 전체에 영향을 미친다. 조직에서 리더들은 대부분 자신만의 휴리스틱을 갖고 있으며 이것은 계속 발전을 거듭한다. 그리고 이런 규칙이 명시화되지 않더라도 팀원들은 리더의 휴리스틱을 무의식적으로 따른다. 이렇게 형성된 규칙은 그 리더가 회사를 떠나도 유지되며 심지어 한 기업 전체에 영향을 미칠 수도 있다.[17]

티모시 D. 윌슨Timothy D. Wilson과 조너선 W. 스쿨러Jonathan W. Schooler는 이유를 검토하지 않고 즉흥적으로 결정을 내리는 사람과 왜 그 결정을 내려야 하는지 면밀히 검토해 정당화하는 사람을 비교했다. 그리고 즉흥적인 결정을 내리는 그룹이 더 좋은 결과를 낸다고 결론

지었다.[18]

프랭크 라 파이라Frank La Pira는 3~17개 회사를 설립한 연쇄창업가를 대상으로 인터뷰와 심리 테스트를 실시했다.[19] 연쇄창업가를 조사대상으로 선정한 이유는 이들의 성공이 행운에 의한 것이 아닐 확률이 높기 때문이었다. 그리고 조사 결과 연쇄창업가들은 일반 기업가나 관리자보다 직관을 더 많이 사용하는 경향이 있었다.

'위험을 싫어함, 세부사항에 주의를 기울임, 루틴과 규칙을 따름'은 분석적 결정의 특징이다. 반면 직관적 결정의 특징은 '감정적, 열정적, 경솔함, 행동지향, 자발성, 위험을 감수하려는 의지'다.[20] 파이라의 조사에서 기업인들은 세부사항보다는 큰 그림을 보며 자신의 직관을 믿고 감정적인 결정을 더 자주 내린다고 진술했다. 또한 위험을 기꺼이 감수하는 행동지향적 특성도 있다고 답변했다.[21] 그렇다고 해서 그들이 의사결정에 논리와 분석을 아예 배제한 것은 아니다.

크리스토퍼 W. 앨린슨Christopher W. Allinson, 엘리자베스 셸, 존 헤이스John Hayes가 스코틀랜드의 성공한 기업가 156명과 영국의 중간관리자 546명을 인터뷰한 적이 있다. 인터뷰 결과 성공한 기업가들은 중간관리자보다 더 직관을 선호했지만 인지유형의 측면에서는 고위경영진과 비슷한 결과를 보였다.[22]

나레시 카트리Naresh Khatri, H. 앨빈 엉H. Alvin Ng의 연구는 직관이 불확실한 상황에서 더 많은 성과를 낼 가능성이 있다는 것을 보여줬다. 이들은 외부상황이 불안정한 컴퓨터 기업, 꽤 안정적인 은행, 상당히 안정적인 공기업의 281명을 인터뷰했다. 이들 세 기업의 대표는 모두 직관이 결정에 중요한 영향을 미친다고 답했다. 직관의 중요성을 점수로 매겨보자면 7점 만점에 공기업 대표는 4.18점, 은행 대표는 4.3점, 컴퓨터 기업 대표는 5.5점을 줬다.[23] 또한 이 연구는 직관이 불안정한 상황에서 실적에 긍정적인 영향을 미치는 반면 안정된 상황에서는 부정적인 영향을 미친다는 것을 보여줬다.[24]

학자들이 직관적 결정이 분석적 결정보다 성공에 더 큰 영향을 미친다고 주장하는 이유는 다양하다. 예를 들어 앞서 살펴본 기거렌처의 주장 외에도 직관은 의식적으로는 사용할 수 없는 인지구조를 사용한다는 주장이 있다.[25] 이 주장은 직관적 결정을 휴리스틱의 결과가 아닌 행위자가 인식하지 못하는 장기간의 암묵적 학습의 결과라고 본다.[26]

부의 엘리트는 직관과 분석 중 무엇을 선호하는가

부의 엘리트들은 결정을 내릴 때 직관과 분석 중 무엇을 따를까? 또한 직관을 따르거나 따르지 못했을 때 후회한 적이 있을까? 이 책의 인터뷰에서 인터뷰 대상자에게 결정을 내릴 때 직관과 분석 중 어느 것을 사용하고 그 비율이 어느 정도인지 물어봤다.

인터뷰 대상자들의 직관과 이성에 대한 답변

1. 60% 정도 직관

2. 대부분 직관을 따른다.

3. 70% 직관

4. 90% 직관을 통해 문제에 접근한다.

5. 직관이 결정적인 역할을 한다.

6. 분석보다는 직관을 따른다.

7. 직관을 많이 따르는 편이나 복잡한 결정에는 분석을 따른다.

8. 3분의 2 이상 분석에 따른다. 하지만 조금 더 직관을 따랐다면 손해를 줄였을지도 모른다.

9. 90% 직관

10. 나는 항상 직관을 따른다. 파일 위에 손을 올려놓기만 해도 그게 사기인지 아닌지 알 수 있다.

11. 70~80% 분석을 따른다.

12. 80% 이상 직관을 따른다.

13. 60% 직관

14. 직관. 분석보다 직관이 낫다.

15. 과거에는 70% 직관, 30% 분석이었지만 요즘은 반대다.

16. 항상 분석에 기초한 뒤 직감을 100% 따른다.

17. 60% 직관

18. 50% 직관, 50% 분석

19. 100% 분석. 직관은 전혀 따르지 않는다.

20. 70~80%의 직관

21. 50% 직관, 50% 분석

22. 70% 분석

23. 직관을 따르며 중대한 사안은 최대 60% 직관을 따른다.

24. 80% 분석

25. 완전히 직관만 따른다.

26. 대부분 분석을 따른다.

27. 사업에서는 70% 분석을 따르지만 일상에서는 주로 직관을 따른다.

28. 완전히 직관만 따른다.

29. 60% 직관

30. 주로 분석을 따른다.

31. 3분의 2를 분석을 따른다. 하지만 상대가 어떤 사람인지 알아가는 데는 직관을 이용하며 여기에 많은 시간을 할애한다.

32. 80% 직관

33. 최소 75% 이상 직관

34. 50% 직관, 50% 분석

35. 40% 직관, 60% 분석

36. 직관을 따르며 더 이상 직감을 무시하지 않는다.

37. 70% 분석

38. 은행의 요구에 의해 70% 분석을 따른다.

39. 반반(평가하지 않음)

40. 70% 직관

41. 75% 분석

42. 3분의 2 이상 직관을 따른다.

43. 80% 직관

44. 70% 직관

45. 안타깝게도 80% 분석을 따른다.

조사 결과 인터뷰 대상자 45명 중 절반 이상인 24명이 직관을 선호한다고 답했다. 반면 분석을 선호하는 사람은 15명이었다. 6명은 반반이거나 둘 중 하나를 택할 수 없다고 답했다. 직관은 결정과 전혀 상관이 없다고 답한 사람은 1명이었으며 분석을 선호한 응답자 중 몇몇은 20~40% 정도 직관을 사용한다고 답했다. 반면 AIPOR에 따르면 독일 인구의 39~51%가 분석을 선호하며 27~36%가 직관을 선호하고 나머지는 둘 중 하나를 정하지 못했다.[27]

그렇다면 인터뷰 대상자들은 직관을 어떻게 정의했을까? 살아가면서 3분의 2는 분석에 따라 결정을 내렸다고 답한 8번 응답자는 이 사실을 후회하며 때로 직관이 더 옳을 수 있다고 이야기했다. 그는 직관을 따랐더라면 투자에서 손실을 덜 봤을 거라고 믿으며 직관을 "어떻게 작동하는지 모르는 컴퓨터"라고 비유했다. 그가 직관을 더 선호하는 까닭은 분석은 확률로만 상황을 표현할 수 있으며 환경의 변화와 우연을 무시하기 때문이다.

많은 인터뷰 대상자들은 직관을 선천적인 것이 아니라 축적된 경험의 결과라고 강조했다. 결정을 내릴 때 직관에 의존한다고 답한 10번 응답자는 직관이 과거에 내린 판단의 합이라고 이야기했다. 사람들이 끊임없이 서류를 분석해 무언가를 찾으려 애쓸 때 그는 10분만 보면 그게 헛소리인지 아닌지 알 수 있다고 한다. 매우 성공한 부동산 투자자인 22번 응답자 역시 직관은 경험의 산물이라고 답했다. 그는 분석에 70% 의존하지만 직관도 중요하다고 인정했다.

> **22번 응답자**: 나는 직관이 경험과 감정을 나타내는 또 다른 단어고 자신의 위치가 어디인지 정확히 이해하는 것이라고 생각한다. 갓 대학을 졸업한 사람에게는 직관이 없다. 직관은 당신이 경험한 모든 것의 합이다.

29번 응답자 또한 직관을 경험과 연관시켰다. 그는 인터뷰에서 사업 초기에는 분석을 60% 더 선호했지만 지금은 직관을 60% 더 선호한다고 답하며 직관은 지금껏 해온 일과 만난 사람들에 대한 경험을 통해 갖게 된 느낌이라고 이야기했다. 그는 이제 막 학교를 졸업한 사람에게는 직관이 없다는 22번 응답자의 말에 전적으로 동의했다.

29번 응답자처럼 시간이 흐르며 직관을 더 믿게 된 인터뷰 대상자

가 있었다. 41번 응답자로 그는 현재 결정을 내릴 때 분석에 75% 의
존하는데 예전에는 그 수치가 90%로 더 높았다고 답했다. 그는 오
랜 세월이 지나 자신의 직관이 옳다는 믿음이 생기며 여유로워졌다.
그 역시 직관이 경험의 축적이라는 것을 인정하며 분석을 사용해야
한다는 느낌이 들 때 문제를 분석한다.

> **진행자:** 언제 분석을 사용해야 할지 아는가?
> **41번 응답자:** 나는 어떤 문제에 직면했을 때 처음부터 문제의 조각
> 들이 어디에 속하는지 아주 빠르게 파악할 수 있다. 이 말은 내가
> 문제를 더 잘 다룬다는 뜻이기도 하다. 작은 조각뿐만 아니라 큰
> 그림을 보고 그것들이 어떻게 조화를 이루는지 인식할 때 일을 더
> 잘 처리할 수 있다. 이게 내 강점이고 내가 협상에서 상대방보다
> 더 좋은 위치에 있다고 믿는 이유다. 내 직관은 수년에 걸쳐 점점
> 굳어진 것이고 지금은 누군가와 협상할 때 그들이 어떤 분야에 있
> 든 큰 그림을 보고 그들의 입장이 될 수 있다.

직관을 경고신호로 여기는 인터뷰 대상자들도 많았다. 이들은 직
관으로 위험을 피할 수 있었는데 17번 응답자의 경우 "참여하지 않
는 것이 최고의 전략일 때도 있다"고 이야기했다. 매우 성공한 투자
자인 그는 인생에서 직관이 시키는 대로 많은 사업 기회를 거절해왔
으며 어떤 일에 자신이 없다는 느낌이 바로 직관이라고 여긴다.

앞서 언급한 22번 응답자도 경고신호로써 직감의 역할을 강조한다. 그는 숫자에 의존하는 것이 경험이 적은 사람들을 그릇된 길로 이끌 수 있으며 분석으로 긍정적 결과에 도달해도 직관으로 부정적 느낌을 가지는 경우가 있다고 이야기했다.

> **진행자**: 수치가 어느 정도 좋더라도 직관이 부정적으로 느껴질 때도 있다는 것인가?
>
> **22번 응답자**: 그렇다. 부동산사업에서 언뜻 보기에 저렴한 부실매물을 다룰 때 자주 일어나는 일이다. 좋은 구역의 정말 비싼 매물을 다룰 때는 분석하기가 까다로우니 긍정적 결론에 도달하기도 쉽지 않다. 반면 저렴한 매물은 그렇지 않다. 저렴한 값에는 이유가 있다. 따라서 '왜 이렇게 싸지? 공실률이 높은가?' 하고 따져보게 된다. 그러고 나서 만약 그 근거가 2년 안에 해결할 수 있는 요소로 여겨진다면 그게 순진한 생각인지 아닌지 살펴봐야 한다. 나는 그때 직관을 발동한다.

결정의 3분의 2에 직관을 활용하는 42번 응답자도 직관을 경고로 여겼다. 그에게 불안한 느낌은 무언가를 충분히 생각하지 않았다는 것을 의미하며 그는 이런 신호를 무시하는 것이 실수라고 생각한다. 그는 직관에 귀 기울이는 것을 중요하게 여기며 이를 통해 나쁜 결정을 피했다.

분석을 너무 심각하게 받아들이는 것이 부정적 결과를 초래했다고 답한 인터뷰 대상자도 있었다. 결정을 내릴 때 직관과 분석을 반반 사용한다고 답한 18번 응답자는 분석이 때로 좋은 결과만을 보여줄 수 있기 때문에 시장상황을 예측하는 직관을 가져야 한다고 생각한다. 그는 자신의 직관을 무시하고 다른 사람들의 분석에 따랐다가 예상보다 수익을 거두지 못한 경험을 이야기하며 분석으로 내가 내릴 결정의 판을 짜고 자신뿐만 아니라 여러 사람의 직관을 들어본 뒤 판단하라고 조언했다. 그에 따르면 직관은 채용, 계약 등 사업의 다양한 분야에서 활용될 수 있다.

36번 응답자는 직관을 무시했다가 600만 유로를 잃은 뒤로 직관에 반대되는 결정을 내리지 않는다. 그는 직관을 경험보다는 감각으로 여기며 누군가가 방에 걸어 들어오는 것만 봐도 그 사람이 괜찮은 사람인지 80% 확률로 알 수 있다고 한다.

45번 응답자도 80%는 분석을 활용해 결정을 내리지만 늘 그것을 후회한다고 답했다. 그는 평소 직관을 더 자주 활용해야 한다고 생각하지만 무언가를 충분히 고려하지 않았을까 봐 걱정돼 모든 것을 분석한다고 한다. 하지만 그런 그도 부정적인 느낌이 들 때는 직관에 따른다.

직관이 의사결정을 효율적으로 만든다는 카너먼과 기거렌처의 주장을 잘 설명하는 인터뷰 대상자가 있다. 20번 응답자가 그 주인공으로 그는 혼자 기업을 운영하다가 대기업에 자신의 회사를 합병했다. 그는 결정에서 직관을 70~80% 정도 사용하고 현재 기업의 시스템대로 분석에 따라 직관에 어긋나는 결정을 내릴 때 불편함을 느낀다고 고백했다.

> **20번 응답자:** 직관을 따르지 않으면 불안하다. 하지만 직관에 의존한 결정은 대기업의 의사결정 시스템이 아니다. 직관을 따르지 않는 것이 늘 불편했다. 직관적으로 무언가를 하고 싶다는 마음이 들었는데 수백 가지 양식을 작성하고 제안서를 제출해 승인받아야 한다. 마침내 승인을 다 받으면 이미 모든 게 끝난 뒤였다. 직관에 따라 빨리 결정해야 되는 거래는 좋은 거래다. 수백 가지 양식을 작성하고 설명해야 하는 거래는 아무것도 아닌 경우가 많다.

70%를 직관으로 결정하는 40번 응답자 역시 직관은 느낌이며 빨리 결정을 내릴 수 있게 만든다고 이야기했다. 그는 사업을 할 때 어느 정도는 분석을 바탕에 두기는 하지만 직관적으로 좋은 결정을 빨리 내린다. 그는 그렇게 내린 결정이 나중에 잘못된 결정으로 판명돼도 불평하지 않으며 그때의 상황에 따라 최선을 다한다. 또한 엄격하게 분석해서 좋은 거래라고 결론이 나더라도 직관에 어긋나면 따르지 않는다고 한다.

왜 직관을 선택하는가

여러 사업 분야에서 직관은 어떤 역할을 할까? 직관이 특히 영향을 미치는 분야가 따로 있을까? 인터뷰 대상자 다수는 사업 파트너나 직원 등 다른 사람의 성격을 파악할 때 직관이 중요한 역할을 한다고 이야기했다. 사모펀드 투자자인 44번 응답자의 경우 결정을 내릴 때 70%는 직감을 활용하는데 그 결정의 대부분은 사람과 관련된 결정이다.

44번 응답자: 내 결정은 압도적으로 사람과 관련이 있다. 어떤 회사에 투자할지 결정할 때 나는 항상 그 사람들과 그들이 하는 말이 정말 믿을 만한지 스스로에게 되묻는다. 사람을 측정하고 저울질하고 수치를 매길 수는 없다. 품질보증 마크가 붙어 있는지 확인해볼 수도 없고 회계감사에게 저 사람의 성격을 분석하라고 요구할 수도 없다 사업적 결정, 투자, 이런 것들은 관련된 사람에게 귀속되는 것이다. 이것들은 직관에 의존해야 한다. 예컨대 나는 이 사람과 일하고 싶지 않다는 생각이 들어 좋은 수치를 가진 투자 기회를 거절한 적이 있다. 그는 다른 사람의 이야기를 듣지도 않고 자기 말만 떠들어대는 사람이었다.

진행자: 분석을 무시하고 직관에 따라 성공한 경험이 있는가?

44번 응답자: 우리가 A 국가에 진출했을 때가 기억난다. 그때 내 직관은 우리가 그 시장에 진출해도 괜찮을 거라고 말했다. 통계는 모두 우리가 실패할 거라고 했다. 결국 우리는 믿을 수 없을 정도로 놀라운 성공을 거뒀다.

23번 응답자 또한 직관에 따라 대부분을 결정한다. 44번 응답자처럼 그 역시 투자자로 사업의 모든 것은 결국 사람에게 달렸다고 여긴다. 또한 어떤 사람이 믿을 만한지 수치로 분석하는 것은 불가능하기 때문에 직관에 의존할 수밖에 없다고 생각한다. 그는 항상 투자하려는 사업과 관련된 사람들 모두를 보려고 하며 관계자와 최대한 많이 만나려고 노력한다.

5번 응답자는 '이 사람을 믿을 수 있느냐 없느냐'를 직관적으로 느낀다. 그는 인터뷰에서 직관으로 사람을 판단하는 노하우를 알려줬다.

5번 응답자: 내가 거래처의 성격을 판단하는 비교적 정확한 방법이 있다. 일단 그들의 사무실에서 미팅을 한다. 리셉션에서 시작해 화장실은 어떻게 생겼고 수건은 어떻게 정리했는지, 회의실 탁자에 뭐가 어떻게 있는지 살펴본다. 나는 이를 통해 이 사람들이 내게 돈을 지불할 수 있을지 판단한다. 미팅 일정을 어떻게 조정하고 비서가 어떤지, 자기소개를 어떻게 하는지만 봐도 상황이 어떻게 돌아갈지 직관적으로 알 수 있다.

결정을 내릴 때 분석을 3분의 2 정도 사용하는 31번 응답자는 나머지 3분의 1을 사람을 판단할 때 사용한다. 그는 테이블 맞은편에 앉아 있는 사람을 자세히 살펴보고 서류상으로는 매우 유망해 보이는 거래일지라도 그 사람에게 믿음이 가지 않으면 계약을 체결하지 않는다. 그는 거래 내용보다는 누구와 거래를 하고 싶은지 결정하는 데 더 많은 시간을 소비하며 대화를 통해 상대방이 거래에 적합한 사람인지 판단한다.

분석이 사업의 주를 이루는 IT 업계에서도 직관은 중요한 역할을 한다. IT 사업으로 성공을 거둔 33번 응답자는 결정의 74%에 직관을 사용한다. 그는 그 이유를 다음과 같이 설명했다.

> **33번 응답자:** 고객이 얼마나 짜증 났는지, 어디서 어떤 전문가를 고용할지는 모두 직관에 관련된 요소들이다. 우리가 만든 소프트웨어를 사용자들이 어떻게 선호하고 받아들이는지를 아는 것은 본능이다. 요즘 소프트웨어는 재밌어 보이고 좋아 보여야 한다. 사용자들이 편하게 사용할 수 있는 정확한 위치에 적절한 요소가 있어야 한다. 이것들은 소프트웨어 엔지니어가 아닌 예술학교를 나온 젊은 디자이너들이 할 수 있는 일이다.

반면 부동산업계에 종사하는 인터뷰 대상자들 중에는 분석을 선호하며 이것이 자신의 강점이라고 이야기한 사람이 종종 있었다. 이들은 결정의 각각 100%, 80%에 분석을 사용하는데 그 이유는 부동산업계의 다른 투자자들이 거의 전적으로 직관에 의존하기 때문이다. 19번 응답자의 경우 직접 만든 프로그램을 활용해 매물의 등급을 매기고 모든 수치가 좋을 때 거래에 나선다. 그는 숫자에 이상이 있으면 직관은 소용이 없다고 말한다. 또한 43번 응답자의 경우 부동산사업은 숫자놀음이며 숫자는 절대 거짓말을 하지 않는다고 이야기했다. 그는 심지어 다른 사람들이 직관으로 비합리적인 결정을 내리는 데서 기회를 찾는다.

그러나 역시 부동산업계에 종사하는 4번 응답자는 결정의 90%에 직관을 활용하며 이를 통해 큰 이득을 얻었다고 확신한다. 그는 모든 것을 분석하고 조사하는 사람들은 결코 진정한 성공을 거둘 수 없다고 생각한다.

4번 응답자: 나는 90% 직관에 따라 판단한다.

진행자: 그게 무슨 뜻인가?

4번 응답자: 매물을 살 때 예전에는 직접 방문해 살펴봤지만 이제는 그러지 않는다. 안에 들어가지 않고 밖에서 구경만 한다. 그리고 괜찮은 느낌을 받으면 산다. 직원을 채용할 때도 마찬가지다. 그 사람을 직접 만나보고 나와 잘 맞는지, 마음에 드는지, 능력은 있는지, 함께할 수 있겠는지 따위를 살펴본다.

진행자: 그것이 나쁜 결과를 가져온 적이 있는가?

4번 응답자: 항상 압도적으로 좋은 경험만 했다. 모든 것을 분석하는 사람들은 스스로 일을 어렵게 만들고 결코 진정한 성공을 이룰 수 없다.

주식과 부동산 분야에서 성공을 거둔 43번 응답자는 결정의 80%에 분석을 활용한다. 그는 부동산 분야에서는 직관에 따르는 것이 맞지만 주식에서는 분석을 이용해야 한다고 말했다. 그는 부동산 일을 할 때는 항상 직관에 의존하고 느낌만으로도 그 거래가 좋은 거래인지 아닌지 알 수 있다. 그렇게 해서 손해를 본 적이 한 번도 없다. 반면 주식에서는 그렇지 않았다.

왜 분석을 선택하는가

부의 엘리트들이 항상 직관에 의존하는 것은 아니다. 의사결정에 분석을 중요시한 인터뷰 대상자도 3분의 1에 달했다. 또한 직관을 중요시하는 인터뷰 대상자조차 전적으로 직관에 근거해 결정하지 않았다. 결정을 내릴 때 분석을 얼마나 사용하는지에 대해 각각 70%, 거의 대부분, 80%라고 답한 15번, 26번, 24번 응답자는 모두 직원이 수천 명 이상인 글로벌 기업을 소유하고 있다. 이들이 경영하는 조직의 의사결정 과정이 설립자의 직관에 의존하지 않으리라는 것은 당연하다.

먼저 15번 응답자를 살펴보자. 그는 식품사업을 하고 있다. 과거 그의 회사가 작았을 때는 결정의 70%에 직관을 사용했지만 요즘에는 30%밖에 사용하지 않는다. 그는 자신이 직관을 발휘해 결정을 내리려고 해도 직원들이 반대해 불가능하다고 이야기했다. 또한 과거에 아무리 성공했어도 미래의 상황이 같을 거라는 확신이 없기 때문에 시장에 대한 분석과 이해가 아주 중요하다고 덧붙였다.

26번 응답자의 경우 디자인, 마케팅 등의 분야에는 직관을 발휘하지만 전체적인 전략을 결정할 때는 분석을 이용한다. 그는 어디로 항해할 것인가에는 분석이 필요하지만 배 안에서 무엇을 먹을 것인가에는 직관이 필요하다고 이야기했다.

26번 응답자: 가장 중요한 것은 배의 방향을 제대로 잡는 것이다. 여기서 분석이 필요하다. 직관은 이를 도와줄 수 없다. 하지만 그 이후 배에서 무엇을 요리하고 먹을 것인가, 즉 디자인과 마케팅에는 직관이 필요하다. 그래서 나는 벽에 여러 디자인 시안을 걸어두고 직원들에게 투표하게 한다. 또 그들에게 어떻게 생각하는지, 뭐가 좋은지 묻는다. 이를 통해 직원들의 직관을 알 수 있다.

나는 정말 운이 좋게도 나와 95% 같은 의견을 가진 직원을 만난 적이 있다. 그에게 항상 어떤 디자인을 선택할지, 어떤 영화가 좋은지 따위를 물었다. 하지만 그런 사람을 쉽게 만날 수는 없는 법이다.

글로벌 가족사업을 운영하는 24번 응답자는 스스로를 분석가라고 이야기했다. 하지만 일단 분석을 마치고 난 후에는 전력질주한다. 모든 것을 고려하고 뉘앙스 하나까지 정확하게 읽으려고 노력하지만 분석이 위험을 지나치게 크게 해석하지 않도록 주의한다.

글로벌 대기업의 경영자에게만 분석이 필요한 것은 아니다. 직원 수백 명을 거느린 중견기업을 운영하는 27번 응답자 역시 결정의 70%를 분석에 근거한다. 하지만 그는 정말 중요한 결정을 내릴 때는 직관에 의존한다고 한다.

> **27번 응답자:** 사업에는 분석만으로는 도달하기 어려운 결정들이 엄청나게 많다. 100번 의논해도 결국 모든 것은 직관으로 귀결된다. 수년간 사업 매각을 논의했을 때가 좋은 예다. 정확하게 분석하기 위해 고문을 고용했지만 늘 50 : 50의 결론이 나왔다. 누군가 '당신의 이러이러한 면을 봤을 때 회사를 팔아야 한다'고 하거나 '분명 된다. 접지 마라'라고 이야기해줬으면 좋았겠지만 답이 나오지 않았고 결국 마지막에는 직관에 따라 결정해야 했다. 어쩔 수 없이 직관에 의존해야 하는 순간이 있다. 모든 결정을 분석에 기초한다면 우리는 어떤 발전도 하지 못할 것이다.

부동산 개발업자인 38번 응답자는 자신이 내린 결정의 70%를 분석에 근거하고 있는데 그 이유는 은행 때문이다. 부동산 개발업은 항상 외부자금을 필요로 한다. 따라서 그는 은행의 평가를 중요하게 여기며 이 단계에서 실패하는 사업은 진행하지 않는다.

21번 응답자 역시 부동산업계에서 활동하고 있는데 결정을 내릴 때 주로 직관에 의존하는 것은 실수라고 믿는다. 그는 어떤 결정이든 수치, 콘셉트, 사람이라는 3가지 측면을 고려해야 한다고 말했다. 21번 응답자는 대부분의 상황에서 좋은 느낌이나 나쁜 느낌을 받지 않으며 좋은 결과가 나올 때까지 2년, 5년, 심지어 10년을 잠자코 살펴본다.

21번 응답자처럼 분석을 중요시하는 인터뷰 대상자들은 자신만의 의사결정 체계가 있다. 그 첫 번째 단계는 수치 분석으로 수치가 나오지 않으면 프로젝트를 진행하지 않는다.

하지만 16번 응답자의 경우 일단 이 단계를 통과하고 나면 직관에 의해 판단한다고 한다.

> **16번 응답자:** 수학에는 필요조건과 충분조건이 있다. 분석은 항상 필요조건이다. 숫자의 앞뒤가 맞지 않거나 긍정적인 분석결과를 얻지 못하면 결정을 내리고 싶지도 않아진다. 나는 항상 수치가 말이 되는지를 가장 먼저 본다. 그리고 만약 그렇다면 100% 직관에 따른다. 최종 결정권은 직관이 갖고 있다.

부의 엘리트는 자신의 직관을 신뢰한다

인터뷰를 통해 부의 엘리트들은 주로 직관을 바탕으로 결정을 내린다는 행동경제학과 기업가정신 연구의 가설을 진실로 확인했다. 인터뷰 대상자 45명 중 24명은 결정에 직관이 지배적이라고 진술했고 15명은 분석을 선호했으며 6명은 직관과 분석 모두 중요하다고 말했다. 하지만 한 요소를 전적으로 신뢰하는 인터뷰 대상자는 극소수였다. 오직 1명만이 직관이 결정에 전혀 영향을 미치지 않는다고 답했다. 분석이 지배적이라고 답한 인터뷰 대상자조차 결정의 20~40%는 직관에 의존한다고 이야기했다. 하지만 대조적으로 보통 사람들을 대상으로 한 조사에서는 직관보다 분석에 의존해 결정을 내리는 사람들의 비율이 더 컸다.

그렇다면 분석에 기초해 결정을 내리는 부의 엘리트들은 누구일까? 중요시한다고 대답한 인터뷰 대상자 15명 중 1명은 리서치 회사를 운영하고 있었고 3명은 글로벌 기업의 소유주였다. 대기업의 경우 중소기업보다 분석을 중요시하는 의사결정 체계가 있는 것이 당연하다. 한 응답자는 자신의 결정의 70%가 분석에 기초하고 있지만 회사 매각과 같은 중대한 결정에는 직관이 훨씬 더 크게 작용한다고 말했다. 또한 한 응답자는 은행 때문에 분석을 중요시하기도 했다. 분석을 선호하지만 직관에 더 귀를 기울이면 좋았을 거라고 답한 응답자도 2명 있었다.

많은 인터뷰 대상자들이 직관은 타고나는 것이 아니라 경험의 산물이라고 강조했다. 이것은 직관이 암묵적 학습의 산물이라는 이론과 일치한다. 또한 직관을 경고신호로 간주해 긍정적인 분석결과가 나오더라도 어딘가 부정적인 느낌을 받으면 결정을 재검토하는 인터뷰 대상자들도 있었다. 이들에게 직관은 과거의 실수로 만들어진 것이었다.

한편 직관이나 분석을 선호하는 특정한 사업 분야가 있을 거라는 가설은 증명되지 않았다. 예컨대 부동산 투자자인 응답자 4명 중 2명은 분석을 선호했지만 나머지 2명은 직관을 선호했다. 분석을 선호하는 사람은 경쟁자들이 직관에 의존하기 때문에 자신이 성공했다고 답했고 직관을 선호하는 사람은 지나치게 분석에 의존하는 사람들은 성공할 수 없다고 답했다. 이처럼 사업 분야와 직관과 분석 중 무엇을 선호하는지는 상관관계가 약했지만 대부분의 인터뷰 대상자들은 사람에 대한 평가는 직관에 의존한다고 답했다.

결과적으로 직관은 암묵적 학습의 산물이다. 이들은 앞서 제3장에서 살펴봤듯이 학창시절의 경험이나 스포츠 등에서 다양한 지식을 습득했으며 이것이 모여 직관이라는 사고 체계를 형성했다. 이는 이 책이 가정하는 '부의 엘리트는 후천적으로 성공에 필요한 지식을 습득한다'는 주장과도 일치한다.

제10장

부의 엘리트와
5대 성격특성

5대 성격특성이란 무엇인가

심리학자 로렌스 퍼빈Lawrence Pervin은 성격을 지속적이고 독특한 감정, 사고, 행동양식에 기여하는 개인의 심리적 자질이라고 정의했다.[1] 이 같은 인간의 성격을 연구하는 성격심리학에는 성격유형을 분류하는 다양한 방법이 있는데 그중에서도 5대 성격특성이 지난 수십 년간 널리 사용됐다.

5대 성격특성은 폴 T. 코스타Paul T.Costa와 로버트 R. 매크레이Robert R. McCrae가 여러 성격 이론을 바탕으로 발전시킨 성격분석 체계로 신경성, 개방성, 성실성, 외향성, 원만성이라는 5가지 성격특성의 수치를 측정하는 것이다. 이를 위해 성격특성을 형성하는 성격 요인을 분석하는데 이때 각각의 요인들은 한 특성 내에서 밀접하게 연관되는 동시에 다른 특성에 속한 요인과는 가능한 그 연관성이 적어야 한다.[2]

먼저 성실성을 살펴보자. 성실성이 높은 사람들은 합리적이고 정보를 많이 알고 일반적으로 스스로 어떤 일에 능숙하다고 생각한다. 이들은 조직과 질서에 능해 업무효율성이 높다. 목표를 성취하기 위해 많이 노력하고 모든 일에 탁월함을 추구한다. 또한 행동하기 전에 미리 계획을 세우고 신중하게 생각한다. 이들은 자신이 추구하는 길을 따라 분명하게 발을 내딛는 삶을 산다.[3]

신경성이 높은 사람들은 신경질적인 경향이 있으며 일이 잘못될지도 모른다고 걱정한다. 이들은 스트레스에 특히 취약하고 충동적인 반응을 보이는 경향이 있으며 전반적으로 심리가 불안정하다.[4] 신경성의 측면에는 불안, 과민, 우울, 수줍음, 충동적임, 여린 마음이 포함된다.[5] 보통 신경정신과 환자들은 이 특성에서 매우 높은 점수를 받는 경향이 있지만 그렇지 않은 사람들도 많다.[6]

이 책에서도 앞서 살펴봤지만 다양한 연구에 따르면 부의 엘리트들은 성실성이 높고 원만성이 낮은 경우가 많다. 원만성이란 공감과 신뢰를 잘하는 특성으로, 매크레이와 코스타는 원만성의 반대로 무자비함, 의심스러움, 인색함, 적대적, 비판적, 짜증을 잘 냄 등의 성격 요인을 꼽았다. 한편 위르겐 헤세Jürgen Hesse와 한스 크리스티안 슈라더Hans Christian Schrader는 원만성이 너무 높은 사람은 너무 빨리

포기하고 쉽게 신뢰하는 경향이 있어 다른 특성과 조화를 맞춰야 한다고 이야기했다.[7]

한편 외향성과 개방성은 단어를 들으면 떠오르는 이미지 그대로다. 외향성이 높은 사람들은 수다스럽고 단호하며 진취적이고 활력이 넘치고 용감하다. 반면 외향성이 낮은 사람은 과묵하고 더디게 결정하며 쉽게 영감을 받지 않고 불안해하는 경향이 있다. 개방성이 높은 사람은 상상력이 풍부하고 창의적이며 호기심이 강하다.[8]

성격특성은 단순한 습관과는 다르다. 습관은 성격특성과 전혀 상관이 없다. 매크레이와 코스타는 성격특성이 어떤 행동을 하게 만드는 동기, 한 사람의 일관성을 설명해주는 것이라고 봤다.

또한 성격특성은 제3자의 관찰과 자기평가를 통해 측정할 수 있다. 이와 관련해 매크레이와 코스타는 자기평가가 더 유의미하다고 이야기했지만 여러 연구를 통해 두 방법 모두 비슷한 결과를 도출한다는 것이 밝혀졌다.[9]

이 책의 인터뷰에서는 매크레이와 코스타의 5대 성격특성 검사 설문지가 사용됐다. 설문지는 '굉장히 동의한다'에서 '전혀 동의하지 않는다'까지 5단계를 측정하는 50개의 문항으로 구성됐으며 인터뷰 대상자들은 15분 동안 검사에 참여했다. 인터뷰 대상자 대다수가 50세 이상이었기 때문에 성격특성을 측정하는 것이 의미가 있는지 의문을 가질 수도 있겠지만 30세가 넘으면 성격특성이 잘 변화하지 않는다는[10] 매크레이와 코스타의 주장을 사실로 가정하고 연구를 진행했다.

5대 성격특성 검사는 현재도 널리 사용되고 있으나 이에 대한 비판도 분명 존재한다.[11] 다양한 의견이 있지만 그중에서도 이 책의 연구와 관련해 가장 유의미한 비판은 버그허드 안데르센Burghard Andresen의 주장이다. 그는 5대 성격특성에 'R 인자'라는 위험 감수 성향Risk-Taking Propensity을 추가해야 한다고 이야기했다. 위험과 경쟁을 추구하는 성향이 운동, 지배, 성취 등 인간 행동의 다양한 영역에서 영향을 미치기 때문이다.

안데르센이 주장한 R 인자에는 리더십, 성취, 경쟁, 용기, 위기와 재난상황에서의 영웅적 행동 등의 특징이 있다. R 인자가 높은 사람은 돈을 벌기 위해 위험을 감수하고 기업가적으로 행동하는 것을 선호한다. 또한 성취하기 어렵고 유연한 작업을 선호하고 상호적, 역동적 리더십을 가진다. 나아가 일에서 창의적이고 혁신적이다.

R 인자를 설명하는 단어로는 의지력, 독단, 헌신, 결정력, 독립성, 투지, 야심, 운동, 경쟁적 태도, 리더가 되려는 야망, 도전의식, 동기, 실험적, 권력인식, 자율성, 이익 추구, 기업가정신이 있다.[12] 이 단어들을 조합해보면 R 인자는 공격적이고 위험한 도전을 지향하는 특성을 의미한다.[13]

이 책의 인터뷰 역시 5대 성격특성만으로는 부의 엘리트들의 성향을 판단할 수 없기 때문에 이들의 위험 감수 성향을 측정했다. 또한 앞서 살펴봤듯이 위험 감수 성향은 낙관주의와 관련이 있기 때문에 인터뷰 대상자들에게 낙관주의에 대해서도 물어봤다. 나아가 이들의 상황에 순응하지 않는 성향, 즉 비순응주의에 대해서도 조사했다. 비순응주의는 이 책의 초반부에서 소개한 슘페터의 기업가에 대한 정의를 뒷받침하는 기업가적 성격특성이다.

하지만 여전히 이것만으로는 기업가의 성공에 영향을 끼치는 요소가 무엇인지 완벽하게 설명할 수 없다. 가령 심리학에는 '적응'이라는 개념이 있다. 이는 말 그대로 환경에 적응하는 것으로 이처럼 인간은 외부의 영향을 받아 변화할 수 있다. 동기, 관심 분야, 가치 및 태도[14]도 일생에 영향을 끼친다. 그리고 이 책에서 말하는 성격은 이런 모든 것을 포괄한다.

이쯤 되면 부자들의 성격을 연구하는 것이 성공에 기본적으로 무슨 역할을 하는지 궁금해질 수도 있다. 부자가 될 성격특성을 가진 사람들의 수는 실제로 부자가 되는 사람의 수보다 훨씬 많을 것이다. 하지만 이들이 모두 부자가 되지는 않는다. 사실 이런 성격특성은 자기효능과 합쳐져 잠재력을 발휘할 때 더 큰 의미가 있다. 자수성가로 부의 엘리트가 된 사람들의 특성을 분석하는 것은 부자가 되기로 마음먹은 사람들이 목표를 세우고 성공으로 향하는 행동 패턴을 개발하는 데 도움을 줄 것이다.

부의 엘리트의 5대 성격특성

인터뷰에서 부의 엘리트들이 신경성, 개방성, 성실성, 외향성, 원만성이라는 5대 성격특성을 얼마나 갖고 있는지 측정했다. 인터뷰 대상자 45명 중 44명이 50개 문항에 5단계로 답변을 했으며 이 중 1명의 답변은 최종평가에 포함하지 않았다.

이렇게 조사한 결과를 기초로 5개 성격특성 각각에 대해 0점부터 40점까지 점수를 매겼다. 0점은 해당 성격특성을 거의 갖고 있지 않다는 것을 뜻하고 40점은 그 성격특성을 아주 강하게 갖고 있다는 것을 의미한다. 25점 이상이면 해당 성격특성을 강하게 갖고 있다고 봤고 20점 미만은 약하게 갖고 있다고 분석했다. 그 결과를 자세히 보자면 이러하다.

인터뷰 대상자의 5대 성격특성 검사결과

- 인터뷰 대상자들은 5대 성격특성 중 신경성이 전부 약하게 나타났다. 신경성에서 인터뷰 대상자 43명 전원이 0~19점, 36명이 0~9점을 받았다.
- 5대 성격특성 중 성실성이 강한 사람의 수는 가장 많았다. 성실성에서 인터뷰 대상자 43명 중 39명이 25~40점을 받았다.
- 5대 성격특성 중 외향성이 강한 사람의 수는 두 번째로 많았다. 외향성에서 인터뷰 대상자 43명 중 29명 25~40점을 받았다.
- 5대 성격특성 중 개방성이 강한 사람의 수는 세 번째로 많았다.

개방성에서 인터뷰 대상자 43명 중 28명이 25~40점을 받았다.

- 5대 성격특성 중 원만성이 강한 사람의 수는 네 번째로 많았다. 원만성에서 인터뷰 대상자 43명 중 21명이 25~40점을 받았다. 9명은 0~9점을 받았다.

이 결과는 부자들은 성실성이 높고 신경성이 낮다는 기존의 기업가, 부 연구의 결과와도 대체로 일치한다. 기존 연구와 다른 점은 원만성에 대한 인터뷰 대상자들의 답변이다. 이는 원만성과 갈등지향적인 특성을 구분하지 않아서 생긴 결과다. 각 항목에서 인터뷰 대상자들에게 강한 긍정을 받은 항목들을 소개한다.

신경성

'질문 1. 나는 자주 내가 다른 사람들보다 열등하다고 생각한다'라는 항목에 인터뷰 대상자 중 누구도 동의하지 않았다. 43명 중 36명이 이 항목에 강하게 반대했고 4명은 동의하지 않았다. 3명은 동의하지도 부정하지도 않았다. 이는 예상할 수 있는 일이었다. 인터뷰에서 모든 응답자들은 자신감을 드러냈고 이를 자신의 성공근거라고 이야기했다.

'질문 21. 일이 잘 풀리지 않아도 낙담하지 않는다'라는 항목에는 32명이 매우 강력하게 동의했고 10명이 다소 동의했다. 단 1명만 보통이라고 대답했다. 좌절에 낙담하지 않는 성격은 인터뷰 대상자들의 주요 공통점으로, 추후 부의 엘리트들이 위기와 좌절에 대응하는 방식을 살펴볼 때 더 자세히 다룰 것이다.

'질문 6. 내가 가치 없다고 느꼈던 적이 있다'에 인터뷰 대상자들은 거의 동의하지 않았다. 35명은 매우 동의하지 않았고 6명은 동의하지 않았다. 2명은 보통이라고 대답했다. 한편 '질문 16. 우울하거나 외롭다는 느낌을 거의 받지 않는다'에는 단지 4명만이 약간 그렇지 않다고 답했고 3명은 보통이라고 했으며 33명은 강하게 동의했다.

외향성

'질문 32. 나는 비관론자에 가깝다'라는 항목에 많은 인터뷰 대상자들이 동의하지 않았다. 43명 중 38명은 강하게 동의하지 않았고 3명이 보통, 2명만이 부분적으로 동의한다고 답했다. 이 성격특성은 앞서 낙관주의를 다룰 때 자세히 살펴봤다.

'질문 22. 나는 나를 나만의 길을 가고 싶다'에는 반대로 다수가 동의했다. 30명이 매우 강하게 동의했고 11명은 부분적으로 동의했다. 2명이 부정적으로 대답했다. 이 항목은 제11장에서 자세히 살펴볼 예정으로 기업가는 다수의 의견에 상관없이 결정을 내릴 준비가 돼 있는 사람이라고 한 슘페터의 주장을 대변한다.

개방성

'질문 28. 나는 특이한 생각이나 새로운 이론을 다루는 것을 좋아한다'에 인터뷰 대상자 43명 중 28명이 매우 강하게 동의했고 11명은 부분적으로 동의했다. 3명은 보통이라고 대답했다. 1명만이 동의하지 않았다.

'질문 33. 지식의 범주를 계속해서 넓혀나가야 믿는다'라는 항목에는 36명이 매우 강력하게 동의했고 5명이 부분적으로 동의했다. 나머지 2명은 보통이라고 대답했다.

원만성

원만성과 관련된 질문 중에서는 유일하게 '질문 29. 나는 사람들을 공평하고 친근하게 대하려고 노력한다'는 항목에만 인터뷰 대상자의 절반 이상이 동의했다. 43명 중 26명이 매우 동의했으며 14명은 부분적으로 동의했다. 2명은 보통, 1명은 다소 부정했다. 하지만 이 항목의 경우 약간 모호한 측면이 있다. 예컨대 '~하려고 노력한다'는 표현이 상대적으로 부드러워 보이고 '공평하고 친근하게'라는 서로 매우 다른 개념으로 구성돼 있다. 그러므로 인터뷰 대상자가 다른 사람들을 공평하게 대우할 수는 있지만 친절하지는 않다고 대답했을 수도 있다.

원만성에 대한 다른 항목의 답변은 매우 다양했으며 명확한 패턴은 나타나지 않았다. 앞서 잠깐 언급한 원만성과 갈등지향적인 성격에 대해서는 뒤이어 다시 살펴볼 것이다.

성실성

성실성은 제5장에서 자세히 살펴본 항목으로 5대 성격 특성 검사에서 이와 관련된 문항인 '질문 15. 내 목표를 성취하기 위해 꾸준히 성실히 일한다'에 인터뷰 대상자 29명이 매우 강하게 동의했다. 9명은 동의, 4명은 보통, 1명은 동의하지 않는다고 답했다. 이는 부의 엘리트들이 목표를 꾸준히 지향하는 것을 매우 중요하게 여긴다는 점을 잘 보여준다.

'질문 35. 언제나 약속을 지킨다'라는 항목에 31명은 매우 동의했고 11명은 다소 동의했다. 보통이라고 답한 사람은 1명뿐이었다. 많은 인터뷰 대상자들은 신뢰가 성공에 결정적인 기여를 한다고 믿었다. 그들 역시 사업 파트너, 특히 금융업자들의 신뢰를 얻기 위해 노력했다.

'질문 50. 일을 시작하기 전에 종종 시간을 낭비하는 편이다'에는 27명이 강하게 부정했고 8명은 부분적으로 동의하지 않았다. 3명은 보통이라고 했으며 5명이 부분적으로 동의했다.

원만성과 비순응주의

　　기업가정신에 대한 많은 연구들이 원만성이 기업가의 성공을 방해한다고 주장한다. 1980년대 초, 데이비드 맥켈란드David McCelland는 원만성이 높은 경영자는 갈등을 일으킬지 모르는 결정을 내리기 힘들어하기 때문에 성공을 거두기 어려울 거라고 주장했다. 하오 자오Hao Zhao와 스캇 E. 시버트Scott E. Seibert는 맥켈란드의 주장이 사실이라는 것을 증명했다.[15]

　　스티브 잡스, 빌 게이츠, 루퍼트 머독Rupert Murdoch, 테드 터너, 조지 소로스George Soros 같은 억만장자들의 전기를 분석해보면 이들이 매우 적대적이고 편협하다는 것을 알 수 있다.[16] 유년시절에도 그들은 반항적인 자질을 보였으며 자신보다 높은 위치에 있는 사람들과 큰 갈등을 빚었다.

　　이 책의 인터뷰에서는 인터뷰 대상자들에게 그들이 조화지향적인 사람인지 갈등지향적인 사람인지 물어봤다. 5대 성격특성 검사에서 인터뷰 대상자들의 원만성은 신경성 다음으로 약한 특성이었지만 20명이 25점 이상, 14명이 20~24점, 9명이 0~19점을 받아 결과가 애매했다. 따라서 더 확실히 검토하기 위해 이들이 갈등에 참여하려는 의지를 갖고 있는지를 확인해본 것이다.

　　조사 결과 몇몇의 답변이 바뀌었다. 1번 응답자는 갈등을 회피하지 않는다고 답했으며 7번 응답자는 모든 갈등에 휘말리고 그것을 전부 해결한다고 답했다.

진행자: 만약 −5점이 절대적인 화합을 추구하는 것이고 +5점이 절대적인 갈등을 추구하는 것이라면 어디에 속하는가?

7번 응답자: 사업에서는 +4 또는 +5점이다.

진행자: 그렇다면 일상에서는 화합을 추구하는가?

7번 응답자: 아니, 그렇지는 않다. 나는 모든 분쟁에 휘말린다. 하지만 모든 갈등을 해결한다. 예를 들어 당신과 저녁을 먹으러 갔는데 문제가 생겼다고 치면 숨기지 않고 "지텔만 박사, 지난주 저녁 약속 때 이런저런 일이 있었는데 싫었소"라고 말한다. 나는 갈등이 해결되지 않은 채로 내버려두지 않는다.

11번 응답자는 자신을 호전적이고 전투적이며 갈등지향적인 사람으로 묘사했다. 26번 응답자는 갈등이 없으면 성공할 수 없으며 정상으로 가는 길에는 어디에나 갈등이 있다고 답했다. 43번 응답자는 사업에서 어떤 갈등도 피하지 않으며 비판을 듣고 그에 대해 자신을 변호하는 것을 두려워하지 않는다고 답했다. 34번 응답자도 마찬가지다.

진행자: 당신을 잘 아는 사람들은 당신을 조화지향적인 사람과 갈등지향적인 사람 중 무엇으로 묘사할까?

34번 응답자: 후자일 가능성이 더 높다.

진행자: 그렇다면 그런 성향이 사업에서 어떻게 드러나는가?

34번 응답자: 아주 초기부터 그랬다. 나는 무조건 갈등을 쫓아가는 사람은 아니지만 무엇이 옳고 그른지에 대해 아주 분명한 생각을 갖고 있고 내 생각을 완벽하게 표현하고자 한다. 그리고 그것이 때때로 다른 사람들과 대립하게 만든다. 입을 닫고 엉뚱한 방향으로 불쾌하게 만드는 사람도 있지만 나는 강한 의견이 있을 때, 어떤 말을 하는 것이 옳다고 확신할 때 조화는 일단 뒤로 미루고 할 말을 하는 쪽을 선호한다.

이런 진술들은 인터뷰 대상자들이 5대 성격특성 검사 중 원만성에서 높은 점수를 받았더라도 사업에 관련된 문제에 있어서는 갈등지향적인 면이 있다는 것을 보여준다. 실제로 5대 성격특성에서 원만성에 보통 이상의 점수를 받은 인터뷰 대상자 중 13명이 스스로를 갈등지향적이라고 평가했다.

구체적으로 살펴보면 답변이 바뀐 13명 중 7명은 원만성이 25~40점으로 높았으며 6명은 20~24점으로 보통이었다. 5대 성격특성 검사에서 원만성이 높다고 나온 사람의 수가 21명, 보통이 13명이었으니 두 조사결과를 합쳐 원만성을 다시 평가하면 43명 중 22명이 원만성이 낮고, 평균은 7명, 14명이 원만성이 높다고 볼 수 있다.

이 결과는 성공한 기업가들은 원만성이 낮다는 기존 연구결과에 부합한다. 그렇다면 왜 이런 차이가 생긴 것일까? 이는 5대 성격특성 검사에서 원만성을 측정하기 위해 고안된 질문들이 비즈니스적인 갈등을 설명해주지 않기 때문일 가능성이 높다. 5대 성격특성 검사에서 원만성을 측정하는 항목 10개는 다음과 같다.

5대 성격특성 검사 중 원만성 항목

- 나는 타인을 대할 때 존중과 세심함을 먼저 생각한다.
- 사람들은 나를 논쟁을 좋아하는 사람이라고 생각한다.
- 나는 고집이 세고 내 결정과 의견을 보통 고수하는 편이다.
- 내가 누군가를 좋아하지 않는다는 것을 드러내도 상관없다.
- 스스로를 회의적이거나 염세적이라고 생각해본 적이 없다.
- 나는 사람들을 공평하고 친근하게 대하려고 노력한다.
- 사람들은 내가 다소 차갑고 오만하다고 느낀다.
- 목표를 성취하기 위해 굉장히 무자비해질 수 있다.
- 어떤 사람들은 나를 자기중심적이고 오만하다고 묘사한다.
- 경쟁보다 협력을 선호한다.

비즈니스 협상에는 종종 타협이 수반된다. 따라서 타협하지 않는 사업가는 성공하기 어렵다. 또한 '논쟁'은 부정적인 의미를 가진 단어다. 만약 5대 성격특성 검사에서 '입장을 고수하다'라는 용어를 썼다면 다른 반응이 나왔을 것이다.

'나는 사람들을 공평하고 친근하게 대하려고 노력한다'는 항목도 마찬가지다. 다른 사람의 의견에 동의하지 않지만 그들을 공평하게 대하려는 사람들도 있을 것이다. 또한 사업에서 협력을 기반으로 모든 것을 이룰 수는 없고 시장경제에서 경쟁은 기본이기 때문에 기업가들은 경쟁을 선호한다고 답할 수밖에 없다.

원만성이 높은 부의 엘리트

부의 엘리트들은 원만성이 낮다고 단정 짓기에는 아직 이르다. 갈등지향 여부 조사결과를 반영한다고 쳐도 여전히 인터뷰 대상자 중 약 3분의 1이 원만성이 높다고 밝혀졌기 때문이다. 몇몇 연구에 따르면 나이가 들수록 원만성은 높아진다고 한다.[17] 현재 70대인 14번 응답자는 자신을 "지독하게 조화롭다"고 묘사했다.

14번 응답자: 나는 지독하게 조화롭지만 사업에서 거래할 때는 고집스러운 경향이 있다. 쉽진 않다. 나는 조화를 훨씬 더 좋아하지만 사업을 하다 보면 "아니요"라고 말해야 할 때가 있다. 예를 들어 실적이 좋지 않은 직원에게 "이렇게 해서는 안 됩니다. 변화해야 합니다"라고 말할 수 있어야 한다는 것이다.

진행자: 당신은 직원들에게 인기가 있는가?

14번 응답자: 전반적으로 그렇지만 젊었을 때는 훨씬 더 무서웠다.

진행자: 일이 어려워졌을 때 크게 화를 낸 적이 있는가?

14번 응답자: 아니, 그런 적은 없다. 나는 절대 상황을 시끄럽게 만들지 않는다. 단호하게 "그건 안 된다"고 말하고 각자의 길을 간다. 상대방이 좋아하지 않을 결정을 내릴 때도 있어야 한다. 협상에서도 마찬가지다.

원만성에서 높은 점수를 받은 6번 응답자 역시 시간이 흐르며 조화지향적인 사람으로 바뀌었다고 진술했다. 과거 그는 사람들에게 대하기 어려운 사람, 논쟁적인 사람, 대담한 사람이라는 평가를 받았지만 일부러 어깨에 힘을 빼고 자신의 주장을 고수하는 태도를 버리려고 노력했다. 그러자 조금 더 유한 사람이 됐다.

40번 응답자 역시 원만성에서 매우 높은 점수를 받은 호의적인 사람이다. 그러나 학창시절 그는 항상 문제를 겪고 5번이나 퇴학을 당했다고 한다.

40번 응답자: 나는 원래 좀 건방졌다. 나를 좋아하는 선생님들은 "넌 정말 훌륭한 아이인데 왜 그런 짓을 하니?"라고 묻기도 했다. 나는 너무 황소고집이었기 때문에 "그게 제가 해야 할 일이니까요"라고 대답했다. 이게 나를 가장 잘 묘사하는 말일 것이다. 나는 친구가 많고 주변에 나를 미워하는 사람은 많지 않다고 생각한다. 비즈니스 세계에서조차 그렇다. 사업과 관련해 나에 대해서 물어보면 다들 나보고 고집은 세지만 똑똑한 사람이라고 말할 것이다.

검사 결과 원만성 점수가 높게 나왔지만 주변 사람들은 그렇게 이야기하지 않을 거라고 이야기하는 인터뷰 대상자들도 여럿 있었다. 35번 응답자의 경우 반대되는 의견을 듣고 합의를 만들어가는 과정을 좋아하기 때문에 스스로 원만성이 높다고 생각한다. 하지만 사람들은 그를 '경쟁과 대립을 좋아하는 사람'으로 평가한다. 그는 최선의 해결책을 찾기 위해 토론을 즐기며 매일 저녁 스스로에게 '다른 사람들이 옳다'고 되뇐다.

이처럼 원만성은 모든 부분에서 일관적으로 나타나는 것이 아니다. 자신은 원만성이 높다고 평가해도 주변 사람들은 그렇게 생각하지 않을 수 있고 일상생활에서는 원만성을 높게 발휘하지만 사업에서는 갈등과 경쟁을 지향할 수도 있다. 대상에 따라 원만성을 다르게 발휘하는 인터뷰 대상자도 있었다. 예컨대 17번 응답자는 비즈니스 파트너들에게는 공격적으로 대응하지만 고객이나 친구에게는 부드럽다. 그는 일이 제대로 되지 않을 때 또는 파트너들이 제대로 일을 하지 못할 때 숨기지 않고 문제를 지적한다고 한다.

인터뷰 대상자마다 원만성을 어떻게 생각하는지도 각자 달랐다. 18번 응답자는 높은 원만성을 자신의 약점으로 여겼다. 그는 항상 화합을 추구하고 다른 사람들과 대립하지 않으려고 노력한다. 직원들과 언쟁을 벌인 적도 한 번도 없다. 18번 응답자는 이를 '실수'라고 표현했다. 하지만 31번 응답자는 사업에서 갈등보다 조화가 더 좋은 결과를 가져온다고 이야기했다. 그는 주식과 부동산 투자로 큰 성공을 이뤘다.

> **31번 응답자:** 조화 그 자체를 중요하게 여기지는 않았지만 나는 항
> 상 이해관계 당사자들의 의견을 일치시키는 것을 중요시했다. 사
> 람들은 나를 항상 논쟁보다는 포용을 기반으로 전략을 짜는 사람
> 으로 여겼다. 나는 항상 합의를 도출하는 데 더 집중해왔고 논쟁은
> 아무것도 해결하지 못한다고 확신한다. 논쟁은 스트레스를 야기하
> 고 목표에 다가가게 해주지도 못한다. 반대 입장을 이해함으로써
> 건설적인 결과를 만들어야 한다. 윈-윈을 이뤄야 한다.

갈등을 지향하는 부의 엘리트

자신을 극도로 대립적인 성향을 가진 것으로 묘사하고 실제로 원만성 점수도 낮은 인터뷰 대상자들도 몇몇 있었다. 부동산 업계에 종사하는 16번 응답자 역시 원만성이 낮고 스스로 갈등지향 적이라고 답했다. 그는 갈등을 일종의 여과장치로 여긴다. 이를 통해 자신의 사업을 위험하게 만드는 사람을 거르고 분쟁을 미리 해결한다. 즉, 갈등 그 자체를 즐긴다기보다 미래의 평화를 위해 미리 갈등을 이용한다는 것이다. 그는 다른 사람들이 자신을 어떻게 평가할 것 같느냐는 질문에 "겉은 차갑지만 속은 부드러운 사람"이라고 답했다. 또한 경쟁을 좋아하기 때문에 스포츠를 즐긴다.

IT 업계에 종사하는 33번 응답자도 5대 성격특성 검사결과 원만성에서 낮은 점수를 받았고 갈등을 즐긴다고 이야기했다. 자신을 한마디로 묘사해달라는 요청에 그는 이렇게 답했다.

33번 응답자: 대결. 나는 토론하는 것을 즐긴다. 다른 의견을 듣는 것도 좋아한다. 모든 것에 동의만 하는 대화는 지루할 것이다. 반면 정치든 뭐든 서로 다른 의견을 나눌 수 있다면 풍부하고 즐거운 대화가 될 것이다. 삶의 모든 질문에 같은 생각을 하는 사람이랑만 이야기하면 지루해진다.

진행자: 당신은 화를 자주 내는가?

33번 응답자: 옛날에는 꽤 자주 화를 냈다. 그러나 요즘에는 화를 잘 내지 않는다.

진행자: 어떻게 화를 다스릴 수 있었나?

33번 응답자: 심리상담을 받으면서 스스로에게 물어봤다. 나는 왜 그렇게 화가 나는가? 그게 무력감, 불확실성의 결과물이라는 것을 깨달았다. 왜 화가 나는지 이해하게 되면 더 이상 화가 나지 않게 된다.

갈등지향적인 인터뷰 대상자들은 이런 성향을 사업에만 국한하지 않았다. 원만성 점수가 낮은 37번 응답자는 거친 것을 좋아한다. 나아가 사업에서든 일상생활에서든 자신과 부딪히는 모든 사람과 논쟁하며 이를 일종의 스포츠로 여긴다.

또한 한 익명의 응답자는 원만성 점수가 보통이었는데 스스로 예전과는 달리 성격이 차분해진 편이라고 이야기했다. 예전에는 파티에서 갈등이 생기면 주저하지 않고 싸움을 벌이는 성격이었다고 덧붙였다.

부의 엘리트를 만드는 성격은 따로 있다

인터뷰 대상자들의 5대 성격특성 검사는 부와 기업가정신에 대한 기존 학술연구의 가정들을 사실로 증명했다. 5대 성격특성 검사 결과 인터뷰 대상자들 사이에서는 성실성이 가장 지배적인 성격특성으로 밝혀졌다. 여기서 성실성은 근면, 규율, 야망, 헌신, 꼼꼼함, 철저함 등의 특성을 지닌다. 응답자 43명 중 39명이 25~40점을 받았으며 성실성이 강했다.

인터뷰 대상자들의 외향성 점수는 5대 성격특성 중 두 번째로 높았다. 조사 결과 29명이 굉장히 외향적인 것으로 나타났다. 이들은 스스로를 자신의 길을 개척하길 선호하는 매우 낙천적인 사람들로 묘사했다.

개방성에서는 28명이 매우 높은 점수를 받았다. 인터뷰 대상자들은 특이한 아이디어를 실험하는 것을 좋아한다는 문항에 강하게 동의했다.

한편 신경성은 인터뷰 대상자들이 가장 약하게 갖고 있는 성격특성이었다. 모든 응답자가 0~19점이라는 보통 이하의 점수를 받았으며 36명은 0~9점이라는 굉장히 낮은 점수를 받았다. 이 결과는 부의 엘리트들이 굉장히 정신적으로 안정됐음을 보여준다. 인터뷰 대상자들은 '나는 종종 내가 다른 사람들보다 열등하다고 생각한다'는 항목을 만장일치로 거부했고 '일이 잘 풀리지 않아도 낙담하지 않는다'는 항목에 강력하게 동의했다.

한편 인터뷰 대상자들의 원만성 점수는 신경성보다는 높았지만 성실성, 외향성, 개방성보다는 낮았다. 21명이 원만성에서 높은 점수를 받은 반면 9명은 보통 이하의 점수를 받았다.

성공한 기업가들의 원만성이 낮을 거라는 가설은 이 책의 인터뷰에서 부분적으로만 확인했다. 하지만 원만성이라는 특성이 기업가의 성향을 설명해주기에는 부족한 면이 있다는 판단에서 인터뷰 대상자들에게 갈등지향적인 측면이 있는지를 추가로 물어봤고 이 질문으로 유의미한 결과를 도출할 수 있었다.

확인 결과 원만성이 높은 응답자들 중 본인을 갈등지향적으로 평가한 인터뷰 대상자들이 있었다. 5대 성격특성 검사결과와 갈등지향성 조사결과를 종합해 43명 중 22명이 낮은 원만성을 가진 것으로 결론지었다. 이는 기업가들은 경쟁과 갈등을 지향한다는 다른 연구의 가설을 뒷받침해준다.

5대 성격특성 검사결과 원만성에서 높은 점수를 받고 스스로 매우 조화지향적이라고 답변한 인터뷰 대상자 중 몇몇은 과거에 갈등지향적인 편이었다고 진술했다. 이는 연령이 높아짐에 따라 원만성이 증가한다는 가설을 잘 설명해준다. 또한 스스로 조화지향적인 성향이라고 생각했지만 다른 사람의 평가는 그렇지 않은 인터뷰 대상자들이 있었다. 그때그때 상황에 따라 갈등지향적이라고 답한 응답자들도 있었다.

한편 원만성 점수가 낮고 스스로 갈등지향적이라고 답한 응답자들은 사업뿐만 아니라 일상에서도 대립을 피하지 않는다고 답했다. 이들이 생각하는 갈등지향적 성향은 다음 장에서 설명할 다수의견에 반대하려는 성향과도 일치한다.

제11장

부의 엘리트는 반항아인가

비순응주의란 무엇인가

　　일반적으로 규칙을 어기고 주류에 순응하지 않는 데는 부정적인 이미지가 있다. 하지만 기업가정신과 부에 대한 연구는 비순응주의를 반드시 나쁘게 여기지 않는다. 오히려 성공한 기업가의 덕목으로 바라보는 경우도 있다. 이는 기거렌처의 '모방' 개념과 관련이 있다. 그에 따르면 모방은 시간과 정보의 한계를 고려했을 때 가장 현명한 행동이다. 또한 방대한 문화를 다음 세대로 전달하는 핵심과정이기도 하다.[1]

　　기거렌처에 따르면 모방에는 2가지 유형이 있다. 평범한 사람 대다수가 하는 일을 따라 하는 것과 성공한 사람이 하는 일을 따라 하는 것이다.[2] 다수를 모방하는 것은 사회적으로 받아들여지는 것에 대한 인간의 본능을 충족하고 '편안한 순응'을 만들어준다.[3] 그러나 모든 사람이 다수를 모방한다면 인류의 변화는 불가능할 것이다.[4] 다수를 모방하는 것은 변화의 속도가 느릴 때 성공적이며 무언가 변화가 일어나면 의미를 잃는다.[5] 따라서 기거렌처는 때로 무지가 성공요인이 될 수 있다고 이야기한다.[6] 이는 간혹 새로운 일에 뛰어든 사람들이 그 업계에 오래 몸담은 사람들보다 성공하는 사례를 잘 설명해준다.

안토니오 E. 버나드Antonio E.Bernard와 아이보 웰치Ivo Welch의 2001년 연구에 따르면 성공한 기업가들의 초낙관주의적 성향은 비순응주의와도 강하게 연관돼 있다. 이들은 초낙관주의적인 기업가 또는 리더들은 기존의 문법을 모방할 가능성이 적고 새로운 환경을 탐구할 가능성이 더 높다고 이야기했다.[7] 또한 초낙관주의가 종종 기업가들에게 부정적인 결과를 가져오지만 사회 전체에는 이로운 영향을 끼치기도 한다고 주장했다. 초낙관주의적인 기업가들이 자신만의 정보를 좇으며 그룹 내의 정보를 저평가하는 행동 자체가 자신이 속한 업계를 널리 알릴 수 있다. 그렇게 자신도 모르는 사이에 이타적인 행동을 하게 되는 것이다.[8]

이처럼 기업가는 주류를 거스르는 사람이라는 슘페터의 주장에 동의하는 학자들이 많다. 인지과학자 사라스 사라스바티Saras Sarasvathy는 기업가들은 전문성을 무시하는 경향이 있다고 주장했다. 기업가들은 전문가들이 예측하는 결과와 이들이 제안하는 목표 수치를 훨씬 뛰어넘어 생각하며 자신의 개인적 관심사, 지식, 인맥을 활용해 사업 아이디어를 구체화하는 경향이 있다.[9] 로크와 바움은 기업가들이 현상과 전통을 거스르고 다른 사람들이 어리석다고 평가하는 일을 한다고 이야기했다.[10] 비르거 P. 프리다트Birger P.Priddat 도 기업가들은 불확실한 상황에 과감하게 접근해 새로운 규칙을 만들고 그것을 이용하는 사람이라고 정의했다.[11] 히스리치, 랭간-폭스, 그랜트는 그보다 한발 더 나아가 기업가는 사회규범을 거부하고 기존의 조직에 제대로 적응하지 못해 자신의 회사를 차리는 사람이라고 이야기했다.[12]

바버라 J. 바드Barbara J. Bard 역시 《기업가적 행동Entrepreneurial Behavior》에서 "기업가는 다른 사람이나 시스템에 의해 감독, 관리, 통제되는 것을 꺼리거나 할 수 없는 사람"이라는 견해를 피력한다. 따라서 기업가들은 다른 사람을 위해 일하는 대신에 그들 자신을 위해 일하는 것을 선택한다. 또한 이미 존재하는 조직에 속하는 대신 스스로 조직을 만든다.[13] 심지어 일부 연구자들은 이들이 사회적 실향민, 즉 이민자, 실업자 또는 심리적으로 무언가 상실한 사람이기 때문에 기업가가 된다고 주장하기까지 한다.[14]

기업가들이 비순응적인 사람이라는 것은 많은 사례로 증명됐다. 이들은 권위에 저항하고 스스로를 고립시키는 반란군이며 남들에게 명령받기를 꺼리고 홀로 모험하기를 좋아한다.[15] 조지 G. 브렌커트George

G.Brenkert는 기업가를 비순응주의자로 묘사하는 다양한 연구들을 소개한다.[16] 그가 그 연구들에서 발췌한 문장들은 다음과 같다.

- 규칙은 깨져야 한다. 기업가가 되려면 그런 마음이 있어야 한다. 규칙을 따르려면 차라리 잊어버리는 게 나을지도 모른다. 규칙이 당신을 압도할 것이기 때문이다.
- 기업가들은 규칙을 어기고 허용된 경계를 넘나들며 현 상태를 거스르는 위험을 감수한다.
- 정립된 틀을 깨는 기업가정신의 핵심원칙 중 하나는 명확하고 빠른 규칙의 부재다.
- 하지만 기업가는 다르다. 그들은 단지 규칙을 어기기만 하지 않는다. 그들은 규칙을 어기는 것을 즐긴다. 사실 내가 들은 기업가들의 성공담에는 대부분 대담무쌍한 기업가가 결정적인 거래를 성사시키거나 아이디어를 짜낼 수 있는 재원을 찾기 위해 터무니없는 전술을 사용한 일화가 들어 있다.

1999년, 조프 윌리엄스Geoff Williams는 성공의 5가지 규칙을 정한 다음 이 규칙을 어겨서 성공한 기업가의 사례를 소개했다. 그의 5가지 규칙은 '전문가들의 말을 들어라', '사업계획을 세워라', '적절히 자본화돼라', '잘 알고 있는 사업을 시작하라', '레드오션에서 창업하지 말라'는 것이었다.[17]

대세에 순응하지 않는 것, 즉 비순응주의가 기업가들에게 성공을 가져다주는 정확한 이유는 무엇일까? 엘리자베스 G. 폰타이크스 Elizabeth G. Pontikes와 윌리엄 P. 바넷William P. Barnett은 좋은 시기에 시장에 진입하는 기업과 나쁜 시기에 진입하는 기업을 비교했다. 그 결과 후자가 더 장기적인 성공을 누렸다는 사실을 발견했다. 전망이 좋아 보이는 시장에 진입하는 것은 기업가의 비판적 판단력을 흐리게 만든다. 반면 상황이 좋지 않은 시장에 진입한 기업가들은 자신의 선택이 옳은지를 매 단계마다 증명해야 한다. 투자를 받기도 어려울 것이고 외부기관의 끊임없는 부정적 평가를 극복하기 위해 더 과감한 전략을 펼쳐야 한다. 이 과정에서 기업은 강해지고 마침내 성공하면 많은 이익을 독점하게 된다.[18]

그렇다면 부의 엘리트들은 정말 추세에 따르지 않고 규칙을 부수는 비순응주의적 성향이 있을까? 첸 창Zhen Zhang과 리처드 D. 아르베이Richard D. Arvey는 기업가 60명과 경영자 105명의 전기를 분석해 이들이 유년기, 청소년기에 규칙을 어기거나 권력에 반항한 경험이 있었는지 조사했다. 그 결과 기업가나 경영자가 된 이들이 보통 사람들보다 어린 시절 패싸움, 재물손괴, 규칙 위반을 더 자주 저질렀던 것으로 밝혀졌으며 이 경향은 전문경영자보다 기업가에게서 더 높게 나타났다.[19] 하지만 이들이 커리어를 방해할 정도로 심각한 범죄를 저지른 것까지는 아니었다.[20]

창과 아르베이는 유소년기의 반항적 행동이 성인이 됐을 때 기업가적 활동에 긍정적 영향을 미칠 수 있다는 것을 발견했다.[21] 또한 이렇게 비순응주의적 성향을 가진 청소년들은 자신의 반항적 행동이 부정적 결과를 초래할 것이라고 생각하지 않는 것은 물론 이들의 위험 감수 성향 역시 높다는 점도 발견했다. 창과 아르베이는 비순응주의적 성향을 가진 사람들은 사회적 규칙이나 현상에 도전하는 행동 패턴이 있으며 이것이 창업의지와 시장에서 좋은 기회를 찾을 가능성을 높인다고 결론지었다.[22]

2006년, 엘리자베스 W. 모리슨Elizabeth W. Morrision은 조사를 통해 회사에서 규칙을 위반하는 사람에게 높은 위험 감수 성향이 있다는 것을 발견했다. 그리고 위험 감수 성향이 높은 사람들은 자신이 얼마나 자율성을 갖고 있는지, 다른 사람들이 조직의 규칙을 얼마나 중요하게 생각하는지에 상관없이 규칙을 어길 가능성이 높다고 결론지었다.[23] 이처럼 비순응주의, 위험 감수 성향, 초낙관주의, 직관적 성향은 서로 연관돼 있을 뿐만 아니라 기업가정신, 기업가의 성공과도 상관관계가 있다.

비순응주의와 성공의 상관관계

억만장자 14명의 삶과 성공전략을 분석한 프리드슨은 사회적 관습과 규칙을 항상 준수하거나 타인의 비판과 적개심을 견디지 못하는 사람들은 큰 부를 성취할 수 없다고 주장했다. 프리드

슨은 빌 게이츠, 존 D. 록펠러, 칼 아이칸과 같은 억만장자를 예로 들며 이들은 살면서 자주 다른 사람에게 방해와 미움을 받았지만 그렇다고 좌절하거나 단념하지 않았다고 이야기했다. 오히려 "월스트리트에서 친구를 사귀고 싶다면 차라리 개를 키워라"라고 말한 아이칸처럼 외로움과 비판을 두려워하지 않는 것이 이들의 성공비결이었다고 봤다.[24]

프리드슨에 따르면 자수성가한 억만장자들은 항상 자신의 길을 개척해왔다. 주류에 편승하는 사람은 부자가 될 가능성이 별로 없다. 슘페터 역시 "기업가는 다른 사람들이 경제적 행동에 제약을 느끼는 상황에 억압되지 않으며 사람들이 그의 사업에 대해 뭐라고 말하는지에 매우 무관심하다"고 이야기했다.[25]

이 책의 가설 중 하나는 이렇게 다양한 학자들의 말대로 부의 엘리트들이 비순응주의자라는 것이다. 보통 사람들처럼 평범하게 투자나 사업을 해서는 특출난 부자가 되기 힘들다고 생각했기 때문이다. 이를 확인하기 위해 인터뷰 대상자들에게 중요한 결정을 내릴 때 대중의 의견에 의식적으로 반대하는지, 그런 행동이 성공에 어떤 역할을 했다고 생각하는지 물어봤다. 또한 자신을 비순응주의자로 평가하는지, 만약 어떤 상황에서 분쟁이 일어나면 거기에 기꺼이 참여할 의향이 있는지 질문했다. 비순응주의적 행동은 종종 타인과의 갈등으로 이어지기 때문이다.

조사 결과 인터뷰 대상자 중 절반 이상이 비순응주의가 성공의 핵심요인이었다고 강조했다. 이것에 반대한 사람은 4명뿐이었다. 5대 성격특성 검사의 50개의 문항 중 '나는 나만의 길을 가고 싶다'는 항목에 인터뷰 대상자 43명 중 30명은 강하게 동의했고 11명은 부분적인 동의를 나타냈으며 단 2명만이 보통이라고 했다. 부정한 사람은 1명도 없었다.

인터뷰에서 응답자들의 비순응주의적 성향은 2가지로 구분됐다. 첫 번째 유형은 분명히 주류에 반하는 것을 즐기며 다수의견에 적극적으로 반대했다. 반면 두 번째 유형은 비주류가 되는 것에 특별한 즐거움을 느끼지 못하고 다수의견에 무관심했다. 또한 부동산 투자 분야의 종사자들이 비순응주의적 성향을 가장 강하게 보였는데 이를 설명할 특별한 근거는 찾지 못했다.

부의 엘리트, 타고난 비순응주의자

인터뷰 대상자의 2가지 비순응주의 유형 중 첫 번째, 주류를 거스르는 것을 즐기고 다수의견에 적극적으로 반대하는 응답자들을 먼저 살펴보자. 4번 응답자의 경우 자신을 항상 다른 일을 경험하고 다르게 생각하는 사람이라고 여겼다. 예컨대 1980년대 그가 부동산사업을 시작하려고 했을 때 사람들은 '이제 부동산시장은 죽었다'고 말하며 그를 만류했다. 그 말을 들었을 때 부동산사업을 꼭 해야겠다는 생각이 들었다고 한다. 사업을 시작하고 난 뒤에는 사람들이 성공하기 힘들 거라고 말하는 선택들을 고수했다. 심지어 그렇게 해서 손해를 보기도 했다. 또한 그는 동성애자로서 아웃사이더로 살아가는 것에 익숙하다고 답했다.

> **진행자**: 당신은 아주 일찍부터 아웃사이더 역할에 익숙했을 것 같다. 그것과 사업에서 비주류적인 결정을 내리는 것에 연관이 있다고 생각하는가?
>
> **4번 응답자**: 그렇다. 그게 나의 비순응주의를 강화해주고 특정한 경향, 사상, 행동 패턴을 따르는 것을 피하게 만든다. 나는 사람들이 일반적으로 식사하지 않는 시간에 사람들지 잘 먹지 않는 음식을 먹는다. 잠을 다르게 자고 다르게 생각한다. 타인과 다르게 생각하는 건 내 사명이다. 예컨대 연주회장에서도 음악을 다르게 듣는다. 다른 사람을 방해하면 안 되니 마음속으로 지휘자가 지휘봉을 드는 순간부터 비판을 시작한다. 그리고 그것을 즐긴다. 사업에서도 그렇다. 그리고 그 이유 때문에 나를 좋아하는 사람들이 많이 있다. 대다수와 다르게 생각하기 때문이다.

이 첫 번째 유형의 인터뷰 대상자들은 부적응자, 아웃사이더, 비주류를 부정적으로 받아들이지 않는다. 오히려 그런 평가를 자랑스럽게 여긴다. 순자산으로 최상위 범주에 속하는 21번 응답자도 이에 동의했다. 그는 항상 아웃사이더였고 아무도 하지 않을 일을 했다.

다른 사람들이 경제가 회복될 거라고 말하면 '아니, 불황이 오고 있다. 이것에 어떻게 대비해야 할까?'라고 생각했다. 그는 인터뷰에서 사람들이 왼쪽으로 갈 때 혼자 오른쪽으로 가는 것이 자신의 방식이라고 이야기했다.

비순응주의 유형을 2가지로 구분하긴 했지만 사실 첫 번째 유형과 두 번째 유형이 완전히 독립적인 것은 아니다. 두 번째 유형의 비순응주의자들이 다수의견에 무관심해 보이는 것은 무턱대고 반대의견을 표출했다 일을 그르칠까 봐 걱정하기 때문인 경우도 많다. 여기서 말하는 다수는 단순히 많은 사람들만을 지칭하는 것이 아니라 그 분야의 경쟁자를 뜻한다. 가령 16번 응답자는 항상 업계의 주요 흐름에 반대되는 선택을 한다고 답했다. 대세를 따랐다 실수한 경험이 있기 때문이다.

> **진행자**: 비순응주의적 성향이 당신의 성공에 얼마나 기여했다고 생각하는가?
>
> **16번 응답자**: 90% 가량. 주류를 거스르는 것은 사람들의 시선을 사로잡는 일을 뜻한다. 또한 대세에 휩쓸리지 않고 독립적으로 생각하며 내 운명의 주도권을 잡으려고 노력한다는 뜻이다.

보통 사람들은 다수의 의견에 반대할 때 불편함을 느끼는 반면 부의 엘리트들은 즐거움을 느낀다. 사업을 하면서 항상 주류의견에 반대해왔다고 답한 6번 응답자는 그걸 "비뚤어진 기쁨"이라고 표현했다. 그는 의견을 일치시키는 일에 관심이 없었으며 일부러 반대의견을 찾아다녔다고 한다.

11번 응답자는 사람들이 모두가 옳다고 생각하는 것의 허점을 찾는 일을 좋아했다. 그는 '지배적인 의견에 맞서고 다른 방식으로 일할 용기를 가진 사람들이 성공한다'는 의견에 전적으로 동의하며 스스로도 그렇게 일한다고 답했다. 또한 다수의 의견에 반대할 때 즐거움을 느낀다고 한다.

인터뷰 대상자들의 비순응주의적 성향은 사업 분야를 가리지 않고 나타났다. 응답자들은 인터뷰에서 주류에 거스르는 선택을 내려서 성공한 다양한 경험을 소개했다. 12번 응답자는 10년 전 발리에 갔을 때 모든 입국심사 창구의 줄이 길자 아무도 줄을 서 있지 않은 닫힌 창구에 가서 통과하게 해달라고 부탁했다. 그는 항상 원하는 것을 얻기 위해 평범하지 않은 방법을 찾으려고 노력한다. 마찬가지로 사업에서도 사람들이 "왜 바보같이 그런 짓을 해?"라고 물을 때 자극을 받는다고 한다. 그리고 스스로의 결정을 전적으로 신뢰하기 때문에 전혀 불안해하지 않는다.

의료기술 분야에서 성공한 32번 응답자는 한발 더 나아가 사람들이 자신의 결정에 전부 동의하면 오히려 불안하다고 이야기했다. 그는 이런 성향이 기업가의 성공비결이라고 생각한다.

32번 응답자: 나는 사람들을 따라본 적이 한 번도 없다. 나는 종종 왜 사람들이 스스로에게 더 효율적인 방법이 없는지, 어떻게 다르게 일할 수 있을지 물어보지 않고 항상 같은 일을 하며 힘들어하는지 궁금하다. 나는 다수와 다른 의견을 내는 것을 좋아하지만 간혹 누군가 내가 옳다고 하면 오스카 와일드의 명언을 떠올린다. "사람들이 나에게 동의할 때마다 나는 분명 내가 틀렸다고 느낀다." 무슨 뜻인지 알겠는가?

나는 다른 사람들이 왜 내 생각이 틀렸다고 하는지도 알 수 있다. 그런다고 해서 그걸 신경 쓰는 것은 아니다. 물살을 따라 헤엄치는 기업가는 결코 성공하지 못한다. 다른 사람을 따라갈 뿐이다. 심지어 먼저 가는 사람을 따라잡지도 못한다. 하지만 스스로 길을 정한다면 성공할 것이다. 그 길은 어느 정도 물살을 거스르는 길이다.

IT 사업을 하는 33번 응답자는 사람들에게 자주 조롱을 당한다고 이야기했다. 그럴 때마다 그는 '이제 됐다!'고 생각한다고 고백했다. 그는 사람들이 자신이 하는 일이 쓸모없다고 말해도 신경 쓰지 않는다. 모든 일이 잘되는 것은 아닐뿐더러 이따금 현상에 의심을 품어야 한다고 생각하기 때문이다.

대세에 무관심한 부의 엘리트

　　다수에 반대하는 것에서 기쁨을 느끼는 첫 번째 유형과 달리 다수의 의견에 관심이 없는 두 번째 비순응주의 유형을 살펴보자. 이 유형의 사람들은 다수와 완전히 독립적으로 행동해야 한다고 생각한다. 이들은 다수의 의견을 따르지도 않고 반대하지도 않는다. 그저 주류를 알고 싶어 하지도 않을 뿐이다. 투자자로서 순자산 상위 범주에 속한 22번 응답자는 대세를 거스르는 결정이 성공에 중요한 역할을 했다고 생각하지만 자신을 반항아라고 생각하지는 않았다.

　　22번 응답자: 다수와 다른 생각을 하는 게 나 혼자만은 아니다. 일부러 반대의견을 내세우고 싶어서 그러는 것도 아니다. 나는 내게 중요한 요소들을 바탕으로 판단하려고 노력한다. 그런 뒤 주위를 둘러보고 그 결정이 다수의 의견인지 아닌지를 알아본다. 나는 결코 '어디 보자, 내가 반대입장을 취한다면 어떤 일이 일어날까?'라고 생각하지 않는다. 물론 그것도 현상을 바라보는 하나의 접근법이겠지만 내 방식은 아니다. 나는 정반대에서 현상을 바라보고 내 입장을 정한 뒤 그것이 대중적인지 아닌지 알아본다.

　　진행자: 다수에 반대되는 결정을 내리는 것을 즐기지 않는가?

　　22번 응답자: 사람들은 모두 다르게 생각한다. 나는 그저 휩쓸리지 않고 항상 침착할 뿐이다. 독일이 통일되고 나서 모두들 동독의 부동산을 쓸어 담으려고 했다. 하지만 나는 그냥 하던 일을 계속하겠다고 말했다. 당시 그렇게 생각하는 사람은 아무도 없었다.

나는 추세에 항상 반대하지 않는다. 대부분의 사람들이 금리가 계속 낮게 유지될 거라고 생각하는데 나도 그 의견이 설득력 있다고 보기 때문에 반대하지 않는다. 실제로 그렇게 될지는 두고 봐야 하지만 다수의 의견이 옳다고 생각할 때는 그에 따른다.

기업가들이 사람들과 갈등을 빚는 이유는 비순응주의적 성향 때문이 아니라 강한 성격 때문이라고 답한 인터뷰 대상자들도 몇몇 있었다. 이처럼 두 번째 비순응주의 유형의 사람들은 주류에 반대하는 것을 원칙으로 삼는다기보다는 다수와 독립적으로 떨어져 결정을 내린다.

41번 응답자 역시 항상 주류에 대항해 생각해왔지만 갈등을 즐겨서 그렇게 한 것은 아니었다고 답했다. 그는 살면서 다수에 동의하지 않는 결정을 내려 문제를 일으킨 적이 없다. 그는 다른 사람의 주장을 경청하지만 자신의 생각을 믿고 그에 따라 결정을 내린다. 그리고 거기에 사람들이 반대해도 상관하지 않는다. 그는 대세를 따르지 않는 성향이 성공비결의 80% 이상을 차지한다고 덧붙였다.

비순응주의는 단순히 별난 성향이 아니다. 기업가들의 성공가능성을 높이는 중요한 요소다. 투자와 부동산에서 성공을 거둔 43번 응답자는 자신이 투자자로서 성공한 이유는 100% 대세에 순응하지 않았기 때문이라고 답했다. 그는 사람들이 좌회전할 때 우회전하는 것이 즐겁지만 때때로 불안을 느끼기도 한다고 솔직하게 고백했다.

43번 응답자: 사람들은 나를 위험을 즐기는 사람으로 볼지 모르지만 이런 내 결정이 단지 주류를 거스르기 위한 것만은 아니다. 내 모든 결정들은 수많은 분석과 계산, 생각에 기초한다. 또한 다수에 반대되는 결정을 내릴 때 내가 틀린 것은 아닌지 끊임없이 자문한다. 대세는 항상 변화하며 무엇이 옳은지 알려면 수년이 걸릴지도 모른다. 사람들은 나를 의심하기도 하고 그러지 않기도 한다. 그러나 나는 내 어떤 결정도 의심하지 않는다.

43번 응답자의 투자전략은 가치투자의 원리에 기초한다. 이런 투자전략을 따르는 사람들은 다른 투자자들의 행동에 의해 순간적으로 주식의 가치가 폭등하거나 하락하는 것이 일시적인 현상일 뿐이며 기업의 본질적인 가치가 주식의 가격을 결정한다고 여긴다. 43번 응답자 역시 결국 오랜 시간이 흐르면 주식의 가치는 항상 기업의 가치에 걸맞은 수준으로 돌아온다고 생각했다.

식품업계에서 매우 성공한 15번 응답자는 사업을 하면서 전문가들과 경쟁자들이 회의적으로 생각하는 신제품을 개발했다. 그는 비순응주의적 성향을 띠지만 단순히 즐거움을 느끼기 위해 다수의 의견에 반대하거나 대세에 역행하는 결정을 내리지 않는다. 오히려 그것이 파괴적인 행동이라고 생각한다. 15번 응답자는 이런 전략을 펼치는 이유를 소에 비유했다.

> **15번 응답자:** 좋은 예가 있다. 갈림길에 소 떼가 있다. 왼쪽에는 푸르른 목장이 있고 오른쪽에는 황무지가 있다. 100마리가 목장으로 향할 때 1마리는 황무지로 향한다. 100마리 소가 풀을 뜯어 먹어 목장이 순식간에 황무지로 변하는 동안 그 1마리는 천천히 황무지에서 풀을 찾아 배를 채울 수 있다.
>
> **진행자:** 그렇다면 대중들과 다른 의견을 말할 때 당신의 기분은 어떤가? 즐거운가, 불안함을 느끼는가?
>
> **15번 응답자:** 글쎄, 어떤 느낌이 드느냐는 중요하지 않다. 탄탄한 토대를 바탕으로 결정을 내려야 한다. 모든 사람들이 말하는 것을 단순히 실행하는 것은 효과가 없다.

17번 응답자는 부동산 투자로 부자가 됐다. 그는 "두려울 때 사서 행복할 때 팔아라"라는 워런 버핏의 유명한 원칙을 따랐다. 2008년 글로벌 금융위기 직후 부동산 가격이 폭락하자 거액을 들여 많은 부동산을 사들인 뒤 7년 뒤 시장상황이 좋아지자 6배 정도 이익을 보고 팔았다. 그는 대세를 거스르는 것이 수익을 창출할 수 있는 유일한 방법이라고 이야기했다.

이러한 역발상전략으로 큰 이익을 창출한 투자자들은 많다. 29번 응답자도 마찬가지다. 그는 모두들 부동산시장이 붕괴됐다고 말할 때 헐값에 상업용 고층건물 2채를 구입해 개조한 다음 비싸게 팔아 큰 이익을 봤다. 이 응답자는 누구나 그 건물을 살 기회가 있었지만 자신만이 그렇게 해서 이득을 봤으며 자신은 늘 그런 전략을 따랐다고 이야기했다.

하지만 모든 비순응주의적 성향을 가진 인터뷰 대상자들이 자신의 결정에 확신을 가지는 것은 아니다. 몇몇 응답자들은 때로 자신이 잘못된 길을 가는 것은 아닐지 생각한 적이 있다고 털어놓았다.

44번 응답자: 나는 역발상 투자자다. 금값이 낮았던 2005년 중반에 금을 많이 샀다. 2008년 금융위기 때는 스위스 프랑을 많이 샀다. 사업에서도 마찬가지다. 내가 어떤 사업 아이디어를 내놓았을 때 모두들 그건 안 된다고 했다. 나는 그들에게 왜 안 되는지 물었다. 그러자 다들 그게 그렇게 훌륭한 생각이었다면 누군가 이미 했을 것이라고 말했다. 그래서 나는 "그럼 내가 할 거야"라고 말했다.

진행자: 그때 당신은 괴로웠는가?

44번 응답자: 그랬다. 내가 몸담은 업계의 다른 회사들이 전부 매각될 때 나만 회사를 팔지 않았다. 그럴 때 나는 그들이 모두 바보인 건지 아니면 나만 바보인 건지 묻는다. 하지만 그런 생각이 나를 방해하지는 못했다.

호텔업계에서 큰 성공을 거둔 30번 응답자도 자신의 결정에 의구

심을 품은 적이 있다고 고백했다. 어느 날 밤 그는 호텔 건설현장에 방문했다. 현장에 있는 거대한 크레인을 보고 '내가 무슨 일을 벌여 놓은 거야?'라는 생각이 들었다. 하지만 딱 10분 뒤 그런 생각을 접어두고 이건 단지 돈을 벌 기회일 뿐이라고 생각했다고 한다.

19번 응답자는 은행과 정확히 반대되는 결정을 내린다고 이야기했다. 심지어 그는 은행은 항상 완전히 틀린 의견을 말하기 때문에 은행의 의견을 듣고 자신이 옳다는 것을 확신할 때가 많으며 그 예시를 50개라도 들 수 있다고 말했다. 가장 대표적인 예를 묻자 2003년에 있었던 일을 이야기해줬는데 그는 당시 한 도시에서 오래된 아파트 52채를 구매했다. 그가 그의 은행담당자와 식사를 하며 소식을 전하자 담당자는 "전혀 이해할 수 없는 결정이고 그 계약에서 당장 손을 떼라"고 답했다. 그때 그는 자신이 좋은 거래를 했다는 것을 깨달았다고 한다.

하지만 모든 인터뷰 대상자들이 비순응주의자는 아니었다. 매우 성공한 18번 응답자는 사업 초기 자영업자가 되기 전 일했던 직장의 사업 모델을 모방했다. 그는 비순응주의적 성향이 있느냐는 질문에 단호하게 아니라고 답했다.

18번 응답자: 아니, 그 정반대다. 나는 항상 다른 사람들을 면밀히 관찰하고 그걸 모방한다. 나는 세상을 재발견하거나 바퀴를 재발명하고 싶지 않았다. 처음 사업을 할 때 매우 성공한 사람을 가장 큰 경쟁자로 삼았다. 우리가 모든 것을 창조해야 할 이유가 없었다. 그냥 1~2가지만 다르게 했다. 그렇게 훌륭한 전략을 성공적으로 따라 해 성공했다고 생각한다.

부의 엘리트는 나만의 길을 걷는다

5대 성격특성 검사에서 '나는 나만의 길을 가고 싶다'라는 항목은 50개 질문 중 인터뷰 대상자들이 가장 많이 동의한 항목이다. 인터뷰 대상자 43명 중 41명이 동의했고 2명은 보통이라고 답했다. 동의하지 않은 사람은 아무도 없었다. 이처럼 기업가는 주류를 거스르는 사람이라는 슘페터의 정의는 이 책의 인터뷰에서 분명하게 뒷받침됐다. 인터뷰 대상자 대다수가 자신의 성공이 비순응주의적 성향에서 비롯됐다고 답변했다.

비순응주의적 성향이 어떻게 재정적 성공을 불러오는 것일까? 하나의 가설은 아무도 관심이 없는 투자매물을 싸게 사서 가격이 올랐을 때 비싸게 파는 것을 가능하게 만들기 때문이라는 주장이다. 물론 타이밍을 잘못 맞추면 크게 실패할 수 있지만 말이다. 이 같은 역발상 투자자들은 다른 투자자들이 시장에 참여해 가격을 올려야지만 이익을 볼 수 있기 때문에 일정 부분 다른 투자자들에게 의존할 수밖에 없다. 하지만 이들은 일반적인 투자자들과는 달리 시장이 호황일 때 매물을 판매하는 것을 두려워하지 않는다. 오히려 다수가 옳다고 여기는 것에서 부정적인 느낌을 받는다.

비순응주의 성향을 가진 부의 엘리트들은 2가지 유형으로 분류된다. 첫 번째 유형은 다수의견에 반대하는 것에서 즐거움을 느끼는 유형으로 이들은 자신의 의견이 주류일 때 불안해한다. 두 번째 유형은 다수의견에 무관심한 유형으로 이들은 다른 사람이 어떻게 생각하는지를 고려하지 않고 독자적으로 결정한다. 이들은 주류의견에 아무런 관심이 없기 때문에 괴로움을 느끼거나 자극을 받지 않는다. 때로 자신의 의견이 다수의 의견과 같아도 불안해하지 않는다. 이들은 다른 사람의 의견에 반대하는 것과 대세에 순응하지 않는 것을 다른 개념으로 인식했다.

제12장

부의 엘리트는
실패를 어떻게 받아들이는가

실패 후 행동력이란 무엇인가

수십 년 동안 기업을 운영하다 보면 큰 위기와 좌절을 겪는 것이 당연하다. 그렇다면 부의 엘리트들은 실패를 맞닥뜨렸을 때 어떻게 대처할까? 기업가정신 연구에서 실패 후 행동력은 기업가들의 대표적인 특성이다. 실패 후 행동력이란 좌절을 겪었을 때도 포기하지 않고 행동을 유지하는 힘을 말한다. 우트슈는 실패 후 행동력이 높은 기업가들이 성공한다고 주장했다.[1]

시그룬 괴벨Sigrun Göbel과 프레제는 29개 성격특성 중 실패 후 행동력보다 기업가의 성공과 강하게 상관관계가 있는 특성은 3개밖에 없다는 사실을 발견했다.[2] 서독 기업가를 대상으로 한 추가연구에서도 실패 후 행동력이 성공에 중요한 영향을 미친다는 것을 알아냈다.[3] 이들에 따르면 성공한 기업가는 일이 잘못돼도 포기하지 않고 좌절을 겪어도 다시 일어난다. 또한 실패를 불운이나 노력 부족의 결과로 여긴다.[4]

자기효능을 개념화한 반두라는 자기효능, 목표 설정, 실패 후 행동력이 서로 연관돼 있다고 주장했다. 그는 심리실험에서 참가자들에게 '도전 목표를 달성하지 못했다'고 설명했다. 그러자 그 평가에 만족하지 못하면서 자기효능이 높은 사람들은 더 노력하는 경향을 보였다. 반면 평가를 신경 쓰지 않고 자기효능이 낮은 사람들은 노력을 멈추고 게을러졌다.[5]

이런 생각은 힐의 저서 《열망을 생각하라》까지 거슬러 올라간다. 힐은 목표를 세우고 패배에 직면해도 상관하지 말라고 이야기하며 실패는 그에 상응하는 성공의 씨앗이라고 주장했다.[6] 힐에 따르면 미국의 성공한 사람 500명은 대부분 좌절을 겪은 직후 성공을 이뤘다고 한다. 실제로 존 D. 록펠러[7], 이케아IKEA 창업자 잉바르 캄프라드Ingvar Feodor Kamprad[8], 마이클 블룸버그Michael Bloomberg[9], 워런 버핏[10], 디즈니Disney 창업자 월트 디즈니Walt Disney[11] 등 성공한 기업가들은 실패를 극복해 더 큰 성공을 거뒀다. 이들의 인생은 위기의 연속이었고 그것이 자극제가 됐다.

5대 성격특성 검사 역시 부의 엘리트들은 실패 후 행동력이 높다는 것을 잘 보여줬다. 이 책의 인터뷰 대상자 43명은 '일이 잘 풀리지 않아도 쉽게 낙담하지 않는다'는 문항에 32명이 강력하게 동의했고 10명이 동의했다. 나머지 1명은 보통이라고 답했다.

부의 엘리트의 실패 후 행동력

이 책의 인터뷰에서 부의 엘리트들은 실패에 어떻게 반응하는지 물어봤다. 이들은 어떤 좌절을 경험했는가? 실패의 원인을 무엇이라고 생각하며 이를 어떻게 설명하는가?

먼저 심리적으로 어려운 상황에 어떻게 대처해왔느냐는 질문에 많은 인터뷰 대상자들은 극도로 심각한 위기상황에서도 침착함을 잃지 않고 숙면을 취했다고 답했다. 몇몇 응답자들은 신앙의 도움을 받았다고 언급하기도 했다. 한 익명의 응답자는 투자로 수천만 유로를 잃은 적도 있지만 절대로 감정을 드러내지 않았으며 기독교적인 관점에서 모든 것이 괜찮아질 거라고 생각했다고 이야기했다. 폭탄이 여기저기 떨어져도 눈 하나 깜박하지 않고 손수건으로 먼지를 털어내는 데 집중한다는 것이다.

16번 응답자는 긍정적인 생각과 믿음이 어려운 상황에서도 침착함을 유지하게 해줬다고 답했다. 그는 스스로 1,000만 유로를 잃어도 2,000만 유로(약 258억 원)를 벌 능력이 있다고 믿는다. 16번 응답자 외에도 많은 인터뷰 대상자들이 비슷한 답변을 했는데 이는 앞서 살펴본 낙관주의와 자기효능과도 관련이 있다.

16번 응답자: 나는 겉으로는 정신없이 바쁘지만 속으로는 완전히 느긋하다. 자신감이 있기 때문이다.

진행자: 당신의 침착함은 어디에서 오는가?

16번 응답자: 보편적인 힘, 신, 긍정적인 생각에 대한 믿음에서 온다. 나는 많은 것을 경험했고 아름다운 것들을 많이 봤고 나쁜 일들을 많이 겪었지만 미래에 관한 한 답이 없는 낙관론자다. 그래서 내가 침착함을 잃지 않는 것이다. 오늘 1,000만 유로를 잃었다고 해도 내일 2,000만 유로를 더 벌 수 있다는 것을 안다. 절망감에 무너질 수도 있지만 '2,000만 유로를 벌려면 어떻게 해야 하지? 우선 잃어버린 1,000만 유로를 되찾고 또 1,000만 유로를 찾으면 된다'라고 생각할 수도 있다. 이 태도는 감정을 버리고 상황을 언제나 객관적으로 바라볼 때 나타난다. 나는 조금도 바쁘지 않다. 나는 긍정적인 스트레스를 받는다. 때때로 불안하지만 결코 무섭지 않다. 내 인생은 이런 것들에 의해 결정되지 않는다고 믿는다. 만약 내일이 내 인생의 마지막 날이 된다면 나는 최고의 인생을 누렸다고 말할 수 있다. 내 딸들의 결혼식에 참석하지 못한다는 게 유일한 아쉬움일 것이다. 나는 살면서 진정한 사랑을 만나고 아이를 낳고 패배를 경험하고 마침내 성공했다. 내가 무엇에 대해 더 불평할 수 있겠는가?

많은 인터뷰 대상자들은 심각한 상황 속에서도 자신이 냉정한 이

성과 침착한 태도를 유지한다는 사실을 자랑스러워했다. 37번 응답자 역시 마찬가지다. 그는 매우 침착한 사람이며 언제나 냉정을 잃지 않고 화도 내지 않는다. 지난해 자신의 회사보다 20~30배 큰 경쟁기업 때문에 가처분명령을 받고 제품을 리콜해야 했지만 그들에게 책임을 묻지 않았다. 그는 좋은 일이 일어났을 때 파티를 여는 것보다 나쁜 일이 일어났을 때 평정심을 유지하는 것이 더 멋있는 행동이라고 생각하며 항상 태연하도록 노력해야 한다고 이야기했다. 폭발하는 것에서는 아무것도 배울 수 없기 때문이다.

부동산 투자자인 36번 응답자도 위기상황에서 놀랄 만큼 차분하다. 그는 특히 은행과 협상할 때 침착해야 한다고 주장했다. 그에 따르면 사업에서 문제가 생겼을 때 겁을 먹을 여유는 없다. 위기상황에서도 의연하게 "그래요, 해결해야 할 문제가 일어났어요"라고 말할 수 있어야 한다. 실제로 그는 회사에 위기가 닥쳤을 때 채권자들에게 "나를 파산으로 몰아넣어봤자 동전 한 푼 가져갈 수 없을 거예요"라고 말하며 해결책을 찾겠다고 했다.

25번 응답자는 프로젝트가 하나라도 엎어지면 파산할 수 있는 부동산 개발업자다. 하지만 그 역시 모든 것을 잃을지 모른다는 생각에 굴하지 않고 편하게 잠을 청한다. 그는 압박감은 살면서 언제나 있을 수밖에 없고 그저 해야 할 일을 하면 된다고 이야기했다.

하지만 모든 인터뷰 대상자들이 언제나 잠을 편히 자는 것은 아니다. 3년간 경영에 극도로 어려운 시기를 겪은 36번 응답자 역시 부동산 개발업자다. 이 36번 응답자는 그 힘든 시기에 스트레스로 불면증을 겪었지만 마음을 다스릴 방법을 찾았다. 한밤중에 잠에서 깼을 때 머리맡에 있는 종이에 해야 할 일을 작성하는 것이었다.

36번 응답자: 나는 사업이 극도로 어려웠던 3년간 심리적으로 큰 문제에 대처하는 습관을 들였다. 어떻게 쓰러지거나 우울해지지 않으면서도 창의력을 유지할 수 있을까? 당시 나는 낮에는 멀쩡하게 일상생활을 했지만 새벽 4시쯤이면 잠에서 깼다. 침대에 누워 계속 생각에 빠져서 문제를 더 심각하게 느꼈다. 그래서 눈을 뜨면 즉시 불을 켜고 침대 옆에 둔 메모지에 그 생각들을 모두 적었다. 처음 계획, 최악의 시나리오, 해야 할 일 리스트를 적는 동안 차분해져서 다시 잠을 잘 수 있었다. 그 생각을 종이에 적어 마음에서 빼내는 것이다.

그렇게 하니 출구가 보였다. 완전히 차분해지는 데는 3개월쯤 걸렸다. 그걸로 나는 엄청난 혜택을 누렸다. 발코니에서 뛰어내릴 생각을 하지 않고도 심각한 문제들을 다룰 수 있게 된 것이다. 보통 사람들은 상황에 압도되면 아무것도 하지 않으려고 한다. 하지만 스키를 타러 가든지 뭔가 멋지고 특별한 일을 해서 그 일에서 벗어나 균형을 맞춰보자. 그렇게 배터리를 충전해야 한다. 아무것도 아닌 것처럼 그 일을 대하면 아무 일도 일어나지 않고 창의적인 해결책을 찾을 수도 없다.

처음 사업을 시작한 기업가들의 경우 창업할 때 생긴 부채가 회사의 규모를 압도하기도 한다. 부채가 5,000만~1억 유로에 달했던 29번 응답자도 그랬다. 이런 상황에서 회사가 파산하면 엄청 큰 빚을 지게 된다. 하지만 그는 돈을 잃어도 괜찮다고 생각했다. 처음부터 잃을 것도 없었을 뿐만 아니라 이미 한번 벌어봤으니 다시 벌 수 있는 방법을 안다고 믿었다. 이 같은 태도는 초낙관주의와 자기효능의 전형적인 예다. 그는 어렸을 적 아버지에게 배운 불교에서 좋은 영향을 받았다고 이야기했다. 또한 취미인 요가의 호흡법을 통해 내면의 스위치를 끄고 항상 숙면을 취했다.

　　자신이 운영하는 회사가 생사의 갈림길에 섰던 경험이 있는 27번 응답자는 극악의 위기에서 그저 문제를 해결하는 데만 집중했다고 회상했다. 그는 회사의 사정이 점점 최악으로 곤두박질치다가 뭘 해도 바로잡을 수 없다고 느껴지는 순간이 온다고 이야기했다. 그에 따르면 그럴 때도 분명 할 수 있는 일은 있다. 3일 밤낮을 일에 매달릴 수도 있고 전략을 바꾸거나 협상을 할 수도 있을 것이다. 그의 회사는 그 모든 것을 동시에 진행했고 절망의 순간에도 포기하지 않고 미래에만 집중했다.

　　한편 심각한 병을 앓으며 겸손을 배웠고 이를 통해 2번의 사업 위기를 침착하게 극복한 45번 응답자와 인터뷰하면서 앞서 익명의 응답자가 말한 "폭탄이 떨어져도 먼지를 터는 자세"에 대해 이야기해 줬다. 그는 그 말에 매우 동의하면서 차질을 빚을수록 어려운 상황이 쉽게 느껴진다고 덧붙였다.

이처럼 많은 인터뷰 대상자들이 좌절을 극복하는 방법으로 다른 문제들을 무시하고 해결책에 초점을 맞추는 것을 언급했다.

34번 응답자: 문제들이 나를 불안하게 하지는 않는다. 물론 나는 문제와 한배에 타고 있지만 그것 때문에 불안해 밤에 잠을 못 이루거나 하지는 않는다. 나는 문제에 연연하지 않는다. 문제를 인식하고 그걸 어떻게 풀어나갈지 자문해본 다음 그것을 해결하는 데 주력한다. 내가 어떻게 이 상황에 빠졌는지 걱정하면서 시간을 낭비하지 않는다.

많은 사람들은 문제에 너무 집중한다. 물론 문제를 인지해야 한다는 데는 반론의 여지가 없다. 그러나 그다음에는 징징대기보다 문제를 분석하고 해결책을 찾는 데 모든 생각을 집중해야 한다. 이것은 성공한 기업가의 아주 중요한 특징이기도 하다. 내 주위의 세계를 보는 것 말이다.

성공한 기업가는 문제를 떠넘기지 않는다

인터뷰 대상자들은 위기와 좌절을 외부의 탓으로 돌리지 않고 스스로 책임을 진다는 공통점이 있었다. 부의 엘리트는 나쁜 상황이 일어났을 때 자신에게 책임이 있다는 사실을 받아들인다.

스스로 상황을 해결할 수 있다고 믿기 때문이다. 16번 응답자는 오래전 파산했던 경험을 회상하며 실패에 대처하는 유형을 2가지로 분류했다. 다른 사람들에게서 문제의 원인을 찾는 사람과 자신에게서 원인을 찾는 사람이었다.

> **16번 응답자**: 나는 오래전 파산한 적이 있다. 그때 과거를 돌아보고 나의 행동을 분석하며 '내가 무슨 잘못을 저질렀나? 어떻게 그런 일이 일어난 걸까?'라고 생각했다. 이런 순간에 대처하는 사람들의 유형은 2가지다. '그 사람한테 돈을 제대로 받지 못해서 파산한 것이다'라고 생각하는 사람과 '내가 뭘 잘못했을까? 무슨 기회를 놓쳤을까?'라고 생각하는 사람. 후자는 잘못을 바로잡고 앞으로 나아갈 좋은 기회를 얻는다.
>
> **진행자**: 당신은 후자인 것 같다.
>
> **16번 응답자**: 그렇다. 어떤 실수가 생기면 스스로를 돌이켜봐야 한다. 아들을 키울 때도 마찬가지였다. 내 아들이 실수를 저질렀을 때 나는 내가 무슨 잘못을 저질렀는지 돌아봤다. 그리고 내 문제를 고치자 아들도 괜찮아졌다.

12번 응답자는 사업 초기에 100만 유로(약 13억 원)짜리 소송에 얽혔다. 하지만 소송을 처리할 돈이 없었다. 이때 그는 자신을 돌아보고 이를 통해 교훈을 얻으려는 자세를 취했다. 이런 고난이 성장의 기회가 될 것이라고 믿고 이 상황을 극복할 해결책을 찾는 데 집중했다. 그러자 실제로 문제를 극복할 수 있게 됐다. 그는 스스로 부정적인 일에서도 긍정적인 면을 볼 수 있는 사람이라고 묘사하며 나쁜 상황은 우리를 더 강하게 만들기 때문에 그 상황이 일어난 것에 감사하라고 이야기했다.

부의 엘리트는 성공을 운의 덕으로 돌리지 않듯이 실패에도 책임을 진다. 37번 응답자는 인터뷰에서 책임엔 구분이 없다고 이야기했다. 그에 따르면 일이 환상적으로 잘 풀리는 것은 자신의 능력에 달려 있고 일이 잘 풀리지 않을 때도 마찬가지다. 그는 "잘되는 일에는 공로를 인정받으면서 잘되지 않는 일에는 아내 탓을 할 수 없는 노릇이다"라고 답했다.

인터뷰 대상자들은 심지어 2008년 글로벌 금융위기처럼 외부요인으로 일어난 문제에서도 책임감을 느꼈다. 상황이 변화하면서 일어난 문제는 맞지만 그 시장이 어떻게 변화할지 제대로 판단하지 못한 것은 자신의 잘못이라고 생각하는 것이다. 41번 응답자는 전문가들이 시장을 잘못 판단해 틀린 결정을 내렸다고 이야기하는 것은 스스로에게 아무런 도움이 되지 않는다고 이야기했다. 그는 사람들이 어떻게 생각하든 소신 있게 결정을 내리고 자신을 믿는 것이 유능하다는 증거라고 봤다. 42번 응답자 역시 외부의 위험을 파악하고 예상할 수 있어야 한다고 이야기했다.

42번 응답자: 2008년 금융위기가 일어났을 때 모두들 아무것도 할 수 없었다. 당시 나는 시장이 폐쇄되기 고작 며칠 전에 간신히 몇 억 유로의 현금자본을 확보했다. 부동산업계에서 이런 결정을 내린 회사는 얼마 되지 않았다. 우리는 그때 금융위기에 대항할 멋진 안전장치를 확보했다. 하지만 나는 여전히 시장위기의 징후를 더 빨리 봤어야 했고 더 일찍 몇 가지를 재조정했어야 했다고 믿는다. 우리는 가라앉는 타이타닉 갑판 위에서 춤을 추고 있었다. 나는 모든 것을 외부의 탓으로 돌리고 스스로에게 면죄부를 주는 사람이 아니다. 기업가는 항상 산재하는 위험들을 파악하고 예측할 수 있어야 한다.

1990년대 후반, 40번 응답자는 경험 부족으로 너무 높은 위험을 감수한 탓에 심각한 재정난을 겪었다. 당시 그는 주거용 부동산 개발과 부실 부동산 자문 서비스 사업을 하고 있었다. 그런데 갑자기 어느 쪽에서도 이익을 내지 못했다. 인터뷰에서 그는 그때를 회상하며 모든 것이 자신의 잘못이었다고 이야기했다. 그에 따르면 위험을 감수하기로 결정한 것은 자신이고 그런 결정을 내릴 때는 상황이 나빠질 수 있다는 점을 예상해야 한다. 불을 갖고 놀기로 마음먹었으면 화상을 입을 수도 있다는 사실을 알고 있어야 한다. 투자에서 손실을 봤다면 그 매물을 산 자신의 잘못이다. 40번 응답자는 나쁜 상황은 살면서 때때로 일어나며 그냥 그것을 받아들이고 견뎌야 한다고 말했다.

심지어 금융업계에 종사하는 9번 응답자는 사기를 당했을 때도 자신의 책임이라고 생각했다. 좀 더 신중하게 생각해야 했다는 것이다.

정직한 자세가 위기를 돌파한다

인터뷰 대상자들은 위기상황일수록 정직해야 한다고 이야기했다. 회사에 위기가 닥쳤을 때 단호한 결정을 내리는 것이 전부가 아니라 채권자, 투자자와 정직하게 소통하는 것이 중요하다는 것이다. 38번 응답자는 삶에서 정직을 가장 중요한 가치라고 이야기했다.

38번 응답자: 정직이 항상 가장 중요하다. 채권자들에게 진실을 숨기면 안 된다. 수치를 조작해 문제를 은폐하려는 사람들도 있다. 하지만 진실이 밝혀지면 끝장이나 다름없다. 그러니 문제를 발견하면 채권자들에게 먼저 다가가서 "이봐요, 여기 문제가 있으니 함께 해결합시다"라고 말하는 것이 더 낫다.

물론 언제나 올바른 태도를 유지하는 게 쉬운 일이 아니다. 3번 응답자는 회사가 좋을 때는 현관까지 내려와 절을 하던 사람이 회사가 안 좋은 상황에 처하자 문전박대를 한 적이 있다고 회상했다. 그가 상황을 돌파한 방법은 채권자 70~80명에게 가감 없이 실상을 알려주고 문제를 투명하게 처리하는 것이었다.

3번 응답자: 1992년 말, 정말 곤란한 상황이 생겼다. 그 시기 귀중한 교훈을 얻었다. 나는 우리가 거래하는 모든 회사들에 전화를 걸어 문제가 있으니 만나자고 말했다. 그런 뒤 "여러분, 앞으로 몇 달간 유동성 문제를 겪을 것 같습니다. 지금 들어오는 현금은 이게 다입니다. 계약조건에 따라 모두에게 돈을 지불하면 저는 파산할 것입니다. 나의 계획이 이러하니 조금만 기다려주시겠습니까?"라고 말했다. 놀랍게도 모두가 그 제안을 받아들였다. 은행에도 마찬가지로 이야기했다. 몇몇은 이런 상황에 불평하기도 했지만 모두들 "알았습니다. 우리는 당신과 함께 이 일을 하고 있으니까요"라고 이야기해줬다.

진행자: 사람들의 반발을 어떻게 극복했는가?

3번 응답자: 극복이랄 게 없었다. 중소기업부터 대기업까지 모든 사람들에게 현재 사정을 알렸다. 당장 상황을 알려주지 않은 것에 책임을 물을 수도 있다고 생각했기 때문일 수도 있다. 대부분의 사람들은 책임을 회피하려고 거래처에 '이미 돈을 지불했다' 또는 '수표가 우체국에 있다' 같은 핑계를 댄다. 정말 이해할 수 없다. 나는 "4주 후면 모든 것이 끝날 것이다. 빨리 정리하고 끝내겠다"고 말했다. 그 결과 위기를 넘겼다.

4번 응답자는 사업 초기 파트너들이 1억 마르크(약 25억 원)어치 빚을 지고 망한 회사에 펀드를 잘못 배당한 적이 있다. 이 와중에 파트너들은 갑자기 자취를 감췄다. 그는 '진심으로 상황을 극복할 수 있다'고 속으로 되뇌었다. 그리고 고객들에게 전화를 걸어 무슨 일이 일어났는지 솔직하게 말했다. "돈이 전부 사라졌습니다. 저를 때리고 싶으면 때리세요. 제게 책임이 있음을 인정합니다. 이것이 지금 상황입니다"라고 이야기한 것이다. 그는 안 좋은 상황이 일어났을 때 그것을 어떻게 처리할지, 그것에서 무엇을 배울 수 있고 어떻게 새로운 에너지를 이끌어낼지 알아내는 것을 중요하게 여긴다.

식품회사를 운영하는 26번 응답자는 큰 손실을 봤을 때 그 사실을 축소하거나 숨기지 않고 그대로 이사회에 공개한 뒤 모두 힘을 합쳐 문제를 해결했다.

> **26번 응답자:** 신제품으로 큰 손실을 본 적이 있었다. 겉으로 보기에는 훌륭한 제품이었고 매출액도 커 보였기 때문에 아무도 현실을 믿을 수가 없었다. 나는 이사회와 직원들을 모두 모아놓고 수치를 그대로 공개했다. 사람들의 입이 쩍 벌어졌다. 그리고 사업을 원점으로 되돌렸다. 분위기가 완전히 달라졌고 그 이후로 손실을 보지 않았다.
>
> **진행자:** 그 문제를 해결하는 데 가장 중요한 요인은 무엇이었는가?
>
> **26번 응답자:** 모두가 힘을 합쳤고 서로 신뢰했다는 것이다. 만약 아

무 말 없이 직원들에게 비용을 줄여야 한다고 했으면 직원들은 '그래, 회사가 돈을 더 벌고 싶나 보지'라고 생각했을 것이다. 하지만 현재 매출액의 10% 손실을 봤고 이 손실은 더 늘 것이라고 말하면 직원들은 나를 믿는다. 나는 그들에게 회사가 위태롭다고 솔직하게 말했다.

실패가 혁신을 불러온다

부의 엘리트는 위기가 일어났을 때 문제를 해결할 뿐만 아니라 그 문제를 활용해 상황을 새롭게 변모시켜 성장한다. 14번 응답자는 "돌이켜 생각해보면 악재가 최선의 결과를 불러왔다"고 이야기하며 위기를 극복한 사례를 소개했다. 과거 제품의 단가를 후려치려는 도매업자와 갈등을 겪었던 그는 거래를 중단하고 소매 네트워크를 확장했다. 그의 아버지는 처음에는 그 결정에 반대했지만 결국 그는 10~15개 매장을 열었고 현재 수백 개 점포를 가진 기업으로 성장했다.

IT 기업을 운영하는 33번 응답자의 경우 약 1,000명의 소수 고객들이 겪고 있는 문제를 해결하기 위해 2년을 투자한 결과 대기업에서도 사용할 수 있는 소프트웨어를 만들어 큰 성공을 거뒀다.

33번 응답자: 원래 우리 회사의 주요 고객은 일반 개인 고객이었다.

그런데 간혹 40대 이상의 컴퓨터를 사용하는 고객들이 우리 프로그램이 자꾸 충돌을 일으키며 정지된다고 이야기했다. 우리는 그 문제가 데이터베이스 때문인지 다른 요인이 있는지 확신할 수가 없었다. 그 이하의 컴퓨터를 사용하는 개인 고객들은 아무런 문제를 호소하지 않았고 문제가 있는 고객들은 다 해봤자 1,000명이 조금 넘을 뿐이었다. 우리 사업은 개인 고객 위주였다. 그렇지만 그 문제를 해결하고 기존 데이터베이스를 대체하기 위해 2년 정도 개발에 대규모로 투자하기로 결정했다. 큰 도전이었다. 결국 우리는 그 일을 해냈다. 절차가 완료될 때까지 한동안 고통을 겪었지만 이 변화로 완전히 새로운 고객, 즉 전문적인 IT 인프라를 갖춘 대기업을 고객으로 확장할 수 있었다.

18번 응답자는 2008년 금융위기 때 회사의 가장 큰 재무 파트너가 계약을 파기해 위기에 처한 적이 있다. 사태를 수습하는 데만 무려 2년이 걸렸다. 이 문제를 해결하기 위해 모든 것을 걸어야 했지만 그는 상황을 이겨내고 회사를 정상궤도에 올릴 수 있을 거라고 확신했다. 자신의 회사만이 지닌 특성을 잘 알고 있었기 때문이다. 몇억 유로짜리 계약이 파기됐지만 이를 극복하는 과정에서 회사를 더 경쟁력 있고 튼튼하게 만들었다. 그는 이런 과정이 없었다면 아무것도 하지 않고 계속 똑같은 위치에 있었을 거라고 이야기했다. 그 역시 이 같은 좌절을 통해 더 큰 발전을 이룰 수 있었다고 인정했다.

22번 응답자는 수십 년간 3번의 위기를 겪었지만 그때마다 좌절하지 않고 새로운 전략을 펼쳐 회사를 진화시켰다. 그중 가장 결정적인 변화를 일으킨 사건을 소개했다.

> **22번 응답자:** 당시 우리는 완전히 새로운 전략과 아이디어를 생각해내야 했다. 이는 우리가 순자산운용사에서 수직통합형 부동산회사로 발전한 계기가 됐다.
>
> **진행자:** 그런 태도가 당신이 위기를 대하는 기본원칙인가?
>
> **22번 응답자:** 맞다. 그런 시각에서 우리는 위기에 대처했다. 건물이 절반쯤 건설되고 있는데 담당 개발업자가 자살했다. 우리가 직접 개발을 끝내야 했다. 그래서 개발업자를 직접 고용했다. 그다음에 임대전문가를 고용했다. 그런 식으로 부동산 관리만 하는 순자산운용사가 아닌 직접 부지를 정리하고 건물을 건설하고 임대하는 기업으로 발전하게 됐다. 우리는 모든 위기를 겪으며 더 강해졌다. 재정적인 면에서 강했던 것은 아니지만 더 잘 조직화되고 역량을 강화했다.

37번 응답자는 경쟁사 때문에 출고 정지와 제품 리콜 명령을 받았다. 가격표까지 붙은 완제품이 5,000상자나 쌓여 있었고 리콜 비용, 신제품 개발비, 변호사 비용을 포함하면 30만~50만 유로(약 4억~6억원)의 손실을 볼 처지였다. 그는 자리에 앉아 뭘 할 수 있을지 곰곰이 생각했다. 그때 어떤 중국인이 나타나 "물건이 맘에 드네요. 저걸로 중국에 브랜드를 런칭하고 싶습니다"라고 말했다. 37번 응답자는 그 기회를 놓치지 않고 중국시장에 진출했다. 그의 브랜드는 아주 빠르게 성장하고 있다.

부의 엘리트들이 좌절을 통해 사업적 측면에서만 교훈을 얻은 것은 아니다. 21번 응답자는 "좌절이 더 큰 행복을 줬다"고 말하며 실패에 도전하는 것이 개인적인 변화를 가져온 일화를 소개했다. 그는 한 회사를 인수해 잘 운영해왔는데 어느 날 은행에서 대출 승인이 나지 않았다. 그러자 정부가 그를 곤경에 빠트렸고 신난 언론은 그가 세입자들 몰래 돈을 벌고 있다는 식으로 몰어뜯었다. 이 사건으로 그는 자신을 돌아보게 됐고 용기와 겸손을 배웠다.

> **21번 응답자**: 좌절은 경제적인 문제를 해결해줄 수도 있고 개인적인 변화를 일으킬 수도 있다. 나는 용기와 겸손의 싸움이 바로 인생이라고 말한다. 과감하게 일을 시작하기 위해서는 용기가 필요하지만 그다음에는 겸허와 겸손을 지녀야 한다.
> 용기는 지나친 자신감을 갖게 만든다. 반면 겸손은 나를 과대평가하지 않고 보통 인간으로 인정한다는 것을 의미한다. 이것은 운명이 우리에게 미소를 짓지 않는 한 성공하지 못한다는 사실을 알려준다. 또한 우리가 삶의 모든 아름다운 것들을 즐기기만 해서는 안 되며 그것들이 어디서 왔는지도 알아야 함을 깨닫게 해준다.

40번 응답자는 사업에서 위기가 반드시 필요했다고 이야기했다. 3년간의 실패가 그를 어른으로 만들어줬기 때문이다. 그는 위기를 통해 분석적으로 생각하고 지나친 위험을 추구하지 않으며 성숙하게 행동하는 법을 배웠다고 한다. 또한 자신에게 다른 사람들을 설득하고 상황을 정확하게 판단하는 능력이 있다는 것을 깨달았다. 이런 깨달음이 그에게 자신감을 키워줬다.

이처럼 부의 엘리트들은 햇빛 아래에만 있을 때보다 거친 비바람을 맞을 때 훨씬 더 큰 성과를 거둘 수 있다고 믿는다. 1990년대 초, 41번 응답자는 은행에 대출 승인을 거부당한 뒤 여러 가지 경제적 어려움을 겪었다. 다른 방법이 없었던 그는 이를 극복하기 위해 창의력을 발휘해 해결책을 찾았고 이것이 그의 회사의 중요한 토대가 됐다.

부의 엘리트는 슬픔에 오래 잠겨 있지 않는다

지금까지 살펴봤듯이 실패 후 행동력은 성공한 기업가의 중요한 특성이다. 인터뷰 대상자 중 어느 누구도 위기나 좌절에 오래 머물지 않았다. 엎질러진 물 때문에 울면서 시간을 낭비하지도 않았다. 여러 차례 큰 위기를 겪고 재산의 상당 부분을 잃기도 했지만 극복한 3번 응답자는 다음과 같은 일화를 소개했다.

3번 응답자: 나는 기본적으로 나를 믿는다. 또한 항상 긍정적인 면을 찾아 일을 처리하려고 노력한다. 과거를 돌아보지 않으려고도 한다. 이런 일화가 있다. 한 미국인 교수가 첫 수업에서 아무 말도 하지 않고 우유 1L를 하수구에 부었다. 아무도 그걸 보고 뭐라 하지 않자 우유 1L를 또 부었다. 그러자 일부 학생들이 투덜거리기 시작했다. 또 1L의 우유를 하수구에 부었다. "이게 무슨 헛짓거리야?" 하고 투덜대는 소리가 더 커졌다. 그 교수가 우유를 또 집어 들었다. 그러자 학생들이 우유를 낭비하지 말라고 항의했다. 그제야 교수가 이렇게 말했다. "우리는 이제 막 귀중한 첫 교훈을 배웠습니다. 아무리 짜증을 내도 우유를 하수구에서 다시 꺼낼 수 없다는 것입니다."

한편 44번 응답자의 사업경력은 회사에서 해고되면서 시작됐다. 그는 "2 : 0으로 지고 있으면 3골을 넣어야 한다. 우두커니 서서 경기장의 잔디를 세어보고 '오늘은 정말 재수 없는 날이군'이라고 말할 수는 없다"고 이야기했다. 그는 어렸을 때부터 항상 안 좋은 일에도 언제나 끝이 있다는 것을 알고 있었다. 그래서 부모에게 혼나도 개의치 않았다. 회사에서 해고된 날 집으로 돌아오면서 그는 그동안 잘못됐다고 생각해온 상사의 방식과는 다르게 자신만의 사업을 해야겠다고 결심했다. 그는 나쁜 상황에 너무 오래 빠져 있기보다는 긍정적인 생각을 하며 에너지를 충전하고 새로운 일을 추진해나간다.

21번 응답자는 "잘못을 저지른 자신을 용서하지 않으면 에너지의 40%를 소진한다"고 이야기하며 용서의 기술을 알려줬다. 그는 이 기술을 배우기 위해 개인 트레이너까지 고용했다.

> **21번 응답자:** 나는 자신을 용서하지 않는 것이 에너지의 50%를 소모한다는 사실을 깨달았다. 이제 나는 실수를 반성하고 나 자신과 대화하면서 실수한 나를 용서한다. 만약 이 방법을 배우지 않았다면 자책이 나를 사업적으로나 개인적으로 파멸시켰을 것이다. 옛날에 나는 실수가 날 가로막고 있다는 것을 깨달았다. 그래서 트레이너를 고용해 매주 3시간 동안 다른 사람들과 나의 실수를 용서하는 연습을 했다. 이를 통해 내 인생을 살게 됐다. 나는 진심으로 실수를 용서함으로써 이를 극복하는 데 필요한 에너지를 얻고 용서하는 법을 연습할수록 이 에너지는 자연스럽게 커진다.

25번 응답자는 오랜 협상이 결렬되고 비즈니스 파트너가 철수하기로 결정하면서 엄청난 좌절을 경험했다. 이로 인해 회사의 중요한 프로젝트 중 하나가 대형 타격을 입었다. 하지만 그는 좌절하지 않고 한발 뒤로 물러섰다 그대로 다시 나아갔다고 회상했다. 그는 상황이 생각대로 되지 않을 때 짜증 나긴 하지만 그런 감정을 빨리 극복한다고 이야기했다. 마지막 순간에 기회를 놓쳐버린다고 해도 '거기까지 갔다니 운이 좋았구나'라고 생각하고 만다. 그는 성장하려면 이런 좌절의 문턱이 필요하다고 믿는다.

20번 응답자는 위기를 맞닥뜨리면 사소한 일에 에너지를 낭비하지 않고 문제의 근원을 찾는 데 집중한다.

20번 응답자: 어떤 문제가 일어났을 때 내 머릿속에 다른 것은 아무것도 없다. 그냥 문제만 있을 뿐이다. 그리고 책상에 오직 그 일 하나만 올려두고 다른 어떤 일도 하지 않는다.

나는 문제가 일어났을 때 A4 용지에 내가 해야 할 일을 A, B, C로 작성한다. 보통 사람들은 압박을 받으면 한 10가지 일을 동시에 처리하려고 한다. 더 많이 할 때도 있다. 그리고 집에 가서 '오늘은 많은 일을 했다'라고 생각한다. 하지만 압박 가운데서도 평정심을 유지하는 게 진정한 고수다. 나는 이제 더 이상 A, B, C를 전부 다루려고 하지 않는다. B와 C는 지우고 A에만 집중한다.

내가 배운 건 이거다. 직원들에게 지금까지 한 일을 전부 적어보라고 해보자. 아마 그 리스트의 3분의 1은 쓸데없는 일일 것이다. 그 리스트에서 2~3개만 남기고 다 지워버리고 그 일에만 집중하라고 해보자. 아마 직원들은 "그래도 돼요?"라고 물을 것이다. 하지만 그 일들이 회사에 가장 중요한 일이다. 사업이 그렇게 잘되지 않는다고 나를 찾아와 "핸드폰을 바꾼 지 2년이나 됐으니 새로 사야겠어요"라고 말하는 사람들이 있다. 그런 사람들한테 "핸드폰을 바꾸면 사업이 잘될 것 같으냐"고 묻는다. 그렇다고 대답하면 바꾸라고 한다. 아니라고 답하면 그냥 그 핸드폰을 갖고 있으라고 한다.

모든 일에는 중요하지 않은 일이 있다. 그게 비용에 관련된 것일 수도 있고 채용에 관련된 것일 수도 있다. 중요한 것은 기업가적인 태도다. 내가 사업을 하면서 배우고 다른 사람들에게 실천하라고 권하는 것은 적기다. 매일 뭘 했는지 적어라. 그리고 오늘 하루를 얼마나 낭비했는지, 인터넷을 들여다보고 쓸데없는 짓을 하느라 얼마나 시간을 보냈는지 쓰고 스스로 자신의 상사가 돼 리스트를 평가해보는 것이다. 그리고 가장 중요한 것 2~3개만 남기고 리스트의 항목을 지워버려라.

부의 엘리트는 실패 때문에 멈추지 않는다

기업가정신 연구에 따르면 실패 후 행동력은 기업가의 주요 성격특성이다. 이 책의 인터뷰에서 부의 엘리트들에게는 위기에 대처하는 공통적인 방식이 있으며 그것이 성공에 중요한 영향을 끼쳤다는 것을 알 수 있었다.

많은 인터뷰 대상자들은 위기에서도 극도로 침착한 태도를 유지했다. 간혹 걱정에 잠을 이루지 못하는 응답자들도 있었지만 대부분은 심각한 위기에서도 평정심을 유지했다. 오히려 위기를 겪으며 자신이 얼마나 강한 사람인지 깨달을 수 있었다고 이야기했다. 이것은 이들의 낙관주의와 높은 자기효능의 결과다.

또한 부의 엘리트들은 위기의 원인은 자기 자신에게 있다고 믿었다. 심지어 시장상황이 악화되거나 사기를 당하는 등의 외부요인으로 위기를 겪더라도 미래를 제대로 예측하지 못하고 꼼꼼하게 상황을 검토하지 못한 자신의 잘못이라고 여겼다.

인터뷰 대상자들은 최대한 객관적이고 정직한 태도로 위기에 대처한다. 이들은 사업에 문제가 생겼을 때 채권자, 투자자, 직원들에게 문제를 가감 없이 알리는 일부터 시작한다. 그리고 상황을 좋게 만들 최선의 방법을 찾는 데 모든 신경을 집중한다.

또한 이들은 위기를 긍정적으로, 즉 회사 확장, 새로운 시장 개척, 주요 서비스와 제품을 개선할 기회로 바라봤다. 상황이 잘돼갈 때는 아무도 현재 경영전략에 의문을 품지 않지만 상황이 나빠지면 모든 것을 재점검하게 되기 때문이다.

이 책의 인터뷰에서 부의 엘리트들은 전반적으로 부정적인 상황을 매우 빨리 극복하는 경향을 보였다. 이들은 이미 일어난 상황에 자책하거나 좌절하지 않고 오로지 실질적인 해결책을 찾는 데만 초점을 맞춘다. 이들은 언제나 문제의 책임을 지지만 실수를 후회하느라 에너지를 낭비하지 않는다.

부자는 어떻게 사고하고 행동하는가

이 책의 조사대상과 연구주제

빈곤에 대한 연구와 달리 부에 대한 학술적 연구는 아직 걸음마 단계다. 특히 수천만~수억 달러의 순자산을 보유한 UHNWI에 대한 체계적 조사는 아직 이뤄진 게 없다. 경제 엘리트에 관한 연구 역시 정부와 사회에 영향력을 발휘할 수 있는 기업임원과 고위공무원에 초점을 맞췄을 뿐 진짜 부자, 즉 부의 엘리트에 대한 연구는 이 책이 처음이다.

이 책의 인터뷰 대상자는 대부분 직원이 몇십~몇백 명인 기업의 기업가 또는 투자자다. 스스로의 힘으로 최소 수천만 유로 이상의 순자산을 보유한 경험이 있는 부자들을 연구대상으로 설정했다. 유산을 상속받거나 가업을 이었을 경우 아무리 순자산을 많이 갖고 있어도 전보다 자산 규모가 축소된 사람은 연구대상에서 제외했다.

이 책의 인터뷰 질문은 체계적으로 구성됐다. 상속을 제외하면 기업가정신이 부자가 되는 데 가장 큰 영향을 미친다고 결론짓는 연구들이 종종 있다. 따라서 이 책 역시 부의 엘리트들이 기업가정신을 갖고 있었는지 검토해봤다. 또한 특정한 성격요인이 부자가 되는 데 영향을 끼친다는 가설이 사실인지 살펴보기 위해 5대 성격특성 검사를 포함해 다양한 측면에서 인터뷰 대상자의 사고방식과 행동 패턴을 알아봤다. 이 책의 인터뷰에서 조사한 주제는 다음과 같다.

이 책의 연구주제

- 청소년기(가정환경, 반항적 성향, 돈을 번 경험, 스포츠의 영향 등)
- 창업동기(조직에 잘 적응하는가)
- 어떤 목표를 설정했는가(돈에 대한 생각, 계획 관리법)
- 영업력과 성공의 상관관계
- 낙관주의와 자기효능의 역할
- 위험 감수 성향
- 결정을 내릴 때 분석과 직관 중 선호하는 것
- 5대 성격특성 검사(성실성, 신경성, 외향성, 개방성, 원만성)
- 비순응주의
- 실패 후 행동력

이 주제들 중 위험 감수 성향, 낙관주의와 자기효능의 역할, 결정을 내릴 때 직관과 분석 중 무엇을 선호하는가는 그간 행동경제학과 심리학 등 다양한 학계에서 연구된 주제다. 반면 영업력과 성공의 상관관계, 비순응주의에 대한 조사는 거의 이뤄지지 않았다.

인터뷰를 분석한 결과 부와 기업가정신에 대한 기존 연구와 일치하는 내용도 있었지만 그렇지 않은 경우도 있었다. 이는 다른 연구들이 부의 엘리트가 아닌 일반적인 경제 엘리트를 조사대상으로 삼았기 때문일 확률이 높다.

청소년기

먼저 청소년기 항목을 살펴보자. 인터뷰 대상자 대부분은 경제적으로 중산층 가정 출신이었다. 또한 놀랍게도 인터뷰 대상자의 60%가 자영업자 부모를 뒀다는 사실을 발견했다. 이는 독일 전체 인구의 10배가 넘는 비율로 응답자들의 부모는 기업가, 소상공인 또는 농부였다. 나머지 40%는 회사원, 공무원이었고 블루칼라 노동자 출신은 2명이었다. 부모가 자영업자였던 인터뷰 대상자들은 그 영향을 받아 성인이 돼서 자기만의 사업을 시작했다. 또한 부모가 자영업자가 아닌 인터뷰 대상자들의 경우에도 부유한 친구와 그들의 부모, 친척, 이웃 등 부모가 아닌 다른 사람에게 영향을 받았다고 답했다. 따라서 경제 엘리트는 부유한 고위층 집안 출신이 많다는 기존의 연구결과와는 다르게 부의 엘리트들에게 가정의 경제사정은 큰 영향을 미치지 못한다는 점을 발견했다.

마찬가지로 경제적 엘리트는 고학력자라는 기존 연구결과 역시 뒤집혔다. 물론 인터뷰 대상자들 중 몇몇은 좋은 학교를 나오고 대학을 졸업했다. 박사학위를 취득한 응답자들도 있었다. 하지만 이들 중 다수는 대학에 진학하지 않거나 중퇴했으며 성적이 그렇게 뛰어나지도 않았다. 심지어 7명 중 1명은 중등학교도 졸업하지 못했다. 또한 인터뷰 대상자들 중 학력이 높은 사람이 순자산 범위에서 하위 범주에 속한 것을 보면 학력과 성적이 부자가 되는 필수조건은 아니라는 점을 알 수 있었다.

부의 엘리트들은 학교 밖에서 부자가 되는 기술을 더 많이 쌓았다. 인터뷰 대상자의 절반 이상이 어린 시절 스포츠를 즐겼으며 아마추어 혹은 프로 선수로 활약한 경험이 있었다. 이들은 스포츠를 통해 경쟁하고 승리하는 법을 배웠다. 또한 패배에 좌절하지 않는 법과 자신의 능력을 믿는 법도 알게 됐다.

유년시절 스포츠 경험이 있는 인터뷰 대상자 대부분은 팀 종목이 아닌 육상, 스키, 승마, 수영, 테니스, 유도 등 개인 종목을 즐겼다. 지역대회나 주, 전국, 세계대회에 출전해 괄목할 만한 성적을 거둔 응답자도 많았다. 그러나 이들은 어느 순간 자신이 스포츠로 최고가 될 수 없다는 사실을 깨닫고 과감히 진로를 틀었다.

부의 엘리트들은 학창시절부터 다양한 방법으로 돈을 벌었다. 놀랍게도 이들은 일반적인 학생들처럼 아르바이트를 한 것이 아니라 자신만의 아이디어로 수익을 창출했다. 응답자들은 화장품, 윈터 가든, 중고 휠 림, 중고차, 자전거, 각종 금융상품, 가축, 보석, 라디오 등 온갖 물건과 서비스를 판매했다. 다른 성공한 기업가들을 만나 조언을 얻기도 했다. 이런 경험을 통해 부의 엘리트들은 어린 시절부터 기업가정신과 사업 노하우를 익혔다. 인터뷰 대상자 45명 중 스포츠나 사업을 한 경험이 없는 응답자는 단 6명에 지나지 않았다.

창업동기

인터뷰에서 일반적인 기업에 적응하지 못하는 사람이 기업가가 된다는 기존의 가설을 증명해주는 응답자들이 꽤 있었다. 이들은 너무 반항적이거나 까다로워서 조직에 적응하는 것을 어려워했다. 또한 학창시절부터 이런 성향으로 교사와 대립을 겪기도 했다. 심지어 "회사를 다녔다면 미쳐버렸을지도 모른다"고 말한 사람도 있었다.

하지만 모두가 그런 것은 아니었다. 몇몇 인터뷰 대상자들은 자신의 사업을 시작하기 전에 회사에서 경력을 쌓았다. 심지어 높은 연봉을 받거나 관리자로 승진하는 등 승승장구한 응답자들도 있었다. 하지만 복잡한 절차에 답답함을 느끼거나 최고 자리에 오르려면 아주 오래 기다려야 한다는 것이 싫어서 창업을 결심했다고 진술했다.

한편 자영업 이외의 진로를 고려해본 적이 전혀 없었던 응답자들도 있었다. 이들은 가업을 잇거나 어렸을 때부터 자신의 사업을 하면서 기업가가 됐다. 심지어 단 하루도 직장에서 일한 적이 없는 한 응답자는 대학생 때 연간 수십만 마르크를 벌기도 했다.

어떤 목표를 설정했는가

나폴레온 힐을 비롯한 전통적인 자기계발서들이 주장하는 바와 같이 구체적인 재정적 목표를 정해야 부자가 되는 것일까? 아니면 기업가로 활동하다 보면 자연스럽게 부를 축적할 수 있는 것일까?

인터뷰에서 힐의 조언처럼 구체적인 목표와 계획을 세우고 그걸 종이에 적어 상기한다고 답한 응답자들이 많았다. 이들은 매년, 매달, 심지어 매일 자신이 세운 계획을 얼마나 실천했는지 점검하고 새로운 목표를 세웠다. 한 응답자는 이렇게 구체화할 수 있는 목표를 세워야 달성 여부를 점검할 수 있기 때문에 계획을 반드시 문서로 작성해야 한다고 이야기했다. 이들은 사업에서뿐만 아니라 인생의 전 분야에 걸쳐 다양한 계획을 세우고 실천했다.

달성하기 어려우면서도 구체적인 목표가 쉽고 추상적인 목표보다 더 좋은 결과를 가져온다는 심리학 연구결과가 많다. 하지만 모든 인터뷰 대상자들이 이런 지침을 따른 것은 아니다. 몇몇 응답자들은 삶의 목표를 정하고 그를 달성하기 위한 계획을 세우는 것이 실제로 가능한지에 의문을 품었다. 자신이 운영하는 회사의 매출목표는 정했지만 개인적인 재무목표는 정한 적이 없다고 답한 응답자도 있었다. 이처럼 목표를 구체화하고 시각화해야지만 부자가 될 수 있다는 가설은 인터뷰에서 확실하게 증명되지 않았다. 하지만 이때 질투를 피하고 싶거나 설명하기 힘들어서 자신의 성공을 우연한 결과로 포장하는 부의 엘리트들이 많다는 것을 참고할 필요가 있다.

한편 인터뷰에서 응답자들에게 '값비싼 것을 살 수 있다', '다른 사람에게 인정받는다', '안정적인 삶을 살게 해준다' 등 돈의 6가지 장점에 동의하는 만큼 점수를 매겨보게 했다. 그 결과 더 좋은 것을 사게 해준다는 항목에는 13명이 아주 동의한 반면 10명은 그렇게 동의하지 않았다. 안정적인 삶을 살게 해준다는 항목에도 절반은 동의했지만 9명은 동의하지 않았다. 반면 '자유와 독립을 부여한다'는 점에는 대부분의 응답자가 동의했고 23명은 만점을 매겼다. 두 번째로 많이 동의한 항목은 새로운 것에 투자할 수 있다는 것이었다.

영업력

어떤 능력이 부의 엘리트를 성공하게 만들었을까? 베르너 좀바르트는 기업가의 필수능력으로 영업기술, 즉 영업력을 꼽았다. 기존 학계는 영업력에 크게 주목하지 않았지만 이 책의 인터뷰 대상자 대부분은 업계를 막론하고 이 능력이 성공에 크게 기여했다고 답했다. 응답자 3명 중 1명 이상이 자신의 성공에 영업력이 70~100% 영향을 끼쳤다고 이야기했다. 또한 이들은 자신을 훌륭한 영업사원으로 소개하기도 했다.

인터뷰 대상자들은 영업을 단순히 제품이나 서비스를 판매하는 과정으로 여기지 않았다. 이들은 판매를 훨씬 더 넓은 용어로 정의했는데 고객, 거래처, 공무원, 직원, 은행가 등 사업을 하며 만나는 수많은 사람들을 설득하고 그들에게 비전을 제시하는 일 전부가 영업이라고 이야기했다. 한 응답자는 "모든 것이 영업이다"라고 말할 정도였다.

인터뷰 대상자들은 영업에서 부딪히는 상대방의 부정적인 반응을 거절의 의사로 여기지 않았으며 '아니요'를 '예'로 바꾸는 일에서 즐거움을 느꼈다. 이를 위해 다른 사람들의 마음에 공감하고 걱정거리를 파악한 뒤 해결책을 제시하는 것이 중요하다고 이야기한 응답자도 있었고 자신의 입장을 효과적으로 전달하는 프레젠테이션 능력이 필요하다고 언급한 응답자도 있었다. 한편 인맥이 중요하다고 말한 응답자들도 다수 있었으며 특이하게도 한 응답자는 제품에 대한 지식이 영업력을 발휘하는 데 가장 결정적 요소라고 답했다.

그렇다면 이들은 어떻게 영업력을 키웠을까? 부의 엘리트는 전문적으로 영업력을 배우지 않았다. 하지만 어린 시절 판매나 사업을 해본 경험으로 영업기술을 키웠다. 이는 부자가 되는 데 정규교육과 정보다 다양한 경험으로 익힌 암묵적 학습이 더 크게 영향을 끼친다는 것을 증명하는 예다.

낙관주의와 자기효능의 상관관계

기업가정신 연구와 행동경제학에서는 낙관주의와 초낙관주의에 관심을 기울인다. 이 분야에는 기업가들이 낙관주의적인 성향을 지녔다는 것을 증명하는 연구들이 많다. 이 책의 인터뷰에서도 역시 부의 엘리트들은 낙관주의적인 성향을 보였다.

자신의 성향이 낙관주의적인지 비관주의적인지 점수로 답해달라는 요청에 인터뷰 대상자 40명 중 37명이 자신을 낙관론자(0~+5점)로 평가했다. 그중 35명은 자신을 초낙관주의자(+3~+5점)라고 답했다. 뒤에서 살펴볼 5대 성격특성 검사에서도 이들의 낙관주의적 성향은 두드러졌다. 이 검사에서 인터뷰 대상자 43명 중 38명이 '나는 사실 비관론자에 가깝다'는 항목에 그렇지 않다고 답했다.

그렇다면 이들이 생각하는 낙관주의란 어떤 개념이었을까? 인터뷰에서 응답자들이 낙관주의라고 일컫는 것은 심리학에서 자기효능의 개념과 같다는 사실이 명백하게 드러났다. 자기효능이란 '어떤 상황이든 잘 해결해나갈 수 있다는 믿음'을 뜻하는 반두라의 용어로 응답자들은 안 좋은 상황에서도 자신의 능력, 지성, 인맥을 통해 해결책을 찾아내 긍정적인 결과를 낼 수 있다고 생각했다. 즉, 부의 엘리트에게 낙관주의는 자신에 대한 믿음의 결과였다. 이것은 높은 자기효능이 기업가들과 부자들의 필수적인 성격특성이라는 학계의 연구를 재확인해준다.

부의 엘리트들은 다른 사람들이 지나치게 과신한다고 평가할 만한 상황에서도 낙관주의적 성향을 보인다. 이런 초낙관주의가 문제를 야기할 수 있다고 인정한 인터뷰 응답자들은 소수였다. 이들은 초낙관주의로 인해 성급한 결정을 내리는 것을 방지하기 위해 비관주의적 성향을 가진 파트너와 함께 일하거나 다양한 제도적 안전장치를 만들어놓았다고 이야기했다.

위험 감수 성향

낙관주의와 위험 감수 성향 사이에는 밀접한 상관관계가 있다. 여기에는 3가지 관점이 있다. 첫 번째는 기업가들과 부자들은 보통 사람보다 위험 감수 성향이 높으며 이것이 성공에 중요한 영향을 끼친다는 것이고 두 번째는 중간 정도의 위험 감수 성향은 성공에 긍정적인 역할을 하지만 그 이상이 되면 부정적인 결과를 가져온다는 것이다. 세 번째 관점은 기업가들은 객관적으로 위험을 감수하지만 자신의 선택을 위험하다고 생각하지 않는다는 것이다.

　인터뷰에서 부의 엘리트들은 위험 감수 성향이 높다는 것을 확인했다. 나이가 들면서 위험 감수 성향이 줄어든 경우도 간혹 있었지만 사업 초기 단계에서 이들은 높은 수준의 위험을 감수했고 스스로 자신의 위험 감수 성향이 높다고 평가했다. 스스로 위험 감수 성향이 낮다고 답한 응답자들 역시 다른 사람들은 그의 위험 감수 성향이 높다고 생각한다고 답했다.

이 책의 인터뷰 결과에 따르면 두 번째, 세 번째 관점은 크게 설득력이 없었다. 인터뷰 대상자들 중 다수가 사업에서 위험을 감수하고 있지만 자신이 통제권을 쥐고 있는 한 부정적인 결과는 일어나지 않는다는 '통제의 환상'을 보였다. 이는 부의 엘리트들의 낙관주의적 성향이 위험 감수 성향과 밀접한 관계를 맺고 있음을 보여준다.

직관과 분석 중 무엇을 선호하는가

기업가정신 연구와 행동경제학은 기업가, 투자자들이 직관에 근거해 결정을 내리는 것을 선호한다고 주장한다. 이 책의 인터뷰에서 이 주장은 사실로 확인됐다. 인터뷰 대상자 45명 중 24명이 결정을 내릴 때 직관을 사용한다고 답했고 6명은 반반, 15명은 분석을 이용한다고 답했다. 분석에 주로 의존한다고 답한 응답자들 중 다수가 20~40% 정도 직감을 신뢰한다고 이야기했다. 이에 비해 독일 국민 전체를 대상으로 한 조사에서는 이성에 근거해 결정을 내리는 경향이 있다고 말하는 사람들의 비율이 감정에 근거해 결정을 내리는 경향이 있다고 말하는 비율보다 더 높았다.

인터뷰 대상자들이 생각하는 직관은 단순한 느낌이 아니다. 이들은 직관을 경험의 산물로 여겼다. 또한 시간이 흐르며 경험이 늘어날수록 직관에 더 많이 의존하게 됐다고 답한 인터뷰 대상자들도 있었다. 이는 암묵적 학습이 성공에 중요한 역할을 한다는 주장을 뒷받침한다. 본격적으로 창업을 하기 전 학창시절 스포츠나 판매를 통해 직관을 익혔다고 답한 응답자들도 있었다.

그렇다면 결정을 내릴 때 직관은 어떤 역할을 할까? 많은 인터뷰 대상자들이 이를 경고신호로 받아들였다. 이들은 직관적으로 좋지 않은 느낌을 주는 결정을 내리지 않았다. 직감을 무시하고 분석에 의존해 결정을 내렸다가 좋지 않은 결과를 얻었다고 고백한 인터뷰 대상자들도 있었다.

또한 기업가들이 직관에 의존하는 경향은 그들이 어떤 분야에 몸 담고 있느냐와는 상관이 없는 것으로 밝혀졌다. 부동산 투자 분야에서 사업을 하고 있는 인터뷰 대상자 4명 중 2명은 직관을 선호하고 2명은 분석을 선호했다. 이들은 각각 자신이 직관을 선호하기 때문에 혹은 분석을 선호하기 때문에 성공했다고 답했다.

무엇을 선호한다고 답했든 간에 인터뷰 대상자들이 반드시 직관을 사용하는 상황이 하나 있었다. 바로 사람을 평가할 때였다. 한 응답자는 이에 대해 "사람에게는 품질보증 마크가 붙어 있지 않다"라고 설명했다.

5대 성격특성 검사

인터뷰에서 응답자 43명에게 5대 성격특성 검사를 실시했다. 이는 신경성, 개방성, 성실성, 외향성, 원만성이라는 5대 성격특성의 수치를 알아보기 위해 총 50개 질문에 5단계로 답하는 검사다. 그 결과 인터뷰 대상자 39명이 성실성에 25~40점의 높은 점수를 보였다. 이는 5개 항목 중 가장 높은 수치였다. 한편 각각 29명, 28명이 외향성과 개방성에서 25~40점의 매우 높은 점수를 기록했다. 여기서 성실성이란 목표를 이루기 위해 노력하는 성향을 의미하며 외향성은 자신의 길을 개척하고 싶어 하는 낙관주의적인 성향, 개방성은 새로운 경험을 선호하는 성향을 의미한다.

외부상황에 불안과 스트레스를 받는 성향인 신경성에 있어 인터뷰 대상자들은 가장 낮은 점수를 기록했다. 43명 모두가 0~19점의 점수를 기록했으며 36명은 0~9점의 최하점을 받았다. 이는 부의 엘리트들이 정신적으로 안정돼 있고 스트레스에 강하다는 것을 보여준다. 또한 이들은 '나는 종종 다른 사람들보다 열등하다고 생각한다'라는 항목을 만장일치로 거부하고 '일이 잘 풀리지 않아도 낙담하지 않는다'라는 항목에 강력하게 동의했다.

한편 원만성 항목에는 약간의 수정이 필요했다. 원만성은 다른 사람의 감정에 잘 공감하고 좋은 관계를 유지하려는 성향을 뜻하는데 인터뷰 대상자 다수가 이 항목에서 좋은 점수를 받았다. 하지만 '기업가와 부자는 갈등을 지향한다'는 기존 연구의 가설을 증명하기 위해 스스로 갈등지향적인지 조화지향적인지 평가해보라는 추가 질문을 하자 대다수가 갈등지향적이라고 답했다. 심지어 5대 성격특성 검사에서 원만성 항목에 평균 이상의 점수를 받은 응답자들 중 갈등지향적 성향을 보인 사람도 21명 있었다.

　이렇게 인터뷰 대상자들의 갈등지향적 성향은 상황에 따라 다양하게 발현됐다. 어떤 응답자는 사업에서는 갈등을 지향하지만 일상에서는 조화를 지향하기도 했고 자신은 조화를 지향한다고 생각하지만 다른 사람들은 자신에게 갈등지향적이라고 평가할 거라고 답한 응답자도 있었다. 또 다른 응답자는 고객과는 조화로운 관계를 유지하지만 회사 내에서는 갈등을 지향한다고 말했다.

비순응주의

인터뷰 대상자들이 갈등지향적 성향을 보인다는 것을 확인한 뒤 '성공한 기업가는 반항아다'라는 가설을 실험하기 위해 이들의 비순응주의적 성향을 조사했다. 그 결과 부의 엘리트는 대세에 따르지 않고 자신만의 길을 가는 비순응주의적 성향이 높다는 점을 발견했다. 5대 성격특성 검사에서 인터뷰 대상자 43명 중 41명이 '나는 나만의 길을 가고 싶다'는 항목에 동의했다. 이는 "기업가는 주류에 반대하는 사람이다"라는 슘페터의 주장을 뒷받침해준다.

　이들의 비순응주의적 성향은 두 부류로 나뉘었다. 첫 번째 부류는 다수의 의견에 반대하는 것을 즐거움으로 삼고 일부러 대세에 순응하지 않는 것이었다. 이런 성향의 응답자들은 사업에서뿐만 아니라 그들의 일상생활에서도 늘 논쟁과 갈등을 즐겼다. 특히 투자자들의 경우 주류에 휩쓸리지 않고 의도적으로 반대의견을 선택해 이익을 보는 사람들이 많았다. 즉, 아무도 관심이 없는 매물을 낮은 가격에 사고 사람들이 그 매물에 관심을 보일 때 높은 가격에 파는 것이다.

한편 일부러 대세를 따르지 않으려고 노력하기보다는 다수의 의견에 관심이 없는 부류도 있다. 이들은 자신의 의견이 소수이든 다수이든 크게 상관하지 않으며 독자적으로 생각하고 결정했다. 어떤 부류든 이 책의 인터뷰를 통해 비순응주의적 성향이 높은 초낙관주의와 자기효능, 갈등지향 성향과 연관된다는 것을 발견했다.

실패 후 행동력

마지막으로 성공한 기업가들은 실패에 좌절하지 않고 행동력이 높다는 주장이 진실인지 조사했다. 기존의 많은 연구들이 이 가설을 지지하는데 이 책의 인터뷰에서 그 주장은 사실인 것으로 밝혀졌다.

많은 인터뷰 참가자들이 심각한 위기를 맞닥뜨려도 극도로 침착하다고 답했다. 몇몇은 밤잠을 설친다고 고백하기도 했지만 대부분은 그렇지 않았다. 이들은 어떤 위기도 일시적이며 극복할 수 있다고 받아들였고 이 같은 태도는 초낙관주의와 높은 자기효능에서 비롯됐다.

또한 인터뷰 대상자들은 외부환경이나 다른 사람들에게 좌절과 위기의 책임을 돌리지 않고 스스로를 탓했다. 이들은 자신이 올바르게 판단을 내리지 못했다는 것을 인정하고 상황을 투자자나 채권자, 거래처에 가감 없이 드러냈다. 그리고 슬픔에 잠겨 있거나 당황하지 않고 문제를 해결하는 데 집중하는 현실적인 태도를 보였다.

부의 엘리트는 실패를 기회로 생각한다. 이들은 좋지 않은 상황이 닥쳤을 때 회사의 비즈니스 모델을 재정비하고 새로운 시장에 진출하거나 신제품을 개발한다. 좋지 않은 상황이 벌어지지 않았다면 문제가 있다는 사실을 알아채지 못했을 거라고 이야기했다.

이 책의 한계와 우리가 해야 할 일

이 책은 기업가정신 연구, 행동경제학, 부의 연구를 통합하고 부의 엘리트라는 새로운 연구대상을 확립했다. 또한 이들이 반드시 동일한 성격특성을 가진 것은 아니지만 부와 성공을 이뤄낸 사람들에게는 여러 공통적인 행동 패턴이 있으며 이들의 성격특성이 서로 밀접한 상관관계가 있다는 것을 밝혀냈다. 예컨대 위험 감수 성향이 높은 사람일수록 주류를 거스를 가능성이 더 높다. 자기효능이 높은 낙관주의적인 사람일수록 위험 감수 성향이 높다. 위험 감수 성향이 높은 사람일수록 주류를 거스르는 비순응주의적 성향이 높다. 자기효능이 높을수록 결정을 내릴 때 직관에 의존하고 관습에 의문을 제기할 가능성이 높다. 이처럼 이 책의 연구는 직관을 중시하는 카너먼과 기거렌처의 주장을 뒷받침할 뿐만 아니라 다양한 분야의 학술적 연구를 연결해주는 다리가 됐다.

또한 이 책은 그동안 학계에서 등한시해온 영업력이 부자가 되는 데 꼭 필요한 특성이라는 것을 보여줬으며 학력보다는 청소년기의 판매 경험, 스포츠, 자영업자 부모 등 기업가정신을 기르는 데 적합한 환경이 성공한 기업가를 만들어낸다는 것을 증명했다. 이는 앞으로 기업가정신과 부에 관한 학술적 연구와 교육, 행정연구를 연결할 수 있다는 점에서 매우 흥미롭다.

하지만 이 책의 연구에도 한계는 있다. 이 책의 연구대상은 상속 받지 않고 스스로 부를 일궈낸 소수의 성공한 기업가와 투자자에 한정됐다. 또한 이들은 자신의 사고방식, 이미지, 성격특성 등을 스스로 진술하고 평가했다. 사실 여러 번 언급했듯이 이런 초고액 순자산 보유자의 성공요인에 대한 학계의 연구는 아직 초기 단계에 머물러 있다. 따라서 이 책의 질적 연구를 넘어서 이 같은 부의 엘리트들과 이웃집 백만장자, 평범한 사람들의 비교연구가 해결해야 할 과제로 남아 있다.

2003년, 저커 덴렐Jerker Denrell은 '실패의 과소표집' 문제를 지적했다. 이는 여러 경제경영서와 자기계발서, 언론 등이 성공한 기업과 개인에게만 초점을 맞추는 경향이 강하다는 것을 뜻한다. 기업가들 역시 성공한 기업의 실적과 관행은 준수하지만 실패한 기업의 관행은 지키지 않기도 한다.[1]

덴렐은 매우 높은 위험을 무릅써서 크게 성공한 회사들이 종종 있지만 이런 기업도 위험이 현실화되면 결국 실패한다고 이야기한다. 따라서 그에 따르면 이런 기업의 사례는 기업이 어떻게 성공하는지를 설명해주는 적절한 연구대상이 아니다.[2] 마찬가지로 이 책에서 이야기하는 위험 감수 성향이 성공을 위한 하나의 전제조건이 될 수도 있지만 위험에 대한 관용도가 높아진다고 해서 막대한 부를 얻게 된다는 보장은 없다. 위험 감수 성향에 관한 기존 연구들도 위험을 감수해 승리한 기업만을 다루기 때문이다. 따라서 위험을 감수하는 것보다 온건한 전략을 펼치는 게 더 효과적일 수도 있으며 위험을 감수하는 게 실패로 이어질 수도 있다.

결정을 내릴 때 직관에 의존하는 것 역시 마찬가지다. 덴렐의 실패의 과소표집에 대한 지적이 위험 감수 성향을 과대평가할 가능성이 있다는 사실을 보여주듯이 직관에 대한 평가 역시 오해의 소지를 일으킬 수 있다.[3] 덴렐에 따르면 신속하고 직관적인 결정은 점유율을 빠르게 확보해 시장에서 우위를 선점하고 회사를 크게 성장시킨다. 이런 관점에서는 결국 아무런 분석 없이 우연히 고객들이 선호하는 제품을 만들어 빨리 출시한 회사만 성공하게 된다. 그러나 현실에서는 고객의 니즈를 제대로 파악하지 못해 최악의 실적을 내는 회사들이 많다.[4]

이 책이 확인한 비순응주의, 실패 후 행동력과 성공의 상관관계도 비슷한 맥락에서 반론을 제기할 수 있다. 덴렐은 집요하고 외골수적인 성공한 기업가들만 관찰하면 이런 성향이 성공에 긍정적인 영향을 미치는 것처럼 보이지만 결코 구체화될 수 없는 시나리오를 집요하게 고집하는 기업가는 세상에서 잊히거나 괴짜로 분류될 뿐이라고 말했다.[5]

반드시 성공을 불러오는 특별한 능력[6]의 지표는 별로 없다고 이야기하는 저크 델렐과 챙웨이 루Chengwei Liu조차 인정하는 요소가 있다. 바로 우연이다. 하지만 이들도 마라톤같이 우연이 성공에 결정적인 영향을 덜 미치는 분야가 있음을 인정한다. 이런 사례는 성과가 기술의 지표라는 것을 보여준다.[7]

따라서 이 책이 다루는 부의 엘리트들의 특성이 성공의 필수 공식은 아니라는 점을 다시 강조한다. 하지만 이 책에서 기술한 부자들의 성격특성과 행동 패턴이 부의 엘리트가 되기 위한 초기 전제조건이라는 증거는 여전히 많다. 예컨대 높은 위험을 감수하거나 낙관주의, 직관적 결정은 패배로 이어질 수도 있고 언제나 항상 그런 성향을 유지하지는 않았다고 이야기한 인터뷰 응답자들이 많다. 하지만 사업 초기의 이런 결정이 없었다면 이들이 이 책의 인터뷰 대상자가 되는 일은 없었을 것이다.

이 책은 부의 엘리트에 대한 학술적 연구의 시작에 불과하다. 이 책에서 제시된 연구결과가 보통 사람들은 쉽게 만나기 힘든 부의 엘리트들의 내면에 접근하는 길을 닦을 것이다.

미주

서문: 무엇이 부를 만드는가

1. UBS, PwC, "Billionaires: Master Architects of Great Wealth and Lasting Legacies", 2015, 13쪽.

2. Markus M. Grabka, "Verteilung und Struktur des Reichtums in Deutschland," in Reichtum, Philanthropie und Zivilgesellschaft, edited by Wolfgang Lauterbach, Michael Hartmann, and Miriam Stroing, (Wiesbaden: Springer VS, 2014), 31쪽.

1부. 부의 엘리트는 누구인가

제1장. 부란 무엇인가

1. Irene Becker, "Die Reichen und ihr Reichtum," in Oberschichten - Eliten - Herrschende Klassen, edited by Stefan Hradil and Peter Imbusch

(Wiesbaden: Springer Fachmedien, 2003), 73쪽.

2. Peter Imbusch, "Reichtum als Lebensstil," in Theorien des Reichtums, edited by Ernst-Ulrich Huster and Fritz Rudiger Volz (Hamburg: LIT Verlag, 2002), 214-215쪽.

3. 같은 인용, 216쪽.

4. Melanie Bowing-Schmalenbrock, Wege zum Reichtum: Die Bedeutung von Erbschaften, Erwerbstatigkeit und Personlichkeit fur die Entstehung von Reichtum (Wiesbaden: Springer VS, 2012), 47쪽.

5. 이 에세이의 모든 인터뷰 대상자가 백만장자는 아니었다. Ueli Mader, Ganga Jey Aratnam, and Sarah Schillinger, Wie Reiche denken und lenken: Reichtum in der Schweiz - Geschichte, Fakten, Gesprache (Zurich: Rotpunktverlag, 2010), 167쪽 이하 참조.

6. 독일 의회, "Lebenslagen in Deutschland: Dritter Armuts- und Reichtumsbericht der Bundesregierung" (보고서16/9915쪽, 2008); 독일 의회, "Lebenslagen in Deutschland: Erster Armuts- und Reichtumsbericht der Bundesregierung" (보고서14/5990쪽, 2001); 독일 의회, "Lebenslagen in Deutschland: Zweiter Armuts- und Reichtumsbericht der Bundesregierung" (보고서15/5015쪽, 2005) 참조.

7. Melanie Bowing-Schmalenbrock, Wege zum Reichtum, 174쪽.

8. Martin S, Fridson, 《How to Be a Billionaire》 14쪽.

9. 〈Manager-Magazin〉, "The 500 Richest Germans" 2015년 10월 12일 자.

10. 나폴레온 힐Napoleon Hill, 《놓치고 싶지 않은 나의 꿈, 나의 인생Think and Grow Rich》, 25쪽.

11. 같은 인용, 39쪽.

12. 같은 인용, 21쪽.

13. Melanie Bowing-Schmalenbrock, Wege zum Reichtum, 139쪽.

14. 같은 인용, 16-17쪽.

15. 같은 인용, 67쪽.

16. 같은 인용, 45쪽.

17. 같은 인용, 보잉-슈말렌브로크에 따르면 4.5%는 정확한 출처를 밝히지 않았지만 독일 중앙은행의 추정치를 가리키는 다른 연구(2001년 발표)에서 비롯됐다. 이 수치는 1990년대에 제시됐을 가능성이 높고 그 당시에도 비현실적이었다.

18. 같은 인용, 187쪽.

19. 같은 인용, 199쪽.

20. 같은 인용, 203쪽.

21. 같은 인용, 239쪽.

22. 같은 인용, 126쪽.

23. 같은 인용, 238쪽.

24. 같은 인용, 242쪽.

25. Wolfgang Lauterbach, "Reiche Parallelwelten? Soziale Mobilitat in Deutschland bei Wohlhabenden und Reichen," in Reichtum, Philanthropie und Zivilgesellschaft, edited by Wolfgang Lauterbach, Michael Hartmann, and Miriam Stroing (Wiesbaden: Springer VS, 2014), 91쪽.

26. 같은 인용, 94쪽.

27. 같은 인용, 92쪽.

28. Ferdinand Lundberg, 《rich and the super-rich: a study in the power of money today》, 70-71쪽.

29. 같은 인용, 68쪽.

30. 토머스 J. 스탠리Thomas J.Stanley, 《부자들의 선택The Millionaire Mind》, 17쪽.

31. 같은 인용, 16쪽.

32. 같은 인용, 19쪽.

33. 같은 인용, 33쪽.

34. 같은 인용, 31쪽.

35. 같은 인용, 23쪽.

36. 같은 인용, 50쪽.

37. 같은 인용, 74쪽.

38. 같은 인용, 155쪽.

제2장. 부의 엘리트는 누구인가

1. Beate Krais, "Begriffliche und theoretische Zugänge zu den 'oberen Rängen' der Gesellschaft," in Oberschichten - Eliten - Herrschende Klassen , edited by Stefan Hradil and Peter Imbusch (Wiesbaden: Springer Fachmedien,, 2003), 38쪽.
2. Bürklin, Einleitung , Wilhelm Bürklin et al, Eliten in Deutschland. Rekrutierung und Integration, Wiesbaden 1997, 17쪽.
3. Jörg Machatzke, "Die Potsdamer Elitestudie: Positionsauswahl und Ausschöpfung," in Eliten in Deutschland: Rekrutierung und Integration, edited by Wilhelm Bürklin, and Hilke Rebenstorf (Wiesbaden: Springer Fachmedien, 1997), 35쪽.
4. 같은 인용, 44-45쪽.
5. 같은 인용, 44-46쪽.
6. 토머스 J. 스탠리Thomas J.Stanley, 윌리엄 D. 단코William D.Danko, 《백만장자 불변의 법칙The Millionaire Next Door》
7. 스티브 잡스의 행동 패턴에 대해 자세한 설명은 제프리 S. 영Jeffrey S.Young, 윌리엄 사이먼William L.Simon. 《ICON 스티브 잡스iCon Steve Jobs:The Greatest Second Act in the History of Business》, 77쪽, 184-185쪽, 235-236쪽 참고. 133 Werner Sombart, 《Der Bourgeois: Zur Geistesgeschichte Des Modernen Wirtschaftsmenschen》
8. 같은 인용, 53쪽.
9. 같은 인용, 54쪽.
10. 같은 인용, 55쪽.
11. 같은 인용, 204쪽.
12. 같은 인용, 203쪽.
13. 같은 인용, 204쪽.
14. 같은 인용, 347-348쪽. 좀바르트의 《Die vorkapitalistische Wirtschaft》 3권, 36-37쪽과 비슷하다. "나는 자본주의적 기업가를 이윤을 추구하는 사람들 이라고 표현했다."

15. Werner Sombart,《Die vorkapitalistische Wirtschaft》3권, 30쪽.

16. 같은 인용, 27쪽

17. 조지프 슘페터Joseph Schumpeter,《경제발전의 이론Theory der wirtschaftlicen Entwicklung》, 121쪽.

18. 같은 인용, 120쪽.

19. 같은 인용, 163-164쪽.

20. 같은 인용, 135쪽.

21. 같은 인용, 137쪽.

22. 같은 인용, 138쪽.

23. 같은 인용, 145쪽.

24. 같은 인용, 146쪽.

25. 이스라엘 커즈너Israel Kirzner,《경쟁과 기업가정신Competition & Entrepreneurship》, 39쪽.

26. 같은 인용, 39쪽.

27. 같은 인용, 74쪽.

28. Andreas Rauch and Michael Frese, "Psychological Approaches to Entrepreneurial Success: A General Model and an Overview of Findings", 〈International Review of Industrial and Organizational Psychology〉, 쪽수 미기재.

29. Stanley Cromie, "Motivations of Aspiring Male and Female Entrepreneurs", 〈Journal of Occupational Behaviour〉 8권, 1987년, 255쪽.

30. Plaschka, Unternehmenserfolg , 118쪽.

31. Sue Birley, Paul Westhead, "A Taxonomy of Business Start-Up Reasons and Their Impact on Firm Growth and Size", 〈Journal of Business Venturing〉 9권, 1994년, 11쪽.

32. Raphael Amit, Kenneth R. MacCrimmon, Charlene Zietsma, John M. Oesch, "Does Money Matter? Wealth Attainments as the Motive for Initiating Growth-Oriented Technology Ventures" 〈Journal of Business Venturing〉 16권, 2000년, 120쪽.

33. Nancy M. Carter, William B. Gartner, Kelly G. Shaver, Elizabeth J. Gatewood, "The Career Reasons of Nascent Entrepreneurs", 〈Journal of Business Venturing〉〉 18권, 2003년, 29쪽.

34. John B. Miner,《The 4 Routes to Entrepreneurial Success》, 1쪽.

35. 같은 인용, 18쪽.

36. 같은 인용, 31-32쪽.

37. 같은 인용, 43쪽.

38. 같은 인용, 5쪽.

39. 같은 인용, 107쪽.

40. Elizabeth Chell, Jean Haworth, Sally Brearley,《The Entrepreneurial Personality》, 151쪽.

41. Timothy A. Judge, John D. Kammeyer-Mueller, "Personality and Career Success", 61-66쪽.

42. Gerhard Plaschka, Unternehmenserfolg: Eine vergleichende empirische Untersuchung von erfolgreichen und nicht erfolgreichen Unternehmensgründern (Vienna: Service Fachverlag an der Wirtschaftsuniversität Wien, 1986), 67쪽.

43. 같은 인용, 147쪽.

44. Eva Schmitt-Rodermund, Rainer K. Silbereisen 참조, "Erfolg von Unternehmern: Die Rolle von Persönlichkeit und familiärer Sozialisation," (Göttingen: Verlag für Angewandte Psychologie, 1999), 118쪽.

45. Andreas Rauch, Michael Frese,《Born to Be an Entrepreneur?, Revisting the Personality Approach to Entrepreneuship》, 47쪽.

46. 같은 인용, 54쪽.

47. 독일 사회경제 패널은 독일 경제연구소가 매년 1만 2,000가구를 대상으로 종적 조사를 실시하는 대표적인 기관이다.

48. Maro Caliendo, Frank Fossen, and Alexander Kritikos, "Selbstständige sind anders: Persönlichkeit beeinflusst unternehmerisches Handeln," Wochenbericht des DIW Berlin 11 (2011), 5쪽.

49. 같은 인용, 6쪽.

50. David Deakins, Mark Freel, "Entrepreneurial Learning and the Growth Process in SMEs",⟨Learning Organization⟩ 5권, 3호, 1998년, 146쪽 외 이하 참조.

51. 같은 인용, 153쪽.

52. 마이클 엘스버그Michael Ellsberg, 《졸업장 없는 부자들The Education of Millionaires: Everything You Won't Learn in College about How to Be Successful》, 10쪽.

53. 로버트 J. 스턴버그Robert J.Sternberg, 《성공지능Successful Intelligence:How Practical and Creative Intelligence Determine Success in Life》, 47쪽.

54. 같은 인용, 130쪽.

55. 같은 인용, 153쪽.

56. John E. Young, Donald L. Sexton, "Entrepreneurial Learning: A Conceptual Framework", ⟨Journal of Enterprising Culture⟩ 5권, 3호, 1997년, 225쪽.

57. 같은 인용, 241쪽.

58. David A. Harper, "How Entrepreneurs Learn: A Popperian Approach and Its Limitations"(Working Paper prepared for the group in Research in Strategy, Process and Economic Organization, Department of Industrial Economics and Strategy, Copenhagen Business School, 1999), 11-12쪽.

59. Arthur S. Reber, "Implicit Learning and Tacit Knowledge," ⟨Journal of Experimental Psychology⟩ 118권, 3호, 1989년, 219쪽.

60. 같은 인용, 232쪽.

61. Arthur S. Reber, Faye F. Walkenfeld, Ruth Hernstadt,, "Implicit and Explicit Learning: Individual Differences and IQ", ⟨Journal of Experimental Psychology⟩, 17권, 5호, 1991년, 888쪽 이하 참조.

62. Leanne S. Woolhouse, Rowan Bayne, "Personality and the Use of Intuition: Individual Differences in Strategy and Performance on an Implicit Learning Task", ⟨European Journal of Personality⟩, 14권, 2000년, 157쪽 이하 참조.

63. Charles W. Ginn, Donald L. Sexton, "A Comparison of the Personality Type Dimensions of the 1987 Inc. 500 Company Founders/CEOs with Those of Slower-Growth Firms", 〈Journal of Business Venturing〉, 5권, 1990년, 323쪽.

64. 같은 인용, 313쪽.

65. Karen E. Watkins and Victoria J. Marsick, "Towards a Theory of Informal and Incidental Learning in Organizations" 〈International Journal of Lifelong Education〉 11권, 4호, 1992년, 288쪽.

66. Marion Golenia and Nils Neuber, "Bildungschancen in der Kinder- und Jugendarbeit: Eine Studie zum informellen Lernen im Sportverein", in Informelles Lernen im Sport: Beiträge zur allgemeinen Bildungsdebatte, Wiesbaden: VS Verlag für Sozialwissenschaften, 2010년, 198쪽.

67. 미하이 칙센트미하이Mihaly Csikszentmihalyi,《창의성의 즐거움Creativity: Flow and the Psychology of Discovery and Invention》의 부록에는 그가 인터뷰한 사람들의 짧은 전기들이 포함되어 있다. 같은 인용, 373쪽, 이하 참조.

68. 같은 인용, 46쪽.

69. 같은 인용, 151-152쪽.

70. 말콤 글래드웰Malcolm Gladwell,《아웃라이어Outliers: The Story of Success》, 101쪽.

71. 같은 인용, 55쪽.

72. Heiko Ernst, "Glück haben – Wie sehr bestimmen Zufälle unser Leben?" Psychologie heute 4 (2012), accessed 27 October 2017, https://www.psychologie-heute.de/archiv/detailansicht/news/ glueck_haben_wie_sehr_bestimmen_zufaelle_unser_leben_glueck_haben_wie_sehr_bestimmen_zufael.

73. Rainer Zitelmann,《Reich werden und bleiben》, 13-15쪽 참조.

74. Helmut Schoeck,《Envy: A Theory of Social Behaviour》, 285쪽.

75. 마이클 J. 모부신Michael J.Mauboussin,《운과 실력의 성공 방정식The Success Equation》, 125쪽.

76. Lucy O'Brien, 《Madonna: Like an Icon》, 49쪽.

77. 라이너 지텔만Rainer Zitelmann,《무엇이 당신을 부자로 만드는가Dare to Be Different and Grow Rich》, 79-84쪽.

78. 같은 인용, 202-223쪽.

79. Udo Kelle, Christian Erzberger, "Qualitative und quantitative Methoden: Kein Gegensatz,"〈Qualitative Forschung: Ein Handbuch〉, 10호, 2013년, 299쪽 이하 참조.

80. Grabka, "Verteilung und Struktur," 31쪽.

81. Gläser and Laudel, Experteninterviews und qualitative Inhaltsanalyse, 181쪽.

82. 론 처노Ron Chernow,《부의 제국 록펠러TITAN-THE LIFE OF JOHN D. ROCKEFELLER SR.》, 33쪽.

83. 같은 인용, 29-33쪽. 상황이 과장되거나 진실이 수정될 가능성을 고려하여 이러한 보고는 어느 정도 회의적으로 받아들일 필요가 있다.

84. Fridson, 《How to Be a Billionaire》, 4쪽.

85. Mäder, Aratnam, Schillinger, 《Wie Reiche denken und lenken》, 198쪽.

86. 같은 인용, 251쪽.

2부. 무엇이 부의 엘리트를 만드는가

제3장. 부의 엘리트들의 유년시절은 어땠는가

1. Eva Schmitt-Rodermund, "Wer wird Unternehmer? Persönlichkeit, Erziehungsstil sowie frühe Interessen und Fähigkeiten als Vorläufer für unternehmerische Aktivität im Erwachsenenalter,"〈Wirtschaftspsychologie〉 2권, 2005년, 13쪽.

2. 같은 인용, 16쪽.

3. Schmitt-Rodermund, "Pathways to Successful Entrepreneurship: Parenting, Personality, Competence, and Interests"〈ournal of Vocational

Behavior〉 65권, 2004년 참조.

4. Schmitt-Rodermund, "Wer wird Unternehmer?" 14-15쪽.

5. 같은 인용, 17쪽.

6. Martin Obschonka, Rainer K. Silbereisen, Eva Schmitt-Rodermund, "Explaining Entrepreneurial Behavior: Dispositional Personality Traits, Growth of Personal Entrepreneurial Resources, and Business Idea Generation", 〈Career Development Quarterly〉 60권, 2012년, 178쪽.

7. 같은 인용, 187쪽.

8. Erick Hurst, Annamaria Lusardi), "Liquidity Constraints and Entrepreneurship: Household Wealth, Parental Wealth, and the Transition In and Out of Entrepreneurship", 〈Journal of Political Economy〉 112권, 2호, 2004년, 15쪽.

9. Mäder, Aratnam, and Schillinger, Wie Reiche denken und lenken, 207쪽.

10. 영, 사이먼, 《ICON 스티브 잡스》, 22쪽 이하 참조, 42쪽.

11. 제임스 월러스 James Wallace, 짐 에릭슨 Jim Erickson, 《하드 드라이브 Bill Gates and the Making of the Microsoft Empire》 21-22쪽, 38쪽 이하 참조, 89쪽 이하 참조.

12. Mike Wilson, 《The Difference between God and Larry Ellison: Inside Oracle Corporation》, 23-24쪽.

13. Porter Bibb, Ted Turner, 《It Ain't as Easy as It Looks》, 18쪽, 29-30쪽.

14. 앨리스 슈뢰더 Alice Schroeder, 《스노볼 The Snowball: Warren Buffett and the Business of Life》, 86-87쪽.

15. 지텔만, 《무엇이 당신을 부자로 만드는가》, 105-114쪽.

16. Bowing-Schmalenbrock, Wege zum Reichtum, 210-211쪽.

17. 지텔만, 《무엇이 당신을 부자로 만드는가》, 105-114쪽.

18. 독일 중등학교 제도는 중학교, 고등학교, 대학 예비학교 3단계로 구성돼 있다. 성적은 1부터 6까지의 등급으로 부여되며, 1은 최우수, 2는 우수, 3은 충분, 4, 5, 6은 불충분부터 취득불가로 이어진다. 모든 과목의 점수를 합산하여 평균을 내며, 최종점수는 소수점(예: 1.5점 또는 2.7점)을 포함한다.

19. Dohmen, Das informelle Lernen, 7쪽.

제4장. 무엇이 부의 엘리트를 사업가로 만들었는가

1. Robert Hisrich, Janice Langan-Fox, Sharon Grant, "Entrepreneurship
   Research and Practice: A Call to Action for Psychology" 582쪽.

제5장. 부의 엘리트는 어떤 목표를 세우는가

1. 지텔만, 《무엇이 당신을 부자로 만드는가》, 1-21쪽.
2. 데이비드 A. 바이스David A.Vise, 마크 맬시드Mark Malseed, 《구글 스토리The
   Google Story》, 11쪽.
3. Sam Walton, 《Made in America: My Story》, 15쪽.
4. 리처드 브랜슨Richard Branson, 《발칙한 일 창조 전략LET'S DO IT, WORK
   CREATION STRATEGY》, 196쪽.
5. John F. Love, 《McDonald's: Behind the Arches》, 23쪽, 39-40쪽, 45-47쪽.
6. 하워드 슐츠Howard Schultz, 도리 존스 양Dori Jones Yang, 《스타벅스-커피 한
   잔에 담긴 성공신화Pour Your Heart Into It:How Starbucks Built a Company One Cup
   at a Time》, 35-36쪽, 42-44쪽.
7. Lauri S. Friedmann, 《Business Leaders(Greensboro: Michael Dell)》, 2009년,
   79쪽.
8. Edwin A. Locke and Gary P. Latham, "Goal Setting Theory," 〈New
   Developments in Goal Setting and Task〉, 1990년. 5쪽.
9. 같은 인용, 5쪽.
10. 같은 인용, 6쪽.
11. Murray R. Barrick, Michael K. Mount, Judy P. Strauss, "Conscientiousness
    and Performance of Sales Representatives: Test of the Mediating Effects
    of Goal Setting", 〈Journal of Applied Psychology〉 78권, 5호, 1993년, 718쪽.
12. 같은 인용, 719쪽

13. Steve Kerr, Douglas LePelley, "Stretch Goals: Risks, Possibilities, and Best Practices", 《New Developments in Goal Setting and Task Performance》, 21쪽.

14. 웰치가 인용한 부분을 재인용, 29쪽.

15. J. Robert Baum, Edwin A. Locke, "The Relationship of Entrepreneurial Traits, Skill, and Motivation to Subsequent Venture Growth" 〈Journal of Applied Psychology〉 89권, 2004년, 590쪽.

16. 같은 인용, 590쪽.

17. Gabriele Oettingen, Marion Wittchen, Peter M. Gollwitzer, "Regulating Goal Pursuit through Mental Contrasting with Implementation Intentions", 《New Developments in Goal Setting and Task Performance》, 523쪽.

18. Gabriele Oettingen, Gaby Hönig, Peter M. Gollwitzer, "Effective Self-Regulation of Goal Attainment", 〈International Journal of Educational Research〉 33호, 2000년.

19. John R. Hollenbeck, Howard J. Klein, "Goal Commitment and the Goal-Setting Process: Problems, Prospects, and Proposals for Future Research", 〈Journal of Applied Psychology〉 72호, 1987년, 212쪽.

20. Michael Frese, Judith Stewart, and Bettina Hannover, "Goal Orientation and Planfulness: Action Styles as Personality Concepts", 〈Journal of Personality and Social Psychology〉 52권, 1987년, 1183쪽.

21. Michael Frese, "The Psychological Actions and Entrepreneurial Success: An Action Theory Approach",《The Psychology of Entrepreneurship》, 158쪽.

22. 같은 인용, 159쪽.

23. Franz Walter, Stine Marg, "Sprachlose Elite?", 19쪽.

24. 지텔만, 《무엇이 당신을 부자로 만드는가》, 273쪽.

제6장. 부의 엘리트가 되는 데 필요한 자질은 무엇인가

1. Sombart, 《The Quintessence of Capitalism》, 54쪽.

2. 같은 인용, 54-55쪽.

3. 같은 인용, 55쪽.

4. 스탠리, 《부자들의 선택》, 45쪽.

3부. 부의 엘리트는 어떻게 사고하는가

제7장. 부의 엘리트는 낙관주의자인가

1. Daniel Cervone, Lawrence A. Pervin, 《Personality: Theory and Research》, 2013년, 436쪽.

2. 같은 인용, 449-450쪽.

3. Locke Latham, "Goal Setting Theory", 〈New Developments in Goal Setting and Task〉, 2013년 재인용, 11쪽.

4. Rauch, Frese, "Born to Be an Entrepreneur?", 53쪽.

5. Göbel, Frese, "Persönlichkeit, Strategien", 101쪽.

6. Sigrun Göbel, "Persönlichkeit, Handlungsstrategien und Erfolg", 〈Erfolgreiche Unternehmensgründer: Psychologische Analysen und praktische Anleitungen für Unternehmer in Ost- und Westdeutschland〉, 1998년, 107쪽.

7. Utsch, "Psychologische Einflussgrößen," 59쪽.

8. 같은 인용, 108쪽.

9. Chen, Greene, Crick이 Locke, Baum을 인용, "Entrepreneurial Motivation", 98-99쪽.

10. Locke, Baum, "Entrepreneurial Motivation", 99쪽.

11. Albert Bandura, "The Role of Self-Efficacy in Goal-Based Motivation", 〈New Developments in Goal Setting and Task Performance〉, 2013년, 151쪽.

12. 대니얼 카너먼Daniel Kahneman, 《생각에 관한 생각Thinking, Fast and Slow》, 255쪽.

13. Hanno Beck, 《Behavioral Economics: Eine Einführung》, 58쪽.

14. Arnold C. Cooper, Carolyn Y. Woo, and William C. Dunkelberg, "Entrepreneurs' Perceived Chances for Success", 〈Journal of Business Venturing〉, 3권, 1988년, 99쪽.

15. 같은 인용, 103쪽.

16. 같은 인용, 106쪽.

17. Thomas Astebro, Holger Herz, Ramana Nanda, Roberto A. Weber, "Seeking the Roots of Entrepreneurship: Insights from Behavioral Economics", 〈Journal of Economic Perspectives〉 28권, 3호, 2014년, 51쪽.

18. 같은 인용, 54쪽.

19. 같은 인용, 54쪽.

20. 카너먼, 《생각에 관한 생각》, 257쪽.

21. 같은 인용, 259쪽.

22. Don A. Moore, John M. Oesch, Charlene Zietsma, "What Competition? Myopic Self-Focus in Market-Entry Decisions", 〈Organization Science〉 18권, 3호, 2007년, 444쪽.

23. Mathew L. A. Hayward, Dean A. Shepherd, Dale Griffin, "A Hubris Theory of Entrepreneurship", 〈Management Science〉, 52권, 2호, 2006년, 169쪽.

24. Manju Puri, David T. Robinson, "Optimism and Economic Choice", 〈Journal of Financial Economics〉 86권, 2007년, 72쪽.

25. 같은 인용, 73-74쪽.

26. 같은 인용, 97쪽.

27. Keith M. Hmieleski, Robert A. Baron, "Entrepreneurs' Optimism and New Venture Performance: A Social Cognitive Perspective", 〈Academy of Management Journal〉 52권, 3호, 2009년, 482쪽.

28. Beck, 《Behavioral Economics》, 68쪽

29. 카너먼, 《생각에 관한 생각》, 264쪽

30. Institut für Demoskopie, Allensbach, Germany, AIPOR surveys 4070, 5062, 6042,

제8장. 부의 엘리트는 위험을 추구하는가

1. Stefan Lackner, "Voraussetzungen und Erfolgsfaktoren unternehmerischen Denkens und Handelns: Eine empirische Analyse mittelständischer Unternehmen" 2002년, 18쪽도 참고했다.

2. 같은 인용, 21쪽.

3. Elizabeth Chell, Jean Haworth, Sally Brearley,, 《The Entrepreneurial Personality: Concepts, Cases and Categories》, 42쪽 이하 참조.

4. Schmitt-Rodermund, Silbereisen, "Erfolg von Unternehmern," 117쪽.

5. Andreas Rauch, Michael Frese, "Was wissen wir über die Psychologie erfolgreichen Unternehmertums? Ein Literaturüberblick," in Erfolgreiche Unternehmensgründer: Psychologische Analysen und praktische Anleitungen für Unternehmer in Ost- und Westdeutschland, 13쪽.

6. Andreas Rauch, Michael Frese, "Psychological Approaches", 쪽수 미기재.

7. Rauch, Frese, 《Born to Be an Entrepreneur?》, 50쪽.

8. Edwin A. Locke, J., Robert Baum, "Entrepreneurial Motivation" 《The Psychology of Entrepreneurship》, 99쪽.

9. Robert Hisrich, Janice Langan-Fox, Sharon Grant, "Entrepreneurship Research and Practice: A Call to Action for Psychology", 〈American Psychologist〉 62권, 6호, 2007년, 583쪽.

10. Lowell W. Busenitz, "Entrepreneurial Risk and Strategic Decision Making: It's a Matter of Perspective", 〈Journal of Applied Behavioral Science 35〉, 35권, 3호, 1999년, 332쪽.

11. Chell, Haworth, Brearley, 《The Entrepreneurial Personality》, 43쪽.

12. Caliendo, Fossen, Kritikos, "Selbstständige sind anders", 7쪽.

13. 같은 인용, 7쪽.

14. UBS, PwC, "Billionaires: Master Architects", 15쪽.

15. AIPOR, 조사번호 11050.

제9장. 부의 엘리트는 어떻게 결정하는가

1. Beck,《Behavioral Economics》, 35쪽.

2. 같은 인용, 76쪽.

3. 같은 인용, 77쪽.

4. 같은 인용, 84쪽.

5. 게르트 기거렌처Gerd Gigerenzer,《생각이 직관에 묻다Gut Feelings: The Intelligence of the Unconscious》, 19쪽.

6. Thomas Astebro, Samir Elhedhli, "The Effectiveness of Simple Decision Heuristics: Forecasting Commercial Success for Early-Stage Ventures", 〈Management Science〉 52권, 3호, 2006년, 407쪽.

7. 기거렌처,《지금 생각이 답이다Risk Savvy》, 30쪽.

8. Guy Claxton, "Knowing Without Knowing Why", 〈The Psychologist〉, 1998년 5월호, 219쪽

9. 같은 인용, 219쪽.

10. 기거렌처,《지금 생각이 답이다》, 108-110쪽.

11. 같은 인용, 110쪽.

12. Weston H. Agor, "Using Intuition to Manage Organizations in the Future" 〈Business Horizons〉, 1984년 7/8월호, 51쪽.

13. 기거렌처,《지금 생각이 답이다》, 112쪽.

14. 같은 인용, 108-109쪽.

15. 같은 인용, 114쪽.

16. Alden M. Hayashi, "When to Trust Your Gut," 〈Harvard Business Review〉 2001년 2월호, 7쪽.

17. 기거렌처,《생각이 직관에 묻다》, 76쪽.

18. Timothy D. Wilson, Jonathan W. Schooler, "Thinking Too Much:

Introspection Can Reduce the Quality of Preferences and Decisions",
〈Journal of Personality and Social Psychology〉60권, 2호, 1991년, 181쪽,
이하 참조.

19. Frank La Pira, "Entrepreneurial Intuition, an Empirical Approach", 〈경
   Journal of Management and Marketing Research〉, 2016년 8월 5일 접속,
   http://www.aabri.com/manuscripts/10554. pdf 5쪽.

20. 같은 인용, 18쪽.

21. 같은 인용, 12쪽.

22. Christopher W. Allinson, Elizabeth Chell, John Hayes, "Intuition
   and Entrepreneurial Behaviour", 〈European Journal of Work and
   Organizational Psychology〉9권, 1호, 2009년, 41쪽.

23. Naresh Khatri, H. Alvin Ng, "The Role of Intuition in Strategic Decision
   Making", 〈Human Relations〉53권, 1호, 2000년, 73쪽.

24. 같은 인용, 75쪽, 이하 참조.

25. Erik Dane, Michael G. Pratt, "Exploring Intuition and Its Role in
   Managerial Decision Making", 〈Academy of Management Review〉32권,
   1호, 2007년, 37쪽.

26. 같은 인용, 41쪽.

27. AIPOR, 조사번호 7058, 10062, 11044.

제10장. 부의 엘리트와 5대 성격특성

1. Cervone, Lawrence Pervin, "Personality", 8쪽.

2. Herzberg and Roth, "Persönlichkeitspsychologie", 25쪽.

3. Robert R. McCrae, Paul T. Costa, 《Personality in Adulthood: A Five-
   Factor Theory Perspective》, 50-51쪽.

4. 같은 인용, 47-48쪽.

5. Herzberg and Roth, "Persönlichkeitspsychologie", 43쪽.

6. McCrae, Costa, 《Personality in Adulthood》, 46쪽.

7. Jürgen Hesse, Hans Christian Schrader, Persönlichkeitstest: Verstehen – Durchschauen – Trainieren, 95쪽.

8. Cervone, Pervin, "Personality", 265-266쪽.

9. McCrae, Costa, 《Personality in Adulthood》, 42-43쪽.

10. 같은 인용, 81쪽.

11. Herzberg, Roth 역시 참고, "Persönlichkeitspsychologie", 46쪽 이하 참조.

12. Andresen, "Risikobereitschaft," 229쪽.

13. 같은 인용, 210쪽.

14. Herzberg, Roth 역시 참고, "Persönlichkeitspsychologie", 75-100쪽.

15. Hao Zhao, Scott E. Seibert, "The Big Five Personality Dimensions and Entrepreneurial Status: A Meta-Analytical Review", 264쪽.

16. 지텔만, 《무엇이 당신을 부자로 만드는가》, 6장 참조.

17. McCrae, Costa, 《Personality in Adulthood》, 62쪽.

제11장. 부의 엘리트는 반항아인가

1. 기거렌처, 《생각이 직관에 묻다》, 216-218쪽.

2. 같은 인용, 217쪽.

3. 같은 인용, 218쪽.

4. 같은 인용, 219쪽.

5. 같은 인용, 219쪽.

6. 같은 인용, 221쪽.

7. Antonio E. Bernard, Ivo Welch, "On the Evolution of Overconfidence and Entrepreneurs", 〈Journal of Economics & Management Strategy〉 10권, 3호, 2001년, 302쪽.

8. 같은 인용, 302쪽.

9. Michael Faschingbauer, 《Effectuation》, 248쪽.

10. Locke, Baum, "Entrepreneurial Motivation", 97-98쪽.

11. Birger P. Priddat, "Unternehmer als Cultural Entrepreneurs,"

〈Unternehmertum: Vom Nutzen und Nachteil einer riskanten Lebensform〉, 2010년, 115쪽.

12. Hisrich, Langan-Fox, Grant, 《Entrepreneurship Research and Practice》, 582쪽.

13. Barbara J. Bard, 《Entrepreneurial Behavior》, 172쪽.

14. 같은 인용, 154-155쪽.

15. 같은 인용, 123쪽.

16. 다음 인용문 및 그 밖의 인용문들은 George G. Brenkert, "Innovation, Rule Breaking and the Ethics of Entrepreneurship", 〈Journal of Business Venturing〉 참고.

17. Geoff Williams, "No Rules", 〈Entrepreneur〉, 1999년, 2017년 10월 27일 접속. https://www.entrepreneur.com/article/18298.

18. Elizabeth G. Pontikes, William P. Barnett, "When to Be a Nonconformist Entrepreneur? Organizational Responses to Vital Events", 2015년 7월 7일 접속, https://www.gsb.stanford.edu/faculty-research/working-papers/when-be-nonconformist-entrepreneur-organizational-responses-vital, 26-27.

19. Zhen Zhang, Richard D. Arvey, "Rule Breaking in Adolescence and Entrepreneurial Status: An Empirical Investigation", 〈Journal of Business Venturing〉 24권, 2009년, 439쪽.

20. 같은 인용, 443쪽.

21. 같은 인용, 444쪽.

22. 같은 인용, 437쪽.

23. Elizabeth W. Morrison, "Doing the Job Well: An Investigation of Pro-Social Rule Breaking", 〈Journal of Management〉 32권, 10호, 2006년, 22쪽.

24. Fridson, 《How to Be a Billionaire》, 12쪽.

25. 슘페터, 《경제발전의 이론》, 163-164쪽.

제12장. 부의 엘리트는 실패를 어떻게 받아들이는가

1. Utsch, "Psychologische Einflussgrößen", 109쪽.

2. Sigrun Göbel, Michael Frese, "Persönlichkeit, Strategien", 101쪽.

3. Göbel, "Persönlichkeit, Handlungsstrategien und Erfolg," 119쪽.

4. Locke, Baum, "Entrepreneurial Motivation," 102쪽.

5. Albert Bandura, "The Role of Self-Efficacy", 149-150쪽.

6. 힐, 《놓치고 싶지 않은 나의 꿈, 나의 인생》 39쪽.

7. 처노, 《부의 제국 록펠러》, 554쪽.

8. Rüdiger Jungbluth, 《Die 11 Geheimnisse des IKEA-Erfolgs》, 75쪽.

9. 마이클 블룸버그**Michael Bloomberg**, 《월가의 황제 블룸버그 스토리**Bloomberg by Bloomberg**》, 1쪽 이하 참조.

10. 지텔만, 《무엇이 당신을 부자로 만드는가》, 36-40쪽.

11. 같은 인용, 48-51쪽.

결론: 부자는 어떻게 사고하고 행동하는가

1. Jerker Denrell, "Vicarious Learning, Undersampling of Failure, and the Myths of Management", 〈Organization Science〉 14권, 3호, 2003년, 227쪽.

2. 같은 인용, 230쪽.

3. 같은 인용, 238쪽.

4. 같은 인용, 238쪽.

5. 같은 인용, 236쪽.

6. Jerker Denrell, Chengwei Liu "Top Performers Are Not the Most Impressive when Extreme Performance Indicates Unreliability", 〈Proceedings of the National Academy of Sciences〉, 109권, 24호, 2012년, 참조.

7. 같은 인용, 쪽수 미기재.

이 책의 인터뷰

질문에 대한 설명

다음은 이 책의 인터뷰에서 실제로 사용된 질문지다. 유년시절, 직장생활, 금전적 목표와 돈, 영업력, 갈등지향 성향, 위험 감수 성향, 직관과 분석, 실패 후 행동력이라는 8가지 주제로 구성됐으며 공통질문으로 6가지 범주 중 본인의 순자산이 어디에 속하는지를 확인했다. 질문을 읽고 최대한 솔직하게 답을 적어보자. 그 뒤 이 책의 인터뷰에 참여한 부의 엘리트의 생각과 나의 생각은 어떤 공통점과 차이점이 있는지 비교해보자. 각 질문에 대한 답은 본문에서 찾아볼 수 있다.

주제 1. 유년시절

1. 부모의 직업은 무엇이었는가?

2. 많은 아이들이 어릴 때부터 직업에 대한 포부나 꿈이 있다. 어렸을 때 당신의 장래희망은 무엇이었는가?

3. 성공한 사람들은 어렸을 때 부모님과 갈등을 겪었다는 이야기가 있다. 하지만 가족관계가 화목했던 성공한 사람들도 많다. 젊었을 때 부모님과의 관계는 어땠나?

4. 학교 다닐 때 성적과 마지막 졸업고사 성적은 어땠는가?

5. 학교 다닐 때 당신은 학교 또는 교사들과 갈등을 겪었는가? 만약 그랬다면 그 강도가 보통 이상이었는가? 아니면 대체로 조화로운 관계를 맺었는가?

6. 특정 스포츠를 집중적으로 해본 적이 있는가? 만약 그렇다면 대회에 참가한 적이 있는가? 어떤 결과를 얻었는가?

7. 학창시절에 어떤 식으로든 돈을 벌어본 적이 있는가? 그 방법은?

8. 학교를 졸업한 후에 무엇을 했는가?

9. 대학을 졸업했는가?

10. 대학에서 성적은 어땠는가? 보통 학생이었나?

11. 대학에 다닐 때 돈을 벌어본 적이 있는가? 그 방법은?

주제 2. 직장생활(직장생활을 해본 응답자만 해당)

1. 직원으로서 예전 상사와 관계는 괜찮았나?
2. 승진이 빠른 편이었나? 그 회사에서 계속 일하거나 CEO 자리에 오르는 것을 상상할 수 있었는가?
3. 무슨 계기로 창업을 결심했나?

주제 3. 금전적 목표, 돈

1. 부자들 중 일부는 일찍부터 '30세에 100만 유로를 벌 것이다'와 같은 구체적인 재정적 목표를 세웠다고 한다. 그러나 그런 목표를 세우지 않은 부자들도 있다. 당신은 어땠는가?
2. 현재의 재산을 축적하는 데 가장 핵심적인 요인은 무엇이었나? 무엇이라고 답할 수 있겠는가?
   - 상속받은 비율은?
   - 회사에 다닐 때 저축한 돈의 비율은?
   - 사업을 하면서 번 돈 또는 배당금의 비율은?
   - 투자(부동산, 주식 등)로 번 돈의 비율은?
3. 목표를 설정했다면
   - 이 목표를 어딘가에 적어놓았나?

- 구체적인 목표를 정하는가?

- 얼마나 자주 목표를 세우는가?

- 목표를 시각화했는가?

4. 사람들은 돈을 많은 것들과 연관시킨다. 0점(완전히 중요하지 않음)에서 10점(매우 중요함)의 척도로 돈의 장점을 평가한다면 각 항목에 몇 점을 주겠는가?

- 삶을 안정적으로 만들어줌(돈 문제를 겪지 않는 것)

- 자유와 독립성을 부여

- 새로운 기회

- 좋은 것을 구매할 수 있게 함

- 자기확신의 도구(자신이 잘해냈다는 느낌을 줌)

- 타인에게 인정받게 함

5. 위에 언급되지 않은 돈의 다른 장점이 있는가?

주제 4. 영업력

1. 다른 사람들이 당신을 훌륭한 영업사원으로 평가하는가?

- (그렇다고 대답할 경우) 이 능력이 당신의 성공에 어느 정도 기여했는가? 당신을 훌륭한 영업사원으로 만드는 가장 중요한 기술과 전략은 무엇인가?

주제 5. 갈등지향 성향, 비순응주의, 우호성

1. 당신을 잘 아는 사람들은 당신을 조화지향적인 사람과 갈등지향적인 사람 중 무엇으로 평가할까?
2. 사업이나 투자에서 지배적인 의견에 반하는 결정을 내려 타인이 회의적으로 반응한 적이 있는가?
3. 다수의 의견과 다른 의견을 내면 불편함을 느끼는가? 아니면 주류를 거스른다는 데 즐거움을 느끼는가?

주제 6. 위험 감수 성향, 낙관주의

1. -5점(극도의 안전 추구)에서 +5점(극도의 위험 추구)까지의 척도로 자신을 평가한다면 몇 점을 주겠는가?
2. 타인도 당신을 그렇게 평가할 거라 예상하는가?
3. 당신의 총 순자산 중 대략 몇 퍼센트가 회사에 묶여 있는가?
   - (비율이 매우 높을 경우) 이를 위험하다고 생각하는가?
4. 만약 -5점(초비관주의)에서 +5점(초낙관주의)까지의 척도로 자신을 평가한다면 몇 점을 주겠는가? 또한 '낙관주의'라는 단어를 어떻게 정의하는가?
   - (자신을 초낙관주의자라고 평가할 경우) 낙관주의는 기업가와 투자자

에게 중요한 특징이지만 위험한 결과를 가져올 수도 있다는 의견이 있다. 당신의 낙관주의가 반드시 좋은 것만은 아니었던 상황이 있었는가?

주제 7. 직관과 분석

1. 어떤 사람들은 상세한 분석에 근거해 결정을 내리는 경향이 있는 반면 어떤 사람들은 직관에 근거해 결정을 내리는 경향이 있다. 당신은 어떠한가? 만약 그중 더 지배적인 요인의 비율을 따져본다면 몇 %인가?
2. 언제 또는 어떤 상황에서 분석 또는 직관을 따르는가?

주제 8. 실패 후 행동력

1. 당신이 사업을 성공시키면서 혹은 부자가 되는 과정에서 겪었던 가장 큰 좌절과 위기는 무엇인가?
2. 위기와 좌절을 한층 더 큰 성공의 출발점이라고 하는 경우도 있다. 당신의 삶에서 이것을 확인하는 일화가 있는가, 아니면 그런 예는 없는가?

공통질문. 기타

다음의 순자산 범주 중 본인이 속한 곳을 고르시오.

- 1,000만~3,000만 유로
- 3,000만~1억 유로
- 1억~3억 유로
- 3억~10억 유로
- 10억~20억 유로
- 20억 유로 이상

5대 성격특성 검사

검사 전 요구사항

이 검사는 5대 성격특성을 알아보는 테스트다. 다음 50개 문항을 읽고 그 문항에 동의하는지 혹은 부정하는지 답변해보자. 총 검사 시간은 약 15분 정도이며 문항을 읽고 떠오르는 생각을 가능한 솔직하고 빠르게 대답해야 한다. 검사가 끝나고 점수를 매겨보자. 그리고 그 결과가 본인의 성격을 정확히 반영한다고 느끼는지 판단해보자.

1. 나는 종종 내가 다른 사람들보다 열등하다고 생각한다.(가)

(A) 전혀 아니다 (B) 아니다 (C) 보통 (D) 그렇다 (E) 매우 그렇다

2. 다른 사람들과 대화하는 것이 즐겁다.(나)

(A) 전혀 아니다 (B) 아니다 (C) 보통 (D) 그렇다 (E) 매우 그렇다

3. 자연이나 박물관에서 창조적인 영감을 얻는 것을 좋아한다.(다)

(A) 전혀 아니다 (B) 아니다 (C) 보통 (D) 그렇다 (E) 매우 그렇다

4. 나는 타인을 대할 때 존중과 세심함을 먼저 생각한다.(라)

(A) 전혀 아니다 (B) 아니다 (C) 보통 (D) 그렇다 (E) 매우 그렇다

5. 일을 할 때 항상 완벽하게 하려고 노력한다.(마)

(A) 전혀 아니다 (B) 아니다 (C) 보통 (D) 그렇다 (E) 매우 그렇다

6. 내가 가치 없는 사람이라고 느꼈던 적이 있다.(가)

(A) 전혀 아니다 (B) 아니다 (C) 보통 (D) 그렇다 (E) 매우 그렇다

7. 나는 굉장히 활발한 사람이다.(나)

(A) 전혀 아니다 (B) 아니다 (C) 보통 (D) 그렇다 (E) 매우 그렇다

8. 음악을 듣거나 책을 읽을 때 가끔 소름이 돋을 때가 있다.(다)

(A) 전혀 아니다 (B) 아니다 (C) 보통 (D) 그렇다 (E) 매우 그렇다

9. 사람들은 나를 논쟁을 좋아하는 사람이라고 생각한다.(라)

(A) 매우 그렇다 (B) 그렇다 (C) 보통 (D) 아니다 (E) 전혀 아니다

10. 일의 마감일을 맞추는 것은 쉽다.(마)

(A) 전혀 아니다 (B) 아니다 (C) 보통 (D) 그렇다 (E) 매우 그렇다

11. 두려움이나 공포를 거의 느끼지 않는다.(가)

(A) 매우 그렇다 (B) 그렇다 (C) 보통 (D) 아니다 (E) 전혀 아니다

12. 사람들에게 둘러싸여 있는 게 즐겁다.(나)

(A) 전혀 아니다 (B) 아니다 (C) 보통 (D) 그렇다 (E) 매우 그렇다

13. 여행할 때 이국적인 음식을 먹어보는 게 좋다.(다)

(A) 전혀 아니다 (B) 아니다 (C) 보통 (D) 그렇다 (E) 매우 그렇다

14. 나는 고집이 세고 내 결정과 의견을 보통 고수하는 편이다.(라)

(A) 매우 그렇다 (B) 그렇다 (C) 보통 (D) 아니다 (E) 전혀 아니다

15. 내 목표를 성취하기 위해 꾸준히 성실히 일한다.(마)

(A) 전혀 아니다 (B) 아니다 (C) 보통 (D) 그렇다 (E) 매우 그렇다

16. 우울하거나 외롭다는 느낌을 거의 받지 않는다.(가)

(A) 매우 그렇다 (B) 그렇다 (C) 보통 (D) 아니다 (E) 전혀 아니다

17. 내 삶은 다소 바쁘고 정신없다.(나)

(A) 전혀 아니다 (B) 아니다 (C) 보통 (D) 그렇다 (E) 매우 그렇다

18. 시를 읽을 때 이따금 감상에 젖는다.(다)

(A) 전혀 아니다 (B) 아니다 (C) 보통 (D) 그렇다 (E) 매우 그렇다

19. 내가 누군가를 좋아하지 않는다는 것을 드러내도 상관없다.(라)

(A) 매우 그렇다 (B) 그렇다 (C) 보통 (D) 아니다 (E) 전혀 아니다

20. 무언가를 할 때 언제나 체계적으로 움직인다.(마)

(A) 전혀 아니다 (B) 아니다 (C) 보통 (D) 그렇다 (E) 매우 그렇다

21. 일이 잘 풀리지 않아도 쉽게 낙담하지 않는다.(가)

(A) 매우 그렇다 (B) 그렇다 (C) 보통 (D) 아니다 (E) 전혀 아니다

22. 나는 나만의 길을 가고 싶다.(나)

(A) 매우 그렇다 (B) 그렇다 (C) 보통 (D) 아니다 (E) 전혀 아니다

23. 철학적인 주제로 논쟁을 벌이는 것은 시간낭비다.(다)

(A) 매우 그렇다 (B) 그렇다 (C) 보통 (D) 아니다 (E) 전혀 아니다

24. 스스로를 회의적이거나 염세적이라고 생각해본 적이 없다.(라)

(A) 전혀 아니다 (B) 아니다 (C) 보통 (D) 그렇다 (E) 매우 그렇다

25. 주어진 일을 수행할 때 성실함을 언제나 우위에 둔다.(마)

(A) 전혀 아니다 (B) 아니다 (C) 보통 (D) 그렇다 (E) 매우 그렇다

26. 나는 종종 초조함과 긴장감을 느낀다.(가)

(A) 전혀 아니다 (B) 아니다 (C) 보통 (D) 그렇다 (E) 매우 그렇다

27. 나는 유머를 잘 받아들이고 웃는 것을 좋아한다.(나)

(A) 전혀 아니다 (B) 아니다 (C) 보통 (D) 그렇다 (E) 매우 그렇다

28. 나는 특이한 생각이나 새로운 이론을 다루는 것을 좋아한다.(다)

(A) 전혀 아니다 (B) 아니다 (C) 보통 (D) 그렇다 (E) 매우 그렇다

29. 나는 사람들을 공평하고 친근하게 대하려고 노력한다.(라)

(A) 전혀 아니다   (B) 아니다   (C) 보통   (D) 그렇다   (E) 매우 그렇다

30. 나의 책상은 언제나 흠잡을 데 없이 깨끗하다.(마)

(A) 전혀 아니다   (B) 아니다   (C) 보통   (D) 그렇다   (E) 매우 그렇다

31. 나는 종종 사람들이 나를 안 좋게 대할 때마다 고통받는다.(가)

(A) 전혀 아니다   (B) 아니다   (C) 보통   (D) 그렇다   (E) 매우 그렇다

32. 나는 비관론자에 가깝다.(나)

(A) 매우 그렇다   (B) 그렇다   (C) 보통   (D) 아니다   (E) 전혀 아니다

33. 지식의 범주를 계속해서 넓혀나가야 한다고 믿는다.(다)

(A) 전혀 아니다   (B) 아니다   (C) 보통   (D) 그렇다   (E) 매우 그렇다

34. 사람들은 내가 다소 차갑고 오만하다고 느낀다.(라)

(A) 매우 그렇다   (B) 그렇다   (C) 보통   (D) 아니다   (E) 전혀 아니다

35. 언제나 약속을 지킨다.(마)

(A) 전혀 아니다   (B) 아니다   (C) 보통   (D) 그렇다   (E) 매우 그렇다

36. 쉽게 걱정하지 않는 편이다.(가)

(A) 매우 그렇다 (B) 그렇다 (C) 보통 (D) 아니다 (E) 전혀 아니다

37. 사람들의 관심의 중심이 나였으면 좋겠다.(나)

(A) 전혀 아니다 (B) 아니다 (C) 보통 (D) 그렇다 (E) 매우 그렇다

38. 몽상은 시간낭비다.(다)

(A) 매우 그렇다 (B) 그렇다 (C) 보통 (D) 아니다 (E) 전혀 아니다

39. 목표를 성취하기 위해 굉장히 무자비해질 수 있다.(라)

(A) 매우 그렇다 (B) 그렇다 (C) 보통 (D) 아니다 (E) 전혀 아니다

40. 삶을 결코 질서정연하게 정리할 수 있을 것 같지 않다.(마)

(A) 매우 그렇다 (B) 그렇다 (C) 보통 (D) 아니다 (E) 전혀 아니다

41. 나는 좀처럼 슬픔이나 우울에 휩싸이지 않는다.(가)

(A) 매우 그렇다 (B) 그렇다 (C) 보통 (D) 아니다 (E) 전혀 아니다

42. 나는 활달한 사람인 것 같다.(나)

(A) 전혀 아니다 (B) 아니다 (C) 보통 (D) 그렇다 (E) 매우 그렇다

43. 나는 윤리적 문제의 경우 종교지도자의 의견에도 주의를 기울이는 것이 중요하다고 믿는다.(다)

(A) 매우 그렇다 (B) 그렇다 (C) 보통 (D) 아니다 (E) 전혀 아니다

44. 어떤 사람들은 나를 자기중심적이고 오만하다고 묘사한다.(라)

(A) 매우 그렇다 (B) 그렇다 (C) 보통 (D) 아니다 (E) 전혀 아니다

45. 나는 일을 성실하게 수행하는 근면한 사람이다.(마)

(A) 전혀 아니다 (B) 아니다 (C) 보통 (D) 그렇다 (E) 매우 그렇다

46. 나는 너무 심하게 창피함을 느껴서 쥐구멍 속으로 기어들어가고 싶었던 경험이 있다.(가)

(A) 전혀 아니다 (B) 아니다 (C) 보통 (D) 그렇다 (E) 매우 그렇다

47. 나는 혼자 일하는 게 편하다.(나)

(A) 매우 그렇다 (B) 그렇다 (C) 보통 (D) 아니다 (E) 전혀 아니다

48. 나는 과학이나 철학의 근본적인 주제를 생각하는 데 시간을 보내지 않는다.(다)

(A) 매우 그렇다 (B) 그렇다 (C) 보통 (D) 아니다 (E) 전혀 아니다

49. 경쟁보다 협력을 선호한다.(라)

(A) 전혀 아니다 (B) 아니다 (C) 보통 (D) 그렇다 (E) 매우 그렇다

50. 일을 시작하기 전에 종종 시간을 낭비하는 편이다.(마)

(A) 매우 그렇다 (B) 그렇다 (C) 보통 (D) 아니다 (E) 전혀 아니다

설명

각 문항은 (가) 신경성, (나) 외향성, (다) 개방성, (라) 원만성, (마) 성실성을 가리킨다. 질문에 대한 답변은 각각 (A) 0점, (B) 1점, (C) 2점, (D) 3점, (E) 4점이다. 각 성격특성별로 점수를 매겨보자. 최고 점은 40점이며 합산 점수가 25~30점 이상일 경우 그 특성이 뚜렷하다는 것을 의미한다.

항목	답변	개수	배점	개수*배점	총 점수
(가) 신경성	(A)		0점		
	(B)		1점		
	(C)		2점		
	(D)		3점		
	(E)		4점		
(나) 외향성	(A)		0점		
	(B)		1점		
	(C)		2점		
	(D)		3점		
	(E)		4점		
(다) 개방성	(A)		0점		
	(B)		1점		
	(C)		2점		
	(D)		3점		
	(E)		4점		
(라) 원만성	(A)		0점		
	(B)		1점		
	(C)		2점		
	(D)		3점		
	(E)		4점		
(마) 성실성	(A)		0점		
	(B)		1점		
	(C)		2점		
	(D)		3점		
	(E)		4점		

The
Wealth
Elite

옮긴이 김나연

서강대학교에서 영어영문학과 석사학위를 취득했다. 현재 출판번역 에이전시 베네트랜스에서 리뷰어 및 번역가로 활동 중이다. 옮긴 책으로는 《여자에게는 야망이 필요하다》, 《최강의 일머리》가 있다.

부의 해부학

1판 1쇄 발행 2020년 2월 14일
1판 2쇄 발행 2023년 7월 28일

지은이 라이너 지텔만
옮긴이 김나연
발행인 김진갑 오영진
발행처 토네이도

기획편집 박수진 박민희 유인경 박은화
디자인팀 안윤민 김현주 강재준
마케팅 박시현 박준서 조성은 김수연
경영지원 이혜선

출판등록 2006년 1월 11일 제313-2006-15호
주소 서울시 마포구 월드컵북로5가길 12 서교빌딩 2층
전화 02-332-3310 팩스 02-332-7741
블로그 blog.naver.com/midnightbookstore
페이스북 www.facebook.com/tornadobook

ISBN 979-11-5851-169-2 03320

토네이도는 토네이도미디어그룹(주)의 자회사입니다.

이 도서의 국립중앙도서관 출판예정도서목록(CIP)은 서지정보유통지원시스템 홈페이지(http://seoji.nl.go.kr)와 국가자료공동목록시스템(http://www.nl.go.kr/kolisnet)에서 이용하실 수 있습니다.
(CIP제어번호: CIP2020002019)